中国历代名著全译·丛书

东京梦华录全译

[北宋]孟元老 著
姜汉椿 译注

贵州出版集团
贵州人民出版社

学术顾问

陈祖武　张新民

特约编审（以姓氏笔画为序）

于民雄　汪泰陵　易健贤　赵　泓　袁华忠

再版说明

◎ 在人类文明历史长河中，中华民族创造了源远流长、博大精深的优秀传统文化，它是中华民族的“根”与“魂”，为中华民族生生不息、发展壮大提供了强大的精神支撑。中华优秀传统文化内容包蕴万千，而浩如烟海的历代经典名著正是其中最为璀璨的瑰宝。

◎ 为了传承和弘扬中华优秀传统文化，使广大读者了解我国历代经典名著的全豹，20世纪90年代，我们在全国学术界许多著名学者的支持下，出版了这套《中国历代名著全译丛书》。丛书分两批，每批50种，精选我国历代经史子集四部名著以全注全译的形式整理出版。由于丛书开名著全译之先河且兼具权威性、通俗性、学术性和资料性，出版之后得到书界的认可和受到读者的喜爱，并于1993年荣获第三届中宣部精神文明建设“五个一工程”奖。

◎ 随着中国开启建设社会主义现代化国家新征程，文化作为一个国家、一个民族的灵魂，在中国特色社会主义事业全局中的重要地位被进一步凸显，提高文化软实力成为实现中华民族伟大复兴的重要支撑。正是由于这样的背景，让我们开启《中国历代名著全译丛书》的再版工作具有非同寻常的意义。此次再版我们主要做了两项工作：一是对书的内容进行全面细致的校订，改正上一版中存在的舛误，同时，在尊重和保持作者学术成果原貌的基础之上，对个别属于历史局限的地方作了适当处理，使其内容更加精善；二是对书的装帧形式重新进行设计，使其形态更具审美价值并符合新时代读者的阅读习惯。

◎ 我们相信，这套新版的《中国历代名著全译丛书》在让读者领略到中华优秀传统文化独特风采与恒久魅力的同时，对提升中华民族文化自觉自信将起到应有的作用。

前言

◎ 宋代在我国历史上处于一个特殊的历史阶段，即处于我国封建社会承上启下的变革时期。虽然北宋建国后先后有辽、西夏等与宋政权对峙，积贫积弱是宋政权的明显特征，但宋代的经济却始终处于上升趋势，商品经济也获得了巨大发展。城市经济在全国经济中的比重明显增加，城市的规模日益扩大，地位日趋重要，成为我国城市发展史上的一个突出变化，特别是北宋的首都东京开封，更是当时世界上人口最多、经济最为发达、最为繁荣的城市之一。这在宋代的史书志乘及众多的文人笔记、著述中，都有大量生动的记载。然而，最为完整、全面地反映北宋京城社会生活的，当首推《东京梦华录》。

◎《东京梦华录》所记述的，从都城的范围到皇宫建筑，从官署的处所到城内的街坊，从饮食起居到岁时节令，从歌舞曲艺到婚丧习俗，几乎无所不包，我们不仅可以了解当时的民风时尚，同时也能感受到宋代发达的经济和繁荣的城市生活。

◎ 作为七朝古都的开封，宋政权在前代城池的基础上屡加修葺，形成了颇具规模的格局。东京城分外城、里城和宫城三部分。外城周围达四十里，又名新城，罗城；里城即旧城，周围亦达二十里，也称阙城；宫城周围五里，宫城内建筑物的分布、方位，在书中均有详细的记述。有多条河道通入京城，以利漕运；为防御需要，在外城四面筑敌楼、瓮城并浚治壕堑，里城外也有城濠，宫城四周角楼高耸，城墙“旦暮修整，望之耸然”（卷一“东都外城”）。由此可见开封城之大，也使读者对东京有一概貌的了解。

◎ 然而,《东京梦华录》最有价值的部分并不在于此，其精华在于反映了当时丰富的社会生活，涉及手工业、商业、饮食、文化娱乐、社会风俗等各个方面，本文试作简要论述。

◎ 高度发达的手工业。与前代一样，宋代手工业也分官营和私营两大类。而官营手工业无论在生产规模还是组织分工等方面，都远胜于私营手工业。官营手工业在中国古代封建经济中，占有相当重要的地位，且官营手工业主要为皇室服务。在书中记载的官营手工业，仅卷四“军头司”条中所记，即有修内司、八作司、广固作坊、后苑作坊、书艺局、绫锦院、文绣院、内酒坊、法酒库、牛羊司、油醋库、车子院等。据《宋会要辑稿》载，后苑作造所共有兵匠和工匠四百多人（职官三六）；东西作坊分工、杖鼓、藤席等五十一作，共管兵匠和工匠七千九百多人（方域三，东西作坊）；文思院有匠人二指挥（每指挥五百人），绫锦院有兵匠一千零三十四人（职官二九“绫锦院”）。据估计，当时东京的官营手工业者，不下十万人，足见其规模之大。

◎ 民营手工业，较之官营手工业，其规模则要小得多，但却种类繁多，如马行街之“东西两巷，谓之大小货行，皆工作伎巧所居”（卷二“酒楼”）。手工业者所从事的职业，涉及当时人生活的所有方面。在民营手工业中，雇工已相当普遍，且雇工数量不少。“坊巷桥市，皆有肉案，列三五人操刀”（卷四“肉行”）。而为时人喜食的面饼，“每案用三五人捍剂卓花入炉”，而“武成王庙前海州张家、皇建院前郑家最盛，每家五十余炉”。以“每案三五人”计，则一家雇工将近二百人，规模已相当可观。当时的手工业，已形成各种行业，作有作头，行有行老或行头，凡需雇觅作匠者，便可找“行老”“引领”：“凡雇觅人力、幹当人、酒食作匠之类，各有行老供雇。觅女使，即有引至牙人”（卷三“雇觅人力”）。“倘欲修整屋宇，泥补墙壁；生辰忌日，欲设斋僧尼道士，即早辰桥市街巷口，皆有木作匠人，谓之杂货工匠。以至杂作人夫，道士僧人，罗立会聚，候人请唤，谓之罗斋。竹木作料，亦有铺席。砖瓦泥匠，随手即就”（卷四“修整杂货及斋僧请道”）。由此可见，这种雇佣关系是相当普遍的，尤其是私人临时雇佣的杂货工匠等，雇佣关系较为自由，但雇工的地位却很低下，任由雇主驱使，卷四“食店”条中记述雇工“不容差错”，如一旦发生差错，主人则“必加叱骂，或罚工价，甚者逐之”，便生动地说明了这一点。

◎ 空前繁荣的商业。宋代经济的持续发展，极大地促进了商业的繁荣，作为首都的东京，其商业的繁荣程度也是空前的。

◎ 北宋以前，整个中国不论大都市或州县市镇，均严格实行坊市分离。“坊”是居住区，“市”为交易区，坊市分离，各有不同功能。据北宋宋敏求《长安志》记载，唐代首都长安分为一百零八坊，东西有两个市，每个“市”大约两个“坊”的大小，可见“市”的规模不大。而且，两千年来，城门、坊门入夜关闭，一直有着较为严格的制度。随着商品经济的发展，推动了城市的发展，商业也随之兴盛。商业的发达，原来的坊市制度无法适应都市人的生活要求，宋代的东京，就突破了这一限制。宋初，朝廷规定三鼓前不得禁止行人（《续资治通鉴长编》卷六），说明了市民夜生活已相当频繁，店家营业时间也明显延长。神宗时，定旧城（即里城）各门三更一点闭，到五更一点开（《宋会要辑稿·方域》）。到北宋后期，繁荣的商业区已经完全取消了时间限制，出现了通宵达旦的盛况，书中对此即有大量的记述。如卷二“朱雀门外街巷”条云：“街心市井，至夜尤盛。”“州桥夜市”条云：“自州桥南去，……直至龙津桥须脑子肉止，谓之杂嚼，直至三更。”卷三“马行街北诸医铺”条云:“夜市比州桥又盛百倍，车马阗拥，不可驻足，都人谓之‘里头’。”同卷“马行街铺席”条云:“夜市直至三更尽，才五更又复开张。如要闹去处，通晓不绝。”巷二“酒楼”条云:“大抵诸酒肆、瓦市，不以风雨寒暑、白昼黑夜，骈阗如此。”

◎ 当时的商品，包括的行业可谓无所不有，如肉行、鱼行、果子行、牛行、马行、梳行、纸行、茶行、米行、面行、姜行、纱行、竹木行等，有些行业颇具规模，而且形成了专门的行业街市。如医药铺集中在马行街北:

> ◎ 马行北去，乃小货行时楼，大骨传药铺，直抵正系旧封丘门，两行金紫医官药铺，如杜金钩家，曹家独胜元，山水李家口齿咽喉药，石鱼儿、班防御、银孩儿、柏郎中家，医小儿，大鞋任家产科，其余香药铺席，官员宅舍，不欲遍记。(卷三“马行街北诸医铺”)

◎ 而界身巷内，更是金银铺、彩帛铺最为集中之地,“屋宇雄壮，门面广阔，望之森严，每一交易，动辄千万，骇人闻见。”足见商业之繁荣。

◎ 同时，宋代的各行各业，建立有本行的行会，各行还有本身的“则例”和“规格”，也即各行铺户必须遵守的共同行规。先说“则例”。当时的民间吉凶筵会，或假赁各种用具，或请人“吃食下酒”，安排座次等，均由“四司人”操办。而“四司人”“亦各有地分，承揽排备，自有则例，亦不敢过越取钱”(卷四“筵会假赁”)。民间办丧事，“匈肆各有体例，如方相、车舆、结络、彩帛，皆有定价，不须劳力”(卷四“杂赁”)。所谓“则例”“体例”，即行会约定俗成的行规，用什么，价格多少，是不能随心所欲的。随意抬高或降低价钱，都会受到同行的反对。而且，同行中还有相对固定的承揽范围，不能随意超过传统的范围去抢别人的生意。这种“地分”“行规”，主要是为了防止同行业人内部的纷争。再说“规格”。“凡百所卖饮食之人，装鲜净盘合器皿，车担动使，奇巧可爱，食味和羹，不敢草略。稍似懈怠，众所不容”(卷五“民俗”)。这里所说的“规格”，正是行规的体现。此外，当时各行业还有各自的行业服色：“其士农工商，诸行百户，各有本色，不敢越外。谓如香铺裹香人，即顶帽披背；质库掌事，即着皂衫角带不顶帽之类。街市行人，便认得是何色目”(卷五“民俗”)。这种职业性服色各异的现象，乃是古代人身份的象征，也是行会的特点之一。

◎ 值得一提的是，卷一“大内”条中有这样的记述：“东华门外市井最盛，盖禁中买卖在此。凡饮食时新花果、鱼虾鳖蟹、鹑兔脯腊，金玉珍玩衣着，无非天下之奇。其品味若数十分，客要一二十味下酒，随索目下便有之。其岁时果瓜蔬茹新上，市并茄瓠之类新出，每对可值三五十千，诸阁分争以贵价取之。”类似的记载，在我国古籍中是不多见的。这里，我们可以知道，即使在皇宫中，在某些特定场所，也有买卖交易，宫中嫔妃也有邀客宴饮的情况。而时新的“果瓜蔬茹”及“茄瓠”之类，居然“每对可值三五十千”，足见宫中生活的糜费，透过字里行间，了解宫内生活的蛛丝马迹，不能不说是十分珍贵的资料。

◎ 另一受人注意之处是，书中还涉及了当时的货币使用和一些物价情况。卷三“都市钱陌”条云：

> **◎ 都市钱陌，官用七十七，街市通用七十五，鱼肉菜七十二陌，金银七十四，珍珠、雇婢妮、买虫蚁六十八，文字五十六陌，行市各有长短使用。**

◎ 宋代钱币沿用五代以来的省陌制，以七十七钱为百，称为“省陌”。官定的省陌，只是省陌的一种，而各行各业在使用时也各不相同，上述记载，就说明了这一点。

◎ 书中还有物价的记录：“遇仙正店前有楼子，后有台，都人谓之台上。此一店最是酒店上户，银瓶酒七十二文一角，羊羔酒八十一文一角”（卷二“酒楼”）。此外，散见于该书各卷中仍有多处记载：灌肺及炒肺，每份不过二十文；小酒店的煎鱼、鸭子、炒鸡兔、煎燠肉、梅汁、血羹、粉羹之类，每份不过十五钱；州桥南梅家、鹿家卖的各种包子、鸡碎等，每个不过十五文，普通瓠羹、素饭等，每碗十文左右。这对研究宋代经济，都有颇高的价值。

◎ 繁荣兴旺的饮食业。饮食业堪称东京最为发达的行业。商业的繁荣、通宵的夜市，主要集中在饮食业，当时的东京实为全国饮食业荟萃的重要场所，因而孟元老在序中说“会寰区之异味，悉在庖厨”。从饮食风格上看，兼容了南北风味。“北食则矾楼前李四家，段家爊物、石逢巴子；南食则寺桥金家、九曲子周家，最为曲指”（卷三“马行街铺席”）。而相国寺北之小甜水巷内“南食甚盛”（卷三“寺东门街巷”）。除遍布京城的大小食店外，东京城内还有许多推车及沿街叫卖者，“市井经纪之家，往往只于市店旋买饮食，不置家蔬”（卷三“马行街铺席”）。而东京的饮食店，对食品质量、服务态度及卫生状况都极为讲究。在卷四“食店”中有这样一段记述：

> ◎ 客坐，则一人执箸纸，遍问坐客。都人侈纵，百端呼索，或热或冷，或温或整，或绝冷、精浇、膘浇之类，人人索唤不同。行菜者得之，近局次立，从头喝念，报与局内。当局者谓之“铛头”，又曰“着案”，讫，须臾，行

> 菜者左手杈三碗，右臂自手至肩驮叠约二十碗，散下，尽合各人呼索，不容差错。一有差错，坐客白之主人，必加叱骂，或罚工价，甚者逐之。

◎ 由此可知服务质量之高与管理之严。

◎ 作为饮食业重要组成部分的酒店，在东京占有突出位置。大型酒店称为正店，小酒店称为脚店，卷二“酒楼”条中对此有详细介绍；其他各卷中也有大量关于酒店的记述。北宋东京，大街小巷遍布酒店，为当时最大的行业，大型正店有七十二家，小酒店则难以计数，“燕馆歌楼，举之万数”（卷五“民俗”），就说明了这一点。

◎ 酒店既是官僚士人聚会之处，也是歌妓出入之所。不少歌妓依酒店卖唱而生活。书中对此也有不少记载：“凡京师酒店，门首皆缚彩楼欢门，唯仁店入其门，一直主廊约百余步，南北天井两廊皆小阁子，向晚灯烛荧煌，上下相照，浓妆妓女数百，聚于主廊槏面上，以待酒客呼唤，望之宛若神仙”（卷二“酒楼”）。散见于书中的记载还有：“诸酒店必有厅院，廊庑掩映，排列小阁子，吊窗花竹，各垂帘幙，命妓歌笑，各得稳便”；“又有下等妓女，不呼自来，筵前歌唱，临时以些小钱物赠之而去，谓之‘札客’，亦谓之‘打酒坐’”。从中我们也可看到当时东京社会生活的一个侧面。

◎ 除了大量有关饮食店、酒店的记述外，书中还有许多各种菜肴、食品的记载。作为饮食文化中最具特色的烹饪技艺，在当时已呈现出极高的水准。《东京梦华录》中，便有烹、烧、炒、爆、溜、煮、炖、卤、蒸、腊、蜜、葱拔、冻、鲊、糟、腌等数十种技法；各色菜肴更是数以百计，虽然因记述的疏略，大部分菜肴已不能知其制作之法，但如此丰富的菜肴也足以证明我们食文化的悠久历史了。此外，东京城中还有经营各色饮料的，包括豆儿水、鹿梨浆、姜蜜水、沉香水、紫苏饮等。特别令人感兴趣的是，当时已有了冷饮供应。在六月大伏天中，“当街列床凳堆垛冰雪，惟旧宋门外两家最盛，悉用银器”，除各色冷食外，还有“冰雪”“冰雪凉水荔枝膏”等。而市民则“往往风亭水榭，峻宇高楼，雪槛冰盘，浮瓜沉李，流盃曲沼，苞鲊新荷，远迩笙歌，通夕而罢”（卷八“是月巷陌杂卖”）。民间的冰雪店，藏冰供夏天使用，这都是前所未见的。城市冷饮店的出现，既扩大了饮食业的领域，也为东京的城市生活生色添彩。

◎ 琳琅满目的娱乐文化。商品经济的发展，城市生活的繁荣，大大促进了文化生活的兴盛。《东京梦华录》就为我们展现了这样一幅绚丽多姿的画卷。

◎ 宋代的娱乐文化，包括宫廷娱乐和市民文化两大部分。宫廷娱乐主要由教坊、诸军百戏承担演出。此外还有钧容直、诸军乐等军乐队。对教坊、钧容直、诸军乐等的组织形式和人员构成《东京梦华录》中并无详细记述，但对各种演出却有出色的描写。特别是卷七“驾幸临水殿观争标赐宴”“驾登宝津楼诸军呈百戏”，卷八“二十四日神保观神生日”，卷九“宰执亲王宗室百官入内上寿”诸条的记述中，那巨大的场面、热烈的氛围、精彩的演出，真实地记录了当时皇家娱乐的情景。所演节目有“诸军百戏，如大旗、狮豹、棹刀、蛮牌、神鬼、杂剧之类”及“上竿、跳索、倒立、折腰、弄碗注、踢瓶、筋斗、擎戴之类”。其中的舞蹈演出尤为突出，有小儿队、女弟子队、文舞、武舞等，且规模巨大，参加演出的多达数百人。女弟子队所选少女“容艳过人”，“结束不常，莫不一时新装，曲尽其妙”。在书中，我们能见到的大型舞蹈有“扑旗子”“舞蛮牌”“抱罗”“舞判”“七圣刀”“抹跄变阵子”“狮舞”“舞鲍老”“三台舞”等，有的诙谐滑稽，有的装神弄鬼，有的场面壮观。而蹴鞠、马球、水戏等的表演精彩激烈，令人目不暇接，有身临其境之感。

◎ 与宋代经济发展相适应，市民文化也极为兴盛，民间的文娱活动发展到一个新的阶段，不论是规模、内容、形式、场地，还是规范化、专业化、商品化的程度均明显提高。卷五“京瓦伎艺”有这样一段记述：

◎ 崇观以来，在京瓦肆伎艺，张廷叟《孟子书》。主张小唱李师师、徐婆惜、封宜奴、孙三四等，诚其角者。嘌唱弟子张七七、王京奴、左小四、安娘、毛团等。教坊减罢并温习张翠盖、张成，弟子薛子大、薛子小、俏枝儿、杨总惜、周寿奴、称心等般杂剧。杖头傀儡任小三，每日五更头回小杂剧，差晚看不及矣。悬丝傀儡张金线。李外宁，药发傀儡。张臻妙、温奴哥、真箇强、没勃脐、小掉刀，筋骨上索杂手伎。浑身眼、李宗正、张哥，球杖踢弄。孙宽、孙十五、曾无党、高恕、李孝祥，讲史。李慥、杨中立、张十一、徐明、越世亨、贾九，小说。王颜喜、盖中宝、刘名广，散乐。张真奴，舞旋。杨望京，小儿相扑、杂剧、掉刀、蛮牌。董十五、赵七、曹保义、朱婆儿、没困驼、风僧哥、俎六姐，影戏。丁仪、瘦吉等弄乔影戏。刘百禽弄虫蚁。孔三传、耍秀才，诸宫调。毛详、霍伯丑商谜。吴八儿合生。张山人说诨话。刘乔、河北子、帛遂、胡牛儿、达眼五、重明乔、骆驼儿、李敦等杂班。外入孙三神鬼。霍四究说三分。尹常卖五代史。文八娘叫果子。其余不可胜数。不以风雨寒暑，诸棚看人，日日如是。教坊、钧容直，每遇旬休按乐，亦许人观看。每遇内宴前一月，教坊内勾集弟子小儿，习队舞作乐，杂剧节次。

◎ 这段记述，涉及的内容相当丰富，但却过于简略，多少令人有些遗憾。然而，我们还是能从中看出当时市民文化的丰富多彩。这里，择其要者作一简单介绍。

◎ 一、娱乐演出场地。演出场地有瓦子勾栏、露台、彩楼、乐棚等。瓦子勾栏是城市中大型的综合性文娱演出场地，内部由不同的专业艺人圈成许多小场子，即是勾栏。瓦子勾栏在东京的规模颇大，数量也多。卷二“东角楼街巷”云：“街南桑家瓦子，近北则中瓦，次里瓦，其中大小勾栏五十余座，内中瓦子莲花棚、牡丹棚、里瓦子夜叉棚、象棚最大，可容数千人。”书中记载的其他瓦子如旧曹门外朱家桥瓦子，大内西边的州西瓦子，保康门瓦子、旧封丘门外斜街州北瓦子等，一座城市集中如此之多的瓦子勾栏，可以想见其演出的规模和盛况。

◎ 露台，是指露天演出的戏台，有临时搭建和固定的两种。卷六“元宵”条、卷八“二十四日神保观神生日”条，分别记载了两种露台和演出情况，说明露台是北宋时演出的重要场所。

◎ 彩楼、乐棚。彩楼形式较多，官私均有。乐棚则是一种比较灵活的演出场地，每逢节日，乐棚即遍布京城。对彩楼、乐棚的记载，书中颇多。

◎ 如此众多的娱乐和演出场地，可以说是空前的。它是宋代城市发达的一个标志。而瓦子勾栏成为当时艺人的专门演出场地，也是他们赖以生存的舞台。专业演出场地的大量出现，生动地说明我国城市生活进入一个新的重要发展时期。

◎ 二、说唱艺术。当时的说唱艺术形式多样，包括说书、说诨话、诸宫调、小唱、嘌唱、叫果子等，这些艺术样式对后代的文学、戏曲、曲艺等的发展，都产生了巨大的影响。例如说书，在上面的引文中可以看到，以讲史出名的有孙宽、孙十五等人，讲小说的有李慥、杨中立诸人，更有擅长讲“五代史”的尹常卖、说“三分”的霍四究。流传至今的《新编五代史平话》可能即是当时说书人的底本；而说“三分”，即是讲三国故事，说书艺人对其情节必然作了较多的艺术加工，可以想象，成书于明代的《三国演义》肯定受到历代说书艺人的影响，对该书的形成有着重要作用。

◎ 三、傀儡戏。傀儡戏即木偶戏。北宋时，演木偶戏相当普遍，且种类也多，有杖头傀儡、悬丝傀儡、药发傀儡、水傀儡等。杖头傀儡、悬丝傀儡现今民间时有演出，水傀儡和药发傀儡已不可见。关于水傀儡，书中还有这样的描述：“又有一小船，上结小綵楼，下有三小门，如傀儡棚，正对水中乐船。上参军色进致语，乐作，綵棚中门开，出小木偶人，小船子上有一白衣人垂钓，后有小童举棹划船，辽绕数回，作语，乐作，钓出活小鱼一枚，又作乐，小船入棚。继有木偶筑球舞旋之类，亦各念致语，唱和、乐作而已，谓之‘水傀儡’”（卷七“驾幸临水殿观争标锡宴”）。与此简单的记载相比，药发傀儡仅留下名称而一无所有了。但是，水傀儡和药发傀儡至今却仍能在越南和日本见到。今将有关内容转载于此：

◎ 到越南河内的第二晚，我就迫不及待去看“水上木偶戏”了。

◎ 独弦琴悠扬的乐调在水面上卷过。演出开始了。首先亮相的是个几乎裸体的胖木偶，露出个弥勒佛样的大肚皮，满脸笑容地点着了一串爆竹，炮声大作，溅起一串串水花。同时，一个小伙子好容易爬上高高的椰树，点燃一个转圈的焰火，吱吱地直冒金星。这是开场形式，意在驱鬼清场，与福建提线木偶一样。忽而，大旗招展，一条金龙从水下冒出，在弥漫的白汽中腾云驾雾一般舞动；两只狮子随着锣鼓的节拍争夺绣球；白鹤展开双翅，正赶上乌龟摇头晃脑迎面走来，于是鹤龟大战，两种光泽黑白分明地倒映在水面上，这就是“龙龟狮鹤四显灵”。接着是“人”戏：一牧童吹竹笛倒骑在水牛背上缓缓而来，笛声唤来了春耕的农人，他们驾牛犁地、挥锹翻土（翻水）、播撒种子，劳动之余他们跳下河去，洗去汗水后又进行游泳比赛，蛙泳仰泳自由泳的，竞争得十分激烈；一对老夫妻放养一群鸭子，在“嘎嘎嘎”欢快声中突然出现了不和谐音：从树上爬下一只专吃鸭子的怪兽，老夫妻用箩筐捕捉，套来套去的，夫套着了妻，妻捕到了夫，少不了相互埋怨怪罪；一位白衣渔翁坐在小船上垂钓，身后站着个村姑，须臾，一尾活蹦乱跳的小鱼就给他钓上来了，扔进村姑手中的竹篓里…… 节目一个连一个。演出结束后的谢幕感人至深：八位水漫胸际的男女艺人齐齐地从竹帘下钻出来向观众致意。这一小时活龙活现的木偶表演，原来是这八人“炮制”出来的！观众们掌声如潮。

◎ 果然不出我所料：越南的“水上木偶戏”正是我国宋代的遗物。……

（1996.10.23《新民晚报》翁敏华《水上木偶戏》）

◎ 而药发傀儡又是另一种景象：

◎ 几年前让我无意中在日本“撞”到了药发傀儡。它已改名换姓唤作“纲火人形”，落户在东京北面的一个小山村里。夏夜巡演于城乡广场公园，立高柱张钢丝，是为“纲”，每只木偶（即“人形”）身上装有若干焰火筒，艺人点着火“药”，“嘭”地一声将木偶“发”射出去，然后再抽动钢丝来操纵表演。木偶走钢丝已是一绝，再加上焰花闪烁，五光十色，直看得人眼花缭乱，惊叫连连。而隐身于人群中的我，却还有另一重惊喜。中国学界对于药发傀儡的认识，长期停留在“恐怕与火药有关”的猜测上，如今，让我弄清楚其所以然，“药”与“发”均有了落实。

（1996.10.30《新民晚报》翁敏华《追踪古傀儡》）

◎ 在我国已绝迹的演艺在异国他邦依然活跃于舞台，让我们得以了解“水傀儡”和“药发傀儡”的本来面目，同时也说明了我国文化的影响既深且广。

◎《东京梦华录》中还有许多关于杂剧、影戏的记载，限于篇幅，不再赘述。应该一提的是，书中记录了许多著名的艺人及其擅长的演艺，实为研究中国戏曲史的珍贵史料。

◎ 丰富多彩的民间习俗。在中华民族的长期发展中，根据气候节序的变化及生产、生活、文化娱乐的需要，形成了许多传统的民俗节日。在节日里，人们举行各种活动，或游戏娱乐，或祈求祝愿，或祭祀先人、神祇。在宋代，随着城市化及商品经济的发展，民俗节日除传统内容外，农业性质的内涵逐渐向与城市生活和商业活动相关的方向发展。各种节日的庆典活动，活跃了商品生产和交换，促进了城市消费与文化娱乐活动的繁荣。有的节日，直接就是商业或文化的盛会，如卷三“相国寺内万姓交易”就是最好的证明。此外，在卷六“元宵”“收灯都人出城探春”，卷七“四月八日”，卷八“六月六日崔府君、二十四日神保观神生日”等条中也有生动详细的记述，从中还一定程度上反映了当时的宗教活动。

◎《东京梦华录》还记述了从元旦到除夕的各种节日，这些节日如春节、元宵节观灯、清明踏青、端午吃粽子、中秋赏月、重阳登高等，大多流传至今，显示出中华文明的源远流长。

◎ 而卷五中的“民俗”条，从总体上反映了当时东京的民风；该卷中的“聚妇”“育子”两条，较为详尽地记述了当时聚妇的礼节、过程及生孩子后的种种习俗，对研究宋代的风俗和社会形态而言，是不可多得的材料。

◎ 规模巨大的皇家典礼。《东京梦华录》对皇家典礼有颇为详细的描绘。如卷六“元旦朝会”“十四日车驾幸五岳观”，卷七“驾幸临水殿观争标锡宴”“驾登宝津楼诸军呈百戏”，卷九“宰执亲王宗室百官入内上寿”及卷十中祭祀天地大典的礼仪、仪仗各不相同，尤以郊祀大典更为突出。书中所记述的规模宏大的场面，凝重肃穆的气氛，以及精彩纷呈的演出，无一不显示出皇家的权势和当时社会森严的等级制度，同时也揭露了封建统治者穷奢极欲的腐化享乐。

◎ 而书中所记皇太子纳妃、公主出嫁、皇后出乘舆等内容，则从另一侧面反映了皇家生活。

◎ 由于《东京梦华录》所记内容与史书互有出入，因而为后人所重。《四库全书总目提要》就说《东京梦华录》“自都城坊市节序风俗，及当时典礼仪卫，靡不赅载。虽不过识小之流，而朝章国制，颇错出其间。核其所记，与《宋志》颇有异同”。因而与史书“可以互相考证，订史氏之讹謁舛，固不仅岁时宴赏，士女奢华，徒以怊怅旧游，流传佳话者矣”。

◎《东京梦华录》又因内容翔实，在当时即被大量引用。如徐梦莘《三朝北盟会编》，靖康二年（1127），录赵甡之《中兴遗史》，即一字不易抄《东京梦华录》“元旦朝会”一则；陈元靓《岁时广记》征引尤多；百岁寓翁《枫窗小牍》所述十余事，与《东京梦华录》所记相同，由此可见此书之可贵。

◎ 应该指出，在《东京梦华录》之前，尚无这样全面描写都市生活的著作。无论是规模还是涉及的范围、内容，即使以详博著称的宋敏求的《长安志》也无法与之相比。《东京梦华录》实开都市题材著作之先河，写于南宋的《西湖老人繁胜录》《梦粱录》《武林旧事》，特别是《都城纪胜》都明显受到了《东京梦华录》的影响。可以毫不夸张地说，《东京梦华录》以其珍贵的历史文献价值，成为我国城市史、民俗史、文化史研究不可或缺的瑰宝。

◎ 然而，《东京梦华录》的作者毕竟是生活在社会底层的一介平民，书中所记难免粗疏。孟元老在序中说：“以京师之浩穰，及有未尝经从处，得之于人，不无遗阙。”在卷十“除夕”条中又说：“凡大礼与禁中节次，但尝见习按，又不知果为如何，不无脱略，或改而正之，则幸甚。”赵师侠在跋文中也说：“事关宫禁典礼，得之传闻者，不免谬误。”邓之诚先生即指出《东京梦华录》中所称天子九梁冠、小儿队二百余人、女童队四百余人的记述都是错误的。

◎《东京梦华录》的另一诟病是全书缺乏统盘安排。这在前五卷中表现尤为明显，特别是第四卷中记述皇太子纳妃、公主出降、皇后出乘舆与前后内容颇不统一。作者称“此录语言鄙俚，不以文饰者，盖欲上下通晓尔”。应该承认，通俗易懂的文字和白描手法为本书生色不少，但作者在记述时又颇无章法。如卷五“京瓦伎艺”条写各种伎艺，不能悉知演员的伎艺，又无法从文理中推知，而对诸如药发傀儡、杂剧、百戏的演出等的记载又语焉不详，令人不能卒读，多少留下了几分缺憾。

◎ 最后谈谈《东京梦华录》的版本源流及笔者译注的情况。

◎《东京梦华录》的作者题为“幽兰居士孟元老”。孟元老的生平事迹不详。据自序，但知其于崇宁癸未（1103）入京师，靖康丙午（1126）出京，次年南下。孟元老的自序作于绍兴丁卯（1147），至淳熙丁未（1187），《东京梦华录》始刊行于世。今流行的《东京梦华录》有十卷本和一卷本（《唐宋丛书·别史》本及《说郛》本）两个系统。从内容上看，十卷本远较一卷本为优，因而本文只谈十卷本的情况。

◎《东京梦华录》宋刊本已不可见。今传世最早的为元刻本，其后，明弘治甲子（1504）有重刊本。此书后来先后有《秘册汇函》本、《津逮秘书》本、《学津讨原》本、《四库全书》本、《三怡堂丛书》本、《丛书集成初编》本等。1953年古典文献出版社出版的标点本，以1924年重印日本静嘉堂文库本为底本（静嘉堂本影印黄丕烈旧藏元刊本），用秀水金氏梅花草堂影印汲古阁景元钞本、《秘册汇函》本、《学津讨原》本及《说郛》本加以校勘；笔者以古典文献出版社本为工作本，在译注时未再作校勘。笔者在译注时，参考了邓之诚先生的《东京梦华录注》（中华书局1982年版），并根据笔者对文意的理解，在个别地方与工作本的标点略有出入。试举一例。卷一“大内”条：

◎ 工作本：……次门下省，次大庆殿，外廊横门北去百余步……

◎ 笔者将其改为：……次门下省，次大庆殿外廊横门。北去百余步……

◎ 这是因为上文有“入宣德楼正门，乃大庆殿”，下文不可能又有“大庆殿”。类似的情况，书中还有一些，在此不一一列举。

◎ 要作说明的是，邓之诚先生的《东京梦华录注》以他书证本书，侧重于史实的佐证，而笔者所作注与邓先生注本的角度不同，即对该书涉及的各种制度、习俗以及字词作较为通俗的解释，力求明白易懂，以帮助读者阅读、理解。但因年代久远，大量的史料、故实已无从查考，且限于学识，对确无法注释的内容暂付阙如，这是希望得到读者谅解的。

姜汉椿

1996年12月于上海华东师大

目录

卷第五

卷第六

卷第七

卷第八

卷第九

卷第十

附录：

梦华录序

原文 仆从先人宦游南北[①]，崇宁癸未到京师[②]，卜居于州西金梁桥西夹道之南[③]。渐次长立[④]，正当辇毂之下[⑤]，太平日久，人物繁阜[⑥]，垂髫之童[⑦]，但习鼓舞[⑧]，班白之老[⑨]，不识干戈[⑩]，时节相次[⑪]，各有观赏。灯宵月夕，雪际花时，乞巧登高[⑫]，教池游苑[⑬]，举目则青楼画阁，绣户珠帘，雕车竞驻于天街[⑭]，宝马争驰于御路，金翠耀目，罗绮飘香。新声巧笑于柳陌花衢[⑮]，按管调弦于茶坊酒肆[⑯]。八荒争凑[⑰]，万国咸通。集四海之珍奇，皆归市易[⑱]；会寰区之异味[⑲]，悉在庖厨[⑳]。花光满路，何限春游，箫鼓喧空[㉑]，几家夜宴。伎巧则惊人耳目[㉒]，侈奢则长人精神[㉓]。瞻天表则元夕教池[㉔]，拜郊孟享[㉕]。频观公主下降，皇子纳妃。修造则创建明堂[㉖]，冶铸则立成鼎鼐[㉗]。观妓籍则府曹衙罢[㉘]，内省宴回[㉙]；看变化则举子唱名[㉚]，武人换授[㉛]。仆数十年烂赏叠游[㉜]，莫知厌足[㉝]。一旦兵火[㉞]，靖康丙午之明年[㉟]，出京南来，避地江左[㊱]，情绪牢落[㊲]，渐入桑榆[㊳]。暗想当年，节物风流[㊴]，人情和美[㊵]，但成怅恨[㊶]。近与亲戚会面，谈及曩昔[42]，后生往往妄生不然[43]。仆恐浸久[44]，论其风俗者，失于事实，诚为可惜，谨省记编次成集，庶几开卷得睹当时之盛。古人有梦游华胥之国[45]，其乐无涯者，仆今追念，回首怅然，岂非华胥之梦觉哉！目之曰《梦华录》。然以京师之浩穰[46]，及有未尝经从处，得之于人，不无遗阙。倘遇乡党宿德[47]，补缀周备[48]，不胜幸甚。此录语言鄙俚[49]，不以文饰者，盖欲上下通晓尔。观者幸详焉。绍兴丁卯岁除日幽兰居士孟元老序[50]。

注释

①仆：自身谦称。先人：指亡父。宦游：外出求官、做官。

②崇宁：宋徽宗年号。癸未：指崇宁二年（1103）。

③卜居：用占卜选择定居之地。后泛指择地定居。

④渐次：逐渐。长立：长大成人。

⑤辇毂：天子的车舆。此借指京城。

⑥繁阜：繁盛，繁多。

⑦垂髫：古时儿童不束发，头发下垂。髫，儿童垂下的头发。因称儿童或童年为垂髫。

⑧鼓舞：击鼓跳舞。

⑨班白："斑白"，头发花白。

⑩干戈：本指武器，此指战争。

⑪相次：依为次第，相继。

⑫乞巧登高：乞巧指农历七月初七“乞巧节”，登高指农历九月初九重阳节。旧俗重阳节有登高的习惯。

⑬教池游苑：指琼林苑金明池。详书中内容。

⑭天街：京城中的街道。

⑮新声：新创制的乐曲。巧笑：美好的笑貌。

⑯按管调弦：指奏乐。管、弦指代乐器。

⑰八荒：八方荒远的地方。凑：趋，奔赴。

⑱市易：交易买卖。

⑲寰区：犹寰宇。指天下。

⑳庖厨：厨房。

㉑箫鼓：泛指乐器。

㉒伎巧：精美奇巧的工艺品。

㉓侈奢：奢侈。长人精神：指令人吃惊。

㉔天表：天子的仪容。

㉕拜郊：郊拜。孟享：亦作“孟飨”。帝王宗庙祭礼。因于每年的四孟（孟春、孟夏、孟秋、孟冬）举行，故称。

㉖明堂：古代帝王宣明政教的地方。凡朝会、祭祀、庆赏、选士、养老、教学等大典，均在此举行。其后宫室渐备，另在近郊东南建明堂，以存古制。

㉗鼎鼐：两种烹饪器具。亦为权力象征，为国家重器，有天

子九鼎之说。

㉘妓籍：犹乐籍。借指入乐籍的妓女。府曹：指府署的一个部门，亦指府署的僚属。

㉙内省：指宫中。

㉚举子：应试士人。唱名：科举时代在殿试后，皇帝呼名召见登第进士。

㉛换授：谓酌其才能调任官职。

㉜烂赏：纵情玩赏。叠游：反复、一再游赏。

㉝厌足：满足。

㉞一旦兵火：指北宋末年金军攻宋。

㉟靖康：宋钦宗年号。丙午：靖康元年（1126）。明年：第二年，次年。

㊱江左：长江下游以东地区。即今江苏一带。古人叙地理以东为左，以西为右，故江东称江左，江西称江右。

㊲牢落：孤寂，无所寄托。

㊳桑榆：喻晚年。

㊴节物：四时的风物景色。风流：美好动人。

㊵和美：和睦美满。

㊶怅恨：惆怅怨恨。

㊷曩（nǎng）昔：往昔。

㊸妄：随便，胡乱。

㊹浸久：渐久。浸，逐渐。

㊺梦游华胥:《列子·黄帝》载“(黄帝)昼寝而梦，游于华胥氏之国……”即指此。

㊻浩穰：人众多貌。

㊼乡党：犹乡里。宿德：年老有德望的人。

㊽补缀：补充辑集。

㊾鄙俚：粗俗。

㊿绍兴丁卯：宋高宗绍兴十七年（1147）。

卷第一

东都外城

原文 东都外城[①]，方圆四十余里。城壕曰护龙河，阔十余丈，壕之内外[②]，皆植杨柳，粉墙朱户，禁人往来。城门皆瓮城三层[③]，屈曲开门[④]，唯南薰门、新郑门、新宋门、封丘门皆直门两重，盖此系四正门，皆留御路故也。新城南壁[⑤]，其门有三：正南门曰南薰门；城南一边[⑥]，东南则陈州门，傍有蔡河水门；西南则戴楼门，傍亦有蔡河水门。蔡河正名惠民河[⑦]，为通蔡州故也[⑧]。东城一边，其门有四：东南曰东水门，乃汴河下流水门也[⑨]，其门跨河，有铁裹窗门，遇夜如闸垂下水面，两岸各有门通人行路，出拐子城[⑩]，夹岸百余丈[⑪]；次则曰新宋门；次曰新曹门；又次曰东北水门，乃五丈河之水门也[⑫]。西城一边，其门有四：从南曰新郑门；次曰西水门，汴河上水门也；次曰万胜门；又次曰固子门；又次曰西北水门，乃金水河水门也[⑬]。北城一边，其门有四：从东曰陈桥门；乃大辽人使驿路[⑭]。次曰封丘门；北郊御路[⑮]。次曰新酸枣门；次曰卫州门。诸门名皆俗呼。其正名如西水门曰利泽，新郑门本顺天门，固子门本金耀门。新城每百步设马面、战棚[16]，密置女头[17]，旦暮修整，望之耸然[18]。城里牙道[19]，各植榆柳成阴[20]。每二百步置一防城库，贮守御之器，有广固兵士二十指挥[21]，每日修造泥饰，专有京城所提总其事[22]。

注释

①东都：北宋首都汴京（今河南开封）。外城：《宋会要辑稿·方域》一之一载，“新城周回四十八里二百三十三步。周显德三年，令彰信节度韩通董役兴筑。国朝（指北宋，注者案）以来，号曰国城，亦曰外城，又曰罗城。”

②内外：此指城壕两侧。

③瓮城：城门外的月城，作掩护城门、加强防御之用。宋曾公亮《武经总要》前集十二《守城》：“门外筑瓮城，城外凿壕，去大城约三十步。”

④屈曲开门：《武经总要》前集十二《守城》载，“其城外瓮城，或圆或方，视地形为之。高厚与城等，惟偏开一门，左右各随其便。”屈曲，本指弯曲、曲折。此引申为或偏左，或偏右。

⑤新城：外城。见注①。南壁：南墙。

⑥城南一边：城南一侧。实际指南城墙。

⑦惠民河：古运河名。宋漕运四河之一。起自今河南新郑，导洧溱诸川东北流入汴京，折东南出城经陈州（今河南淮阳）入颍。京西南一段本为闵河，东南一段本为蔡河；蔡河旧以

汴河为源，宋初始改导闵水入蔡，又自长社（今河南许昌）引溵水入蔡以广水源。开宝六年（973）改闵河为惠民河。其后遂通称闵蔡两河为惠民河。元后屡为黄河决流所填淤，故道久已塞为平地，今惟淮阳以南尚残存蔡河一段。

⑧蔡州：今河南汝南。

⑨汴河：隋开通济渠，因中间自今荥阳至开封一段就是原来的汴水，故唐、宋人遂将自出黄河至入淮河的通济渠东段全流统称为汴水、汴河或汴渠。北宋亡后，南宋与金划淮为界，此渠不再为运道所经，不久即归堙废。

⑩拐子城：拐，指转弯处，角。拐子城，体制不详。似当为城墙的角城，以屏蔽城墙。

⑪夹岸：左右两岸。夹，从左右相持。

⑫五丈河：古河名。河广五丈，起自今河南开封即北宋东京城，东经今河南兰考、山东定陶，至巨野西北注梁山泊，下接济水。五代周显德中始于京城西疏汴水入五丈河，以通京师东北漕运。宋建隆初又在城西汴水上架槽引金水河东注为五丈河源。宋开宝六年（973）改名广济河，为北宋漕运四渠之一。此后直至南宋建炎初宗泽留守东京时，屡加浚治，金后堙废。

⑬金水河：宋建隆二年（961），凿渠引荥阳京水东过中牟，凡百余里，抵都城（开封）西，架槽横绝汴渠，东汇于五丈

河，名曰金水河。其后复引贯皇城内苑，民间亦得汲用。元丰中赐名天源河。南渡后废。注者案："西城一边，其门有四"，"四"当为"五"之误。新郑门、西水门、万胜门、固子门、西北水门凡五门，不当作"四"。

⑭大辽：北方与宋相峙的辽国，为契丹族所建王朝。辽太祖耶律阿保机神册元年（916），创建契丹国。辽太宗耶律德光大同元年（947）灭后晋，建国号大辽，都上京（今内蒙古巴林左旗南）。辽圣宗统和二年（984）改国号为大契丹国，建中京（今内蒙古宁城）。辽道宗咸雍二年（1066）复号大辽。保大五年（1125），天祚帝被金军俘虏，辽亡。传九帝，共二百二十年。人使：使者，接受使命的人。驿路：传递官方文书的道路。

⑮北郊：皇帝每年夏至日，祭地于方泽，地在都城北门外，称北郊。亦谓之北郊大祭。

⑯马面：设于女墙上的战棚。宋沈括《梦溪笔谈》卷十一《官政》："延州故丰林县城，赫连勃勃所筑。至今谓之赫连城。其城不甚厚，但马面极长且密。予使人步之，马面皆长四丈，相去六七丈，以为马面密则城不须太厚，人力亦难攻也。"宋陈规《守城录》二《守城机要》："马面，旧制六十步立一座，跳出城外，不减二丈，阔狭随地利不定，两边直觑城脚，其上皆有楼子，所用木植甚多。"战棚：古代城堡攻守战中使用

的活动装置。宋沈括《梦溪笔谈》卷十一《官政》:“边城守具中有战棚，以长木抗于女墙之上，大体类敌楼，可以离合，设之，顷刻可就，以备仓卒，城楼摧坏，或无楼处受攻，则急张战棚以临之。”步：旧时营造尺以五尺为步。

⑰女头：女墙，城墙上面呈凹凸形的小墙。

⑱耸然：高耸貌。

⑲牙道：同“衙道”，即官道。

⑳阴：通荫。

㉑广固兵士：广固，步军番号。指挥：宋承五代后唐之制，以指挥为军队编制单位。其上为厢、军；其下为都，都百人，五都为一指挥。统兵官为指挥使和副指挥使。二十指挥，即一万人。广固兵士，专事京城工役。《宋史》卷一百八十八《兵志》二:“广固”下注：崇宁三年，诏添置广固兵四指挥，以备京城工役。

㉒京城所:《宋史》卷一百八十九《兵志》三载,“广固，隶修治京城所。”京城所乃修治京城所的省称。

译文

东都汴梁外城，周围四十余里。护城河叫护龙河，宽十余丈。护城河两侧，都种植杨树、柳树，粉白的城墙，朱漆的门户，禁止行人往来。每座城门外，都有瓮城三层，但却偏离城门开门。只有南薰门、新郑门、新宋门、封丘门的瓮城对正城门开门，且只有两层，因为这是四座正门，都留有皇帝御用道路的缘故。外城南城墙，城门有三座：正南的城门叫南薰门；南城墙一面，在东南方的是陈州门，旁有蔡河水门；西南方的则是戴楼门，旁边也有蔡河水门。蔡河的正名叫惠民河，因为此河通蔡州，故而叫蔡河。东城墙一面，城门有四座：东南方的叫东水门，是汴河流向下游的水门。此城门横跨汴河，有用铁包裹、形如窗栅的大门，每到夜晚，如闸门一样放入水中，两岸各有别门供行人通行。出角门，左右两岸相距百余丈；往北是新宋门；再往北是新曹门；最北是东北水门，这是五丈河的水门。西城墙一面，城门有四座：从南数起的叫新郑门；往北是西水门，这是汴河上游来水的水门；往北是万胜门；再往北是固子门；最北的叫西北水门，是金水河的水门。北城墙一面，城门有四座：从东数起的叫陈桥门，这是大辽使臣的驿路。往西是封丘门，为皇帝北郊大祭的御用道路。再往西是新酸枣门，最西面的叫卫州门。这些门的名称都是俗称。它们的正名，如西水门叫利泽门，新郑门原本叫顺天门，固子门本来即金耀门。外城城墙上每隔百步设马面、战棚，密集地设置女墙，日夕修理整治，远远望去，很是高峻。城里官道两侧，种植的榆树柳树已都成荫。城中每隔二百步设置一处防城库，贮藏守城御敌的武器，有广固兵士二十指挥，天天整治修缮，专门有修治京城所提调、总管此事。

旧京城

原文 旧京城方圆约二十里许①。南壁其门有三：正南曰朱雀门，左曰保康门，右曰新门。东壁其门有三：从南汴河南岸角门子，河北岸曰旧宋门，次曰旧曹门。西壁其门有三：从南曰旧郑门，次汴河北岸角门子，次曰梁门。北壁其门有三：从东曰旧封丘门，次曰景龙门，乃大内城角宝箓宫前也②。次曰金水门。

注释 ①旧京城:《宋会要辑稿·方域》一载，东京，唐之汴州。梁建为东都，后唐罢之，晋复为东京，国朝因其名。旧城周回二十里一百五十五步，即唐汴州城。建中初，节度使李勉筑。国朝以来号曰阙城，亦曰里城。许：表示约略估计之数。

②大内：皇宫的总称。

译文 旧京城的周围大约有二十里上下。南城墙的城门有三座：正南面的叫朱雀门，左首的叫保康门，右边的叫新门。东城墙的城门有三座：从南数起是汴河南岸的角门子，汴河北岸的叫旧宋门，再往北是旧曹门。西城墙的城门有三座：从南数起的叫旧郑门，其次是汴河北岸角门子，再往北的叫梁门。北城墙的城门有三座：从东数起的叫旧封丘门，西边的城门叫景龙门，在皇宫城角宝箓宫前面。最西边的叫金水门。

河道

原文 穿城河道有四。南壁曰蔡河[①]，自陈蔡由西南戴楼门入京城辽绕[②]，自东南陈州门出。河上有桥十一[③]：自陈州门里曰观桥，在五岳观后门。从北次曰宣泰桥，次曰云骑桥，次曰横桥子，在彭婆婆宅前。次曰高桥，次曰西保康门桥，次曰龙津桥，正对内前。次曰新桥，次曰太平桥，高殿前宅前。次曰糶麦桥，次曰第一座桥，次曰宜男桥，出戴楼门外曰四里桥。中曰汴河[④]，自西京洛口分水入京城[⑤]，东去至泗州入淮[⑥]，运东南之粮，凡东南方物[⑦]，自此入京城，公私仰给焉[⑧]。自东水门外七里，至西水门外，河上有桥十三[⑨]：从东水门外七里曰虹桥，其桥无柱，皆以巨木虚架，饰以丹雘[⑩]，宛如飞虹，其上下土桥亦如之；次曰顺成仓桥，入水门里曰便桥，次曰下土桥，次曰上土桥，投西角子门曰相国寺桥，次曰州桥，正名天汉桥。正对于大内御街，其桥与相国寺桥皆低平不通舟船，唯西河平船可过[⑪]。其柱皆青石为之，石梁石笋楯栏[⑫]，近桥两岸，皆石壁雕镌海马水兽飞云之状，桥下密排石柱，盖车驾御路也。州桥之北岸御路，东西两阙[13]，楼观对耸[14]；桥之西有方浅船二只，头置巨榦铁枪数条，岸上有铁索三条，遇夜绞上水面，盖防遗火舟船矣。西去曰浚仪桥，次曰兴国寺桥，亦名马军衙桥。次曰太师府桥，蔡相宅前[15]。次曰金梁桥，次曰西浮桥，旧以船为之桥，今皆用木石造矣。次曰西水门便桥，门外曰横桥。东北曰五丈河[16]，来自济郓[17]，般挽京东路粮斛入京城[18]，自新曹门北入京。河上有桥五：东去曰小横桥，次曰广备桥，次曰蔡市桥，次曰青晖桥，染院桥。西北曰金水河[19]，自京城西南分京、索河水筑堤[20]，从汴河上用木槽架过，从西北水门入京城，夹墙遮拥[21]，入大内灌后苑池浦矣。河上有桥三：曰白虎桥、横桥、五王宫桥之类。又曹门小河子桥曰念佛桥，盖内诸司辇官、亲事官之类[22]，军营皆在曹门，侵晨上直[23]，有瞽者在桥上念经求化[24]，得其名矣。

注释

①蔡河：一作蔡水。即古沙水（“沙”本音“蔡”）。五代周显德中自开封城东导汴水入蔡以通漕。宋建隆初导京西南闵水贯京城合于蔡，自后蔡河即以闵河为源，闵、蔡连为一水，漕运大畅。开宝后因闵河改名惠民河，遂亦通称蔡河为惠民河。

②陈蔡：陈，陈州（今河南淮阳）；蔡，蔡州（今河南汝南）。

迂绕：回环旋转。迂，即“缭”。

③有桥十一：“十一”误。桥为十三座。

④汴河：见“东都外城”条注⑨。

⑤西京：北宋以洛阳为西京。洛口：洛水入黄河之口。故址在今河南巩县东北。

⑥泗州：州名。唐、宋时州城当汴水入淮之口，为南北交通冲要，南宋与金通使即取道于此。辖境、治所累有变化，清康熙时州城陷入洪泽湖，乾隆时移治今泗县，1912年改本州为泗县。

⑦方物：土产。《书·旅獒》：“无有远迩，毕献方物。”

⑧仰给：依赖。《史记·平准书》：“衣食仰给县官。”

⑨有桥十三：“十三”误。桥实为十四。

⑩丹雘（huò）：油漆用的红色颜料。《书·梓材》：“惟其涂丹雘。”疏：“雘是彩色之名，有青色者，有朱色者。”雘原作“臒”，误。当作雘。雘为赤石脂之类。可作颜料，以饰宫室。

⑪西河：大致相当今河南浚县、滑县及其迤南、迤北一带。

⑫石笋：高大的石柱。楯（shǔn）栏：栏杆的横木。

⑬阙（què）：古代宫阙及墓门立双柱者谓之阙。

⑭楼观：高大建筑物的泛称。

⑮蔡相：当指蔡京。

⑯五丈河：见“东都外城”条注⑫。

⑰济郓：指济州（今山东巨野），郓州（今山东东平）。实指流经其地的南济水（自《水经注》时代自今荥阳东北以下至于巨野泽有南济、北济二派），隋开通济渠后，北济渐堙废，南济水不废。自唐至宋曾在今开封市先后导汴水或金水河入南济故道以通漕运，称为湛渠或五丈河，其后复堙。

⑱般挽：搬运、牵引。此指转运。般，通“搬”。京东路：北宋至道三年（997）所设十五路之一。治宋州（今河南商丘南）。其后路的辖境略有变化，又曾分为京东东、京东西两路，但大部分时间仍为京东路。粮斛（hú）：指粮食。斛：本指计算粮食的量器。

⑲金水河：见“东都外城”条注⑬。

⑳京、索：京，古邑名、县名。故址在今河南荥阳县东南。索（suǒ又读sè），古城名。古址在今河南荥阳。公元前205年，楚、汉战荥阳南京、索间，即此。

㉑遮拥：掩蔽、保护。

㉒内诸司：内，指宫中；诸司，在皇宫中的各官署。辇官：指掌内诸司车辆、器物的官员。辇，专指天子的车。内诸司在宫中，因称。亲事官：官名。始设于唐，掌守卫陪从，以六七品官之子，年在十八以上者为亲事。

㉓侵晨：破晓。上直：值勤，值班。

㉔瞽者：盲人。求化：化缘。

译文 穿越京城的河道有四条。南城墙处的叫蔡河，水来自陈、蔡之地，由西南的戴楼门入京城，曲折环绕，从东南的陈州门流出。河上有桥十一座：在陈州门里面的叫观桥，在五岳观后门。再从北面数起的叫宣泰桥，其次叫云骑桥，其次叫横桥子，在彭婆婆宅前。其次叫高桥，其次叫西保康门桥，其次叫龙津桥，正对大内之前。其次叫新桥，其次叫太平桥，高殿前宅前。其次叫糶麦桥，其次叫第一座桥，其次叫宜男桥，出戴楼门外的叫四里桥。流经城中的叫汴河，河水从西京洛阳的洛口分水流入京城，向东流去，到泗州注入淮河，漕运东南方的粮食，凡是东南之地的土产，也都从这里运入京城，无论公私所需，都依赖此河。自东水门外七里，到西水门外，河上有桥十三座：从东数起，东水门外七里的叫虹桥，此桥没有桥柱，全以巨木凌空架造，用红色颜料涂饰，犹如天上飞虹，近旁的上下土桥也如此。其次叫顺成仓桥，入水门里的叫便挢，其次叫下土桥，其次叫上土桥，投西角子门的叫相国寺桥，其次叫州桥，正名天汉桥。正对着大内御街，此桥与相国寺桥都低平不能通行舟船，只有西河地方的平船可在桥下通过，桥柱全都用青石筑成，桥上的石梁、石柱、栏杆及近桥两岸，石壁上全都雕镂着海马、水兽和飞云的各种形状，桥下密密地排列着石柱，因为这里是皇帝车驾御路。州桥北岸的御路，东西两侧的阙柱、高大的楼观相对耸立；桥的西边有方形的浅船两只，船头安置又粗又长的铁枪数条，岸上有铁索三条，每到夜晚将方船绞上水面，这是为了防止遗留火种在船上。再往西去的叫浚仪桥，其次叫兴国寺桥，也叫马军衙桥。其次叫太师府桥，在蔡丞相宅前。其次叫金梁桥，其次叫西浮桥，原先以船为桥，现今皆用木石建造。其次叫西水门便桥，门外叫横桥。京城东北的叫五丈河，河水来自济、郓之地，转运京东路的粮食入京城，从新曹门的北面入京。河上有桥五座：向东数去叫小横桥，其次叫广备桥，其次叫蔡市桥，其次叫青晖桥，染院桥。京城西北的叫金水河，从京城西南分京、索河水筑堤，在汴河上架上木槽，让水从西北水门入京城，又有夹墙保护，河水流入宫中灌注后苑的池塘。河上有桥三座：分别叫白虎桥、横桥、五王宫桥之类。此外，曹门小河子桥叫念佛桥，因为宫内各官署的辇官、亲事官之类，居住的军营都在曹门，天破晓时去宫内当值，过桥时有盲人在桥上念佛化缘，因而得了此名。

大内

原文

大内正门宣德楼列五门[①]，门皆金钉朱漆，壁皆砖石间甃[②]，镌镂龙凤飞云之状，莫非雕甍画栋[③]，峻角层榱[④]，覆以琉璃瓦[⑤]，曲尺朵楼[⑥]，朱栏彩槛，下列两阙亭相对，悉用朱红杈子[⑦]。入宣德楼正门，乃大庆殿，庭设两楼，如寺院钟楼[⑧]，上有太史局保章正测验刻漏[⑨]，逐时刻执牙牌奏[⑩]。每遇大礼[⑪]，车驾斋宿[⑫]，及正朔朝会于此殿[⑬]。殿外左右横门曰左右长庆门[⑭]。内城南壁有门三座，系大朝会趋朝路[⑮]。宣德楼左曰左掖门，右曰右掖门。左掖门里乃明堂[⑯]，右掖门里西去乃天章、宝文等阁[⑰]。宫城至北廊约百余丈。入门东去街北廊乃枢密院[⑱]，次中书省[⑲]，次都堂[⑳]，宰相朝退治事于此。次门下省[㉑]，次大庆殿外廊横门。北去百余步，又一横门，每日宰执趋朝[㉒]，此处下马，馀侍从台谏于第一横门下马[㉓]，行至文德殿，入第二横门。东廊大庆殿东偏门，西廊中书门下后省[㉔]，次修国史院[㉕]，次南向小角门，正对文德殿。常朝殿也。殿前东西大街，东出东华门，西出西华门。近里又两门相对，左右嘉肃门也。南去左右银台门。自东华门里皇太子宫入嘉肃门，街南大庆殿后门、东西上阁门[26]；街北宣祐门。南北大街西廊面东曰凝晖殿，乃通会通门入禁中矣。殿相对东廊门楼，乃殿中省六尚局御厨[27]。殿上常列禁卫两重，时刻提警，出入甚严。近里皆近侍中贵[28]。殿之外皆知省、御药幕次[29]。快行、亲从官、辇官、车子院、黄院子、内诸司兵士、祗候宣唤[30]，及宫禁买卖进贡[31]，皆由此入，唯此浩穰[32]。诸司人自卖饮食珍奇之物，市井之间未有也。每遇早晚进膳，自殿中省对凝晖殿，禁卫成列，约栏不得过往[33]。省门上有一人呼喝，谓之“拨食家”。次有紫衣裹脚子向后曲折幞头者[34]，谓之“院子家”，托一合用黄绣龙合衣笼罩[35]，左手携一红罗绣手巾，进入于此，约十余合。继托金瓜合二十余面进入，非时取唤，谓之“泛索”。宣祐门外西去紫宸殿。正朔受朝于此。次曰文德殿，常朝所御。次曰垂拱殿，次曰皇仪殿，次曰集英殿。御宴及试举人于此。后殿曰崇政殿、保和殿。内书阁曰睿思殿。后门曰拱辰门。东华门外市井最盛，盖禁中买卖在此。凡饮食时新花果、鱼虾鳖蟹、鹑兔脯腊[36]，金玉珍玩衣着，无非天下之奇。其品味若数十分，客要一二十味下酒，随索目下便有之。其岁时果瓜蔬茹新上，市井茄瓠之类新出㊲，每对可值三五十千，诸阁分争以贵价取之㊳。

注释

①大内：皇宫的总称。《宋会要辑稿·方域》一：大内据阙城之西北。宫城周回五里，即唐宣武军节度使治所。梁以为建昌宫，后唐复为宣武军治，晋为大宁宫。国朝建隆三年五月诏广城，命有司画洛阳宫殿，按图以修之。

②甃（zhòu）：本指井壁，后引申为以砖砌物皆称甃。

③甍（méng）：栋梁、屋脊。

④榱（cuī）：椽子。

⑤琉璃瓦：以粘土、长石、石青等为原料烧成。

⑥朵楼：正楼两旁的楼。

⑦杈（chā）子：今写作杈子。旧时用以阻拦人马通行所置的木架。由一横木连接数对两相交叉的竖木构成。古称梐枑，也称行马，俗称拒马叉子。参见宋程大昌《演繁露》一。

⑧钟楼：寺院大殿庭中东西多设钟、鼓楼各一。

⑨太史局保章正：太史局，掌天文历法的机构。唐初，改太史监为太史局。肃宗乾元元年改称司天台。宋沿置，神宗改官制，复称太史局。保章正，太史局属官，唐时初设，后多沿置。"掌历法及测景分至表准。"可参见《宋史·职官志》四（卷一百六十四）。刻漏：古代计时器，亦称漏壶。用铜铸成

壶，在壶底穿孔，壶内竖有一支刻有度数的箭形浮标，壶中水从孔漏出而逐渐减少，箭上的度数即依次显露，由此可知时辰。

⑩逐：依次排列曰逐。此为“按”。时刻：时，时辰。以一昼夜分为十二时辰，并与十二干支相配，每一时辰又分初、正，合为二十四小时。刻：古时以铜漏计时，一昼夜分为一百刻。按节令，昼夜刻数不同，冬至昼四十五刻，夜五十五刻；夏至昼六十五刻，夜三十五刻；春分、秋分、昼五十五刻半，夜四十四刻半。至清代始用时钟，以十五分为一刻，四刻为一小时。牙牌：象牙制的牌子，用作记事的标签。

⑪大礼：重要、隆重的礼仪。

⑫车驾：称代帝王。斋宿：斋戒住宿。斋，古时祭祀或重大典礼前整洁身心，以示虔敬。

⑬正朔：一年的第一天，亦即农历正月初一。正，一年的开始；朔，一月的开始。朝会：古时诸侯或臣属朝见君主。

⑭左右横门：指左右（即东、西）两侧的门。横，古时以南北为纵，东西为横。

⑮朝路：朝会的通道。

⑯明堂：古代帝王宣明政教之地。凡朝会、祭祀、庆赏、选士、养老、教学等大典，均在此举行。其后宫室渐备，另在东南近郊建明堂，以存古制。

⑰天章、宝文等阁：天章阁，天禧四年（1020）建，取“为章于天”之义命名。收藏真宗御制文集、御书。天圣八年（1030）置待制，景祐三年（1036）置侍讲，庆历七年（1047）置学士与直学士。南宋时，图籍、宝玩、符瑞之物，以及宗正寺所进宗室名册，宋历代皇帝画像与即位前旌节，均藏于此。宝文阁，原名寿昌阁，庆历元年（1041）改名。嘉祐八年（1063），英宗即位后，以仁宗御书、御制文集藏于阁内。治平四年（1067），神宗即位，置学士、直学士、待制等职，待遇同龙图阁。英宗御书亦藏此阁。

⑱枢密院：官署名。始设于唐。宋代枢密院为最高军事机关，别称宥司，掌军国机务、兵防、边备、军马等政令，出纳机密命令，与中书分掌军政大权，合称“二府”。

⑲中书省：官署名。宋承唐制置。宋初，有判省事一人，以中书舍人充任，掌册文、复奏、考账等事。其长官为中书令，然未实授，以他官兼领者不预政事，仅以示官阶。元丰改制后，以尚书右仆射兼中书侍郎执行中书令职务，另置中书侍郎为本省副长官。掌秉承皇帝意旨总管政务，宣布皇帝命令，批复臣僚奏疏，以及朝廷侍从、职事官以上，外臣通判以上，武臣横行以上除授。高宗建炎三年（1129），中书省与门下省并为中书门下省。

⑳都堂：北宋前期，称尚书省的大厅堂为都堂。有时也称中

书门下的政事堂为都堂。元丰改制后，撤销中书门下，以尚书省都堂为政事堂。为宰相治事之所。

㉑门下省：官署名。宋承唐制置。宋初，门下省仅掌印玺、朝会版位等朝仪之事，多以他官兼领侍中，仅以示官阶。元丰改制掌审驳中书省、枢密院画黄、录白等事，其长官则以尚书左仆射兼门下侍郎行侍中职。南渡后合中书、门下为一。乾道八年（1172）改尚书左右仆射为左右丞相，废侍中。

㉒宰执：宋宰相与执政统称。宋前后以同中书门下平章事、同平章事、尚书左右仆射、左右丞相、侍中为宰相，以参知政事、门下侍郎、中书侍郎、尚书左右丞、枢密使、枢密副使、知枢密院事、同知枢密院事、签书枢密院事等为执政。

㉓侍从：宋称殿阁学士、直学士、待制与翰林学士、给事中、六部尚书、侍郎为侍从。台谏：宋御史与谏官的合称。台指御史台，谏指谏院。

㉔中书门下后省：宋以中书省门下省官署设于宫禁之外，称中书门下外省，神宗元丰八年（1085）改称中书门下后省，以与另设于禁中的中书门下（政事堂）相对，为两省处理日常行政事务之所，不预机要。

㉕修国史院：国史院，官署名。掌修国史。宋初，门下省编修院掌修国史，修毕即停。元丰改制后，每修前朝国史、实录，即另置国史、实录院，以首相提举。元祐五年（1090）

置国史院，隶门下省，绍圣二年（1095）改隶秘书省。南宋时，罢史馆，修实录置实录院，修国史置国史院，均以宰相提举、监修，侍从官充修撰、同修撰，馀官充检讨、编修。

㉖东西上阁门：官署名。掌朝会宴幸、供奉赞相礼仪之事。官员东、西上阁门对置。东、西上阁门使、副使多以外戚勋贵充任，位同侍从官，为武臣迁转之阶。政和二年（1112）改东上阁门使为左武大夫，副使为左武郎；西上阁门使为右武大夫，副使为右武郎。参见《宋史·职官志》六（卷一百六十六）。

㉗殿中省六尚局：殿中省，官署名。判省事一人，以无职事朝官充任。掌郊祀、元日冬至皇帝御殿及祫禘后庙神主赴太庙时供具伞扇之事。所属有尚食、尚药、尚醖、尚衣、尚舍、尚辇六局，而别有主管。崇宁二年（1103），以殿中监为长官，少监为副长官。又置提举六尚局及管勾官一员，总管六尚局，掌供奉皇帝饮食、医药、服御、幄帟、舆辇、舍次等政令。靖康元年（1126）废六尚局。御厨：《宋会要辑稿·方域》四之一载，御厨在内东门外之东廊，掌供御之膳羞，及给内外饔饩割烹煎和之事。

㉘近侍中贵：亲近、显贵的近侍宦官。

㉙知省、御药：《梦粱录》卷九《内司官》条载，“内侍省：知省、都知、御带、御药……”然《宋史·职官志》六（卷一百六十六）“内侍省”中，未见有“知省”之职，或为内侍

省长官。御药，当指御药院。《宋史·职官志》四："御药院，勾当官无常员，以入内内侍充。…… 崇宁二年，并入殿中省。"御药院系宋宫廷医药机构。

㉚快行:《梦粱录》卷九《内司官》条有"快行营"。《宋史》卷一百八十八《兵志》二:"快行、长行。中兴后置，一百人。"然王明清《挥麈录》中载徽宗遣快行家以小轿召苏叔党入宫画壁事，可知北宋时即有快行之设,《宋史·兵志》所载不确。亲从官：据《宋史·兵志》一载,"皇城司亲从官。太平兴国四年，分亲事官之有材勇者为之，给诸殿洒扫及契勘巡察之事。指挥三。"《兵志》二:"亲从官，指挥四。政和五年，创置第五指挥，以七百人为额。"辇官：掌引驾车辇的官。《宋史·仪卫志》:"辇官五十三人。"《梦粱录》卷九《内诸司》条有"皇城辇官营"。车子院：抑为车辂院之误。车辂院"掌乘舆、法物，凡大驾、法驾、小驾供辇辂及奉引属车，辨其名数与陈列先后之旗。"黄院子:《梦粱录》卷九"内诸司"条有"黄院子营"。黄院子，疑即黄门院。为宋初宦官机构，淳化五年（994），由内班院改称，旋又改称内侍省。《宋史·兵志》一:"入内院子，天圣元年（1023），拣亲事官年高者为之。九年，选辇官六十以上者充。治平二年（1065），诏以五百人为额。"内诸司：宋代宫禁内各官署机构的统称。内诸司长官多由内侍宦官充任。宋赵昇《朝野类要》三:"内诸司，

自内侍省以下在禁中置局并应属内司子局者，皆是也。”祗候：宋代阁门使的属官，协助阁门舍人掌朝会宴享赞相礼仪之事。详见《宋史·职官志》六。

㉛宫禁：指皇帝居住之处，此指皇宫。

㉜浩穰：人众多貌。

㉝约栏：拦挡，阻止。

㉞幞头：包头软巾。相传始于北周武帝。至宋，幞头有直脚、局脚、交脚、朝天、顺风等多种式样。句中“裹脚子向后曲折”其款式未详。

㉟合：通“盒”。合衣：盒罩。

㊱脯腊：干肉。

㊲茄瓠：泛指蔬菜。瓠，也叫扁蒲、葫芦。

㊳诸阁分：宋代后妃、皇子女所居皆曰阁。此当指宫中嫔妃之居所，亦指嫔妃。

译文

大内（皇宫）正门宣德楼一字排列五座大门，大门都装金钉，饰以大红油漆；城墙都砖石相间，镌刻、雕镂各种形状的龙、凤及飞动的云彩；无一不是雕刻的屋脊和彩绘的栋梁，高峻的屋角，层层排列的椽子，用琉璃瓦覆盖；两旁曲尺形的朵楼，也都饰以朱红、彩绘的栏杆；朵楼下两座阙亭遥遥相对，置放着阻拦人马通行的朱红色的杈子。进入宣德楼正门，前面就是大庆殿。大殿庭院中设东西两楼，犹如寺院中的钟楼，楼上有太史局的官员保章正在观测刻漏，按时按刻手执牙牌向上奏报。每逢重大典礼，皇帝斋戒住宿，及每年正月初一的朝会就在此殿。殿外左右两侧的门叫左右长庆门。内城南墙有三座门，是重大朝会通向内庭宫殿之路。宣德楼左边的叫左掖门，右边的叫右掖门。左掖门里有明堂，进右掖门里朝西去是天章、宝文等阁。从宫城到北面的走廊约一百余丈，进门朝东去，街北面廊庑是枢密院，其次是中书省，其次是都堂，宰相退朝后在此处理政务。其次是门下省，其次是大庆殿外面走廊的边门。向北去一百余步，又是一边门，每天宰相、执政上朝，在这里下马，其余侍从、台谏等官员在第一道边门下马，步行至文德殿，进入第二道边门。东走廊处是大庆殿东偏门，西走廊是中书门下后省，其次是修国史院，其次是朝南的小角门，正对文德殿。日常朝会的大殿。文德殿前是东西向的大街，向东去是东华门，向西去是西华门。附近又有两门相对，这是左右嘉肃门。朝南去是左右银台门。从东华门里的皇太子宫进入嘉肃门，街南是大庆殿后门、东西上阁门；街北面是宣祐门。南北向大街西走廊朝东方向的叫凝晖殿，这里通过会通门就进入皇宫了。和凝晖殿相对的东廊门楼，是殿中省六尚局的御厨房。凝晖殿上日常排列禁卫军士两层，时刻提防警戒，出入控制相当严格。附近也都是亲近、显贵的宦官。殿外是知省、御药等办事之地。快行、亲从官、辇官、车子院、黄院子、内诸司兵士、祗候等宣召传唤，以及宫内买卖、进贡，全都由此入内，只有此处人众最多。宫内诸司之人各自买卖饮食珍奇之物，都是民间集市中所没有的。每当早晚进膳，自殿中省到凝晖殿，禁卫排成行列，阻止闲人过往。殿中省门口有一人招呼，称之为“拨食家”。其次有身穿紫衣，头戴幞脚裹起、向后曲折幞头之人，称之为“院子家”，手托一盒，用黄色的上绣着龙的盒罩罩盖，左手拿一红罗绣花手巾，从这里进入，大约有十余盒。继而托金色瓜形盒二十余只进入，以应不时被召取用，称之为“泛索”。宣祐门外朝西去是紫宸殿。正月初一受群臣朝贺在此殿。其次叫文德殿，日常朝会在此。其次叫垂拱殿，其次叫皇仪殿，其次叫集英殿。宫中御宴及考试举人在此。后殿叫崇政殿、保和殿。内书阁叫睿思殿。后门叫拱辰门。东华门外面集市最盛，因为宫中的买卖在此。举凡日常饮食的时新花果、鱼虾鳖蟹、鹑兔干肉，以及金玉珍宝古玩衣着，没有一样不是天下的珍奇之物。其品种常有数十种，如来客要一二十种下酒菜蔬，随心选择，眼前就都有。时鲜的瓜果蔬菜，并集市上茄瓠之类新出，每对可值三五十千钱，且宫中各处争相以高价购买。

内诸司

原文 内诸司皆在禁中①。如学士院②，皇城司③，四方馆④，客省⑤，东西上阁门⑥，通进司⑦，内弓剑枪甲军器等库⑧，翰林司⑨，茶酒局也。内侍省，入内内侍省⑩，内藏库⑪，奉宸库⑫，景福殿库，延福宫⑬，殿中省六尚局⑭，尚药、尚食、尚辇、尚醖、尚舍、尚衣。诸阁分⑮，内香药库⑯，后苑作⑰，翰林书艺局⑱，医官局⑲，天章等阁⑳；明堂颁朔布政府㉑。

注释 ①内诸司：见卷一"大内"条注㉚。

②学士院：据沈括《梦溪笔谈》一载，"学士院玉堂，太宗皇帝曾亲幸。至今唯学士上日许正坐，他日皆不敢独坐。故事堂中设草台，每草制，则具衣冠据台而坐。今不复如此。但存空台而已。"

③皇城司：官署名。"掌宫城出入之禁令，凡周庐宿卫之事、宫门启闭之节皆隶焉。"（《宋史·职官志》一）宋高承《事物纪原》："《宋朝会要》曰，本名武德司，太平兴国六年十一月改为皇城司。"

④四方馆：官署名。"掌进章表，凡文武官朝见辞谢、国忌赐

书，及诸道元日、冬至、朔旦庆贺起居章表，皆受而进之；郊祀大朝会，则定外国使命及致仕、未升朝官父老陪位之版，进士、道释亦如之。掌凡护葬、赙赠、朝拜之事。客省、四方馆，建炎初并归东上閤门，皆知閤总之。”（《宋史·职官志》六）

⑤客省：官署名。“掌国信使见辞宴赐，及四方进奉、四夷朝觐贡献之仪，受其币而宾礼之，掌其饔饩饮食，还则颁诏书，授以赐予；宰臣以下节物，则视其品秩以为等。若文臣中散大夫、武臣横行刺史以上还阙朝觐，掌赐酒馔。”（《宋史·职官志》六）

⑥东西上閤门：见卷一“大内”条注㉖。

⑦通进司：宋代传达表章的机构。初属枢密院，后隶给事中。“掌受三省、枢密院、六曹、寺监百司奏牍，文武近臣表疏及章奏房所领天下章奏案牍，具事目进呈，而颁布于中外。”（《宋史·职官事》一）

⑧内弓剑枪甲军器等库：清周城《宋东京考》三“内诸司”中载，“内弓箭库，南外库，军器衣甲库、军器弓枪库，军器弩剑箭库，掌藏兵仗器械甲胄，以备军国之用。”

⑨翰林司：为光禄寺所属机构。“掌供果实及茶茗汤药。”（《宋史·职官志》四）

⑩内侍省，入内内侍省：宋宫廷侍御机构。皆由宦者充任。

“入内内侍省与内侍省号为前后省，而入内省尤为亲近。通侍禁中、役服亵近者，隶入内内侍省。拱侍殿中、备洒扫之职、役使杂品者，隶内侍省。”（《宋史·职官志》六）

⑪内藏库：官库名。属太府寺。太平兴国三年（978）分左藏北库置。“掌受岁记之馀积，以待邦国非常之用。”（《宋史·职官志》五）

⑫奉宸库：官库名。属太府寺。掌收受金玉、珠宝、贵重物品，供应宫廷需用。（见《宋史·职官志》五）

⑬景福殿库、延福宫：皆在禁中。《宋史·职官志》六、九有延福宫使、景福殿使，皆为宦官、武官高级官称。隶入内内侍省。

⑭殿中省六尚局：见卷一“大内”条注㉗。

⑮诸阁分：见卷一“大内”条注㊳。

⑯内香药库：宋所置内库。掌出纳外国贡献及市舶香药、宝石。本为香药库，天禧五年（1021）分为内外二库，内香药库在皇城中，贮细色香药以备宫廷需用。属太府寺。（见《宋史·职官志》五）

⑰后苑作：后苑作造所。官署名。分生色、缕金等七十四作。掌制造宫廷及皇属婚娶名物。（见《宋史·职官志》六）

⑱翰林书艺局：官署名。翰林院所属机构。掌以书籍、笔墨、琴棋等供奉内廷。隶内侍省。（见《宋史·职官志》六）

⑲医官局：官署名。翰林院所属机构。原名翰林医官院，元丰五年（1082）改称翰林医官局。掌进御医药，以翰林医官使、副使主院事，由尚药奉御充任，或有加诸司使者。（见《文献通考·职官考》九）。

⑳天章等阁：见卷一“大内”条注⑰。

㉑明堂：见卷一“大内”条注⑯。颁朔：周制，天子每年冬季把次年的历书颁布给诸侯，称颁告朔。也简称颁朔、告朔。布：宣告，布达。政府：唐宋时称宰相治理政务的处所为政府。后也指政令所出之府，即国家的统治机构。

译文

内诸司都在皇宫之内。如学士院，皇城司，四方馆，客省，东西上阁门，通进司，内弓剑枪甲军器等库，翰林司，即茶酒局。内侍省，入内内侍省，内藏库，奉宸库，景福殿库，延福宫，殿中省六尚局，尚药、尚食、尚辇、尚醞、尚舍、尚衣。诸阁分，内香药库，后苑作，翰林书艺局，医官局，天章等阁，明堂颁朔布政府。

外诸司

原文 外诸司[1]：左右金吾街仗司[2]，法酒库，内酒坊[3]，牛羊司[4]，乳酪院[5]，仪鸾司[6]，账设局也。车辂院[7]，供奉库[8]，杂物库[9]，杂卖务[10]，东西作坊[11]，万全[12]，造军器所。修内司[13]，文思院上下界[14]，绫锦院[15]，文绣院[16]，军器所[17]，上下竹木务[18]，箔场[19]，车营、致远务[20]，骡务、驰坊[21]，象院[22]，作坊物料库[23]，东西窑务[24]，内外物库[25]，油醋库[26]，京城守具所[27]，鞍辔库[28]，养马曰左右骐骥院，天驷十监[29]，河南北十炭场[30]，四熟药局[31]，内外柴炭库[32]，军头引见司[33]，架子营[34]，楼店务，店宅务。榷货务[35]，都茶场[36]，大宗正司[37]，左藏、大观、元丰、宣和等库[38]，编估局[39]，打套所[40]。诸米麦等：自州东虹桥元丰仓、顺成仓，东水门里广济、里河折中、外河折中、富国、广盈、万盈、永丰、济远等仓，陈州门里麦仓，子州北夷门山、五丈河诸仓[41]，约共有五十余所。日有支纳下卸[42]，即有下卸指挥兵士[43]，支遣即有袋家[44]，每人肩两石布袋[45]。遇有支遣，仓前成市。近新城有草场二十余所[46]。每遇冬月，诸乡纳粟秆草牛车[47]，阗塞道路[48]，车尾相唧[49]，数千万量不绝[50]，场内堆积如山。诸军打请营在州北[51]，即往州南仓，不许雇人般担，并要亲自肩来，祖宗之法也[52]。

注释

①外诸司：相对于“内诸司”而言，均在皇宫之外。

②左右金吾街仗司：宋卫尉寺所属机构。分左右金吾街司与左右金吾仗司。掌巡徼街市，皇帝出巡时负责清道并奉引仪仗，整肃禁卫，有判街仗司官各一人，以诸卫将军以上充任，南宋归并兵部。（见《宋史·职官志》四）

③法酒库、内酒坊：官署名。属光禄寺。法酒库掌以法式供给造酒原料及出纳法酒等事。以成品供御用、祭祀以及给赐之用。内酒坊掌造酒以供平时需用。设监官二人，以朝臣及三班使臣、内侍充任。（见《宋史·职官志》四）

④牛羊司：官署名。属光禄寺。与牛羊供应所同掌饲养牛羊，以供祭祀及太官宴享、御厨烹宰。（见《宋史·职官志》四）

⑤乳酪院：光禄寺所属机构。掌制酥酪以供御厨。本有南北两院，景德二年（1005）合为一院，以骐骥院监官副职兼充本院监官。（见《宋史·职官志》四）

⑥仪鸾司：官署名。属卫尉寺。掌皇帝祠郊庙、出巡、宴会以及内庭供帐等事务。（见《宋史·职官志》四）

⑦车辂院：宋置。属太仆寺。有监官三人，掌乘舆、法物，

凡大驾、法驾、小驾供辇辂及奉引属车，辨其名数与陈列先后次序。(见《宋史·职官志》四)

⑧供奉库：据清周城《宋东京考》三载，供奉库、杂物库、杂买务旧曰市买司。

⑨杂物库：官库名。属太府寺。掌接受内外输纳杂物，以备支用。(见《宋史·职官志》五)

⑩杂卖务：宋代有杂买务，杂卖场，为太府寺所属机构。杂卖务抑为“杂卖场”之误。杂卖场掌收受京城与各地官府多余物资，计值以待出卖，或准折支用。(见《宋史·职官志》五)

⑪东西作坊：官署名。属军器监。宋沿旧制，置作坊，开宝九年（976）分为南北作坊，熙宁三年（1070）改为东西作坊。掌造兵器、戎具、旗帜、油衣、藤漆什器等物。以京朝官、诸司使、诸司副使、内侍为监当官。(见《宋史·职官志》五)

⑫万全：《宋史》但言东西作坊造军器，而未及万全，实可补正史之不足。

⑬修内司：官署名。隶将作监。掌宫城、太庙修缮事务。以内侍省使臣二人、入内内侍省使臣一人勾当。(见《宋史·职官志》五)

⑭文思院上下界：宋代官办手工业机构。宋太平兴国三年（978）设文思院，掌制造金银犀玉工巧之物，金彩绘素装钿

之饰，以供舆辇、册宝、法物诸器服之用。取《周礼·考工记·桌氏量铭》“时文思索”之语为名。分上下两界。上界掌造金银珠玉之物，下界掌造铜铁竹木杂料。有监官四人，以京朝官、诸司使副、内侍、三班使臣充任。元丰改制后，归少府监，南宋初，少府监并归工部，文思院亦改属工部。（见《文献通考·职官考）十四）

⑮绫锦院：官署名。属少府监。太祖乾德四年（966）灭后蜀，得锦工数百人，置绫锦院，太平兴国二年（977）分东西两院，端拱元年（988）合为一院。掌织纴锦绣，以供皇帝服饰。（见《宋史·职官志》五）

⑯文绣院：少府监所属机构。崇宁三年（1104）置。掌纂绣以供皇帝服御及宾客、祭祀之用。

⑰军器所：可能为“军器监”之误。据《宋史·职官志》五载：“熙宁六年按唐令置监以从官总判，元丰正名始置监、少监……掌监督缮治兵器什物以给军国之用。”军器所掌制造兵器。

⑱上下竹木务：竹木务，官署名。属将作监。掌接受诸路水运木材，及抽算诸河商贩竹木，以供营造之用。竹木务抑分上下。（见《宋史·职官志》五）

⑲箔场：当即帘箔场。将作监所属机构。掌抽算竹木、蒲苇，以供帘箔内外之用。（同上）

⑳车营、致远务：宋置。及下文的“驼坊”，皆属太仆寺。“掌分养杂畜以供负载搬运。”（见《宋史·职官志》四）车营致远务饲养牛驴，驼坊饲养骆驼。

㉑骡务、驰坊：《宋史·职官志》未见著录。然清周城《宋东京考》三“外诸司”中云：“骡务、驰坊掌牧养骆驼。”驰，驼的俗字。

㉒象院：当即养象所。属太仆寺。掌养、驯象。（见《宋史·职官志》四）

㉓作坊物料库：官库名。属军器监。掌收储铁、木、铅、锡、羽翎等材料，供作坊之用。以京朝官、内侍为监官。元丰后隶将作监。（见《宋史·职官志》五）

㉔窑务：官署名。属将作监。掌烧制陶瓷器皿，并烧制砖瓦以供营缮。监官三人，以诸司使、诸司副使充任。（见《宋史·职官志》五）

㉕内外物库：物库当为“物料库”之误。官库名。太平兴国三年（978），改供备为内物料库，掌供给尚食及内外膳羞以米、面、饴、蜜、豆等食料；监官二人，以三班使臣及内侍充任。大中祥符七年（1014），改麸面库为外物料库，掌供皇城外诸官署以油盐米面等物；监官二人，以三班使臣及内侍充任。（《宋史·职官志》四）

㉖油醋库：光禄寺所属机构。掌造油、醋及咸肉。监官一人，

以京朝官任。(同上)

㉗京城守具所：抑即京城修治所。见卷一“东都外城”条注㉒。

㉘鞍辔库：官署名。先属群牧司，元丰年间并入太仆寺。掌御马鞍辔及给赐王公、群臣、外国使臣、国信使等鞯辔诸物。(见《宋史·职官志》四)

㉙左右骐骥院，天驷十监：为宋中央养马机构。属太仆寺。掌国马，辨别良驽以待军国之用。(同上)

㉚十炭场:“十”当为“石”之误。石炭场为太府寺所属机构，掌受纳、出卖石炭。(见《宋史·职官志》五)石炭：煤。

㉛四熟药局：熟药所。官署名。掌修合、出售官府积滞之药以供民间治病。宋初有熟药库、合药所，市易务有卖药所。熙宁九年(1076)合并隶太医局，为“熟药所”，或名“修合卖药所”，元丰改制后，隶太府寺。政和年间后，设置屡有变化。

㉜柴炭库：内柴炭库属司农寺。掌诸薪炭，以给宫城及宿卫班直军士薪炭席荐之物。外柴炭库似当属太府寺。

㉝军头引见司：御前忠佐军头引见司的简称。官署名。宋初有军头司与引见司，端拱二年(989)，改军头司为御前忠佐军头司，引见司为御前忠佐引见司，后合为一司。掌诸军检阅、引见、分配之政。皇帝外出遇陈诉，负责问明情况回奏。

北宋时设勾当官，以内侍省都知、押班或武臣阁门通事舍人以上充任。南宋时，以阁门宣赞舍人兼则为提点官，以阁门祇候兼则为干办官。

㉞架子营：未详。然夹注“楼店务、店宅务”可知架子营行楼店务、店宅务事。宋初有楼店务，后并入店宅务。元丰改制后属太府寺。掌管理官房及邸店，筹划出租及修造事项。（见《宋史·职官志》五）

㉟榷货务：太府寺所属机构。掌折博斛斗、金帛等物。熙宁五年（1072）后，改为市易西务下界。（同上）

㊱都茶场：始设于南宋建炎二年（1128），置于行在榷货务。或为茶库之误。茶库属太府寺，掌接受诸路茶茗，以供赏赐、出卖及翰林司之用。（同上）

㊲大宗正司：官署名。景祐三年（1036）置。掌纠合宗室族属加以训导，接受族属词讼，纠其违失，有罪即劾奏，法例不能决者奏请裁决。诸王宫邸官因事出入者，每日加以登记，按季上报。总管宗室服属远近之数和赏罚规式，年录存亡之数报宗正寺。长官为知大宗正事与同知大宗正事，各一人，以宗室团练、观察使以上有声望者充任；丞二人，以文臣升朝官以上充任。（见《宋史·职官志）四）

㊳左藏、大观、元丰、宣和等库：官库名。此四库均属太府寺。左藏库置于宋初，只一库，太平兴国二年（977）分为二

库，淳化三年（992）分置左、右藏各二库，次年废右藏，并入左藏库。掌收受各地财赋收入，供给官吏及军兵俸禄赐予。元丰库，元丰三年（1080）建，主要储藏诸路诸司常平、坊场等羡余封桩钱物。大观库，大观间置，分东西二库，东库收储细软、香药等物，西库贮钱。宣和库，宣和间置。掌收储财物以供皇帝非常之用。有泉货、币余、服御、玉食、器贡等名目。（参见《宋史·职官志》五及《食货志》一）

㊴编估局：官署名，属太府寺。绍兴七年（1137），命左藏库监中门官兼编估事，对福建、广南、两浙等路市舶所交纳香药杂物及诸州、军所送无用脏罚衣服等进行估价，除供应朝廷外，送杂卖场出卖。九年专置编估官，十一年专置编估局。

㊵打套所：官署名。掌捡选市舶香药杂物等第及打套事务。宣和二年（1120）置官管勾。南宋属太府寺。

㊶子州北："子"殊不可解，抑为"及"字传写之误。夷门山：夷山。在开封东北隅。五丈河：见卷一"东都外城"条注⑫。

㊷支纳下卸：支取缴纳，装卸搬运。

㊸下卸指挥兵士：下卸司，司农寺所属机构。掌下卸、搬运纲船所运物品，领厢兵装卸军五指挥。监官一人，以京朝官充任。每五百人为一指挥。

㊹支遣：派遣，发送。袋家：当指专门从事搬运职业之人。

㊺石：十斗为石。

㊻新城：见卷一“东都外城”条注⑤。

㊼稈草：柴草。稈，同“杆”。本指木棍之类。此当指柴草。

㊽阗（tián）塞：堵塞、塞满。阗，盛，满。

㊾啣：同衔。

㊿量：辆。

(51)打请：请求。

(52)祖宗之法：指宋太祖、太宗立下的规矩。

译文 外诸司都在皇宫之外，有：左右金吾街仗司，法酒库，内酒坊，牛羊司，乳酪院，仪鸾司，即是设帐局。车辂院，供奉库，杂物库，杂卖务，东西作坊，万全，制造军器之所。修内司，文思院上下界，绫锦院，文绣院，军器所，上下竹木务，箔场，车营、致远务，骡务、驼坊、象院，作坊物料库，东西窑务，内外物库，油醋库，京城守具所，鞍辔库，养马之处叫左右骐骥院，天驷十监，河南北石炭场，四熟药局，内外柴炭库，军头引见司，架子营，即楼店务和店宅务。榷货务，都茶场，大宗正司，左藏、大观、元丰、宣和等库，编估局，打套所。各处储存米、麦的有：在州城东面虹桥的元丰仓、顺成仓，东水门里的广济、里河折中、外河折中、富国、广盈、万盈、永丰、济远等仓，陈州门里的麦仓，州城北面夷门山、五丈河等诸仓，总计约五十余所。日常有支出缴纳、装卸搬运之事，即有属下卸司的装卸军兵士承担；如有向外发送任务，即有专事搬运之人，每人肩扛盛两石粮食的口袋而行。如遇发送粮食之日，仓前就像集市，人头攒动。靠近新城附近，有草场二十余所。每到冬季，各乡前来缴纳粮食柴草的牛车，充塞道路，首尾衔接，成千上万辆不绝于途，场内粮草堆积如山。诸军营寨如在州北，即令兵士前往州南粮仓取粮，而且不许雇人搬运，全部要由兵士自己扛回来，以防怠惰，这是祖宗立下的规矩。

卷第二

御街

原文 坊巷御街，自宣德楼一直南去，约阔二百余步①，两边乃御廊，旧许市人买卖于其间②，自政和间官司禁止③，各安立黑漆杈子④，路心又安红漆杈子两行，中心御道，不得人马行往，行人皆在廊下朱杈子之外。杈子里有砖石甃砌御沟水两道，宣和间尽植莲荷⑤，近岸植桃李梨杏，杂花相间，春夏之间，望之如绣。

注释 ①步：长度名。其制历代不一，周以八尺为步，秦以六尺为步；旧时营造尺以五尺为步。

②市人：城市居民。

③政和：宋徽宗年号（1111—1117）。官司：官府。

④杈子：见卷一“大内”条注⑦。

⑤宣和：宋徽宗年号（1119—1125）。

译文 城中坊巷间的御街，从宣德楼一直通向南面。御街宽大约二百步，街两边是御廊，原先允许居民在御廊中做买卖。在政和年间被官府禁止。两边御廊各安置树立了黑漆的杈子，路中间又安放了两行红漆杈子，御街中心的御道，不准行人、车马往来，行人均在廊下红漆杈子之外行走。杈子里侧有砖石相间砌成沟壁的御沟两道，内中都注满了河水。宣和年间两边御沟都种植了莲、荷，御沟岸边种植了桃、李、梨、杏等各种果树，不同的花相间开放，每当春夏之间，远远望去，犹如绣出的图画一般。

宣德楼前省府宫宇

原文 宣德楼前，左南廊对左掖门，为明堂颁朔布政府、秘书省[①]。右廊南对右掖门，近东则两府八位[②]，西则尚书省[③]。御街大内前南去，左则景灵东宫，右则西宫。近南大晟府[④]，次曰太常寺[⑤]。州桥曲转大街面南曰左藏库[⑥]，近东郑太宰宅、青鱼市内行。景灵东宫南门大街以东，南则唐家金银铺、温州漆器什物铺、大相国寺[⑦]，直至十三间楼[⑧]、旧宋门。自大内西廊南去，即景灵西宫，南曲对即报慈寺街、都进奏院[⑨]，百钟圆药铺[⑩]，至浚仪桥大街。西宫南皆御廊杈子，至州桥投西大街，乃果子行[⑪]。街北都亭驿[⑫]，大辽人使驿也。相对梁家珠子铺，余皆卖时行纸画、花果铺席。至浚仪桥之西，即开封府[⑬]，御街一直南去，过州桥，两边皆居民。街东车家炭，张家酒店，次则王楼山洞梅花包子、李家香铺、曹婆婆肉饼、李四分茶[⑭]。至朱雀门街西，过桥即投西大街，谓之曲院街。街南遇仙正店，前有楼子后有台，都人谓之“台上”。此一店最是酒店上户，银瓶酒七十二文一角[⑮]，羊羔酒八十一文一角[⑯]。街北薛家分茶、羊饭、熟羊肉铺。向西去皆妓女馆舍，都人谓之“院街”。御廊西即鹿家包子，余皆羹店、分茶、酒店、香药铺、居民。

注释

①秘书省：官署名。宋承唐制置。判省事一人，以判秘阁官兼任。掌常祀祝版。元丰改制后，并崇文院入秘书省，以秘书监为长官，少监为副长官，掌古今经籍图书、国史、实录、天文历数等事。其属有秘书丞、著作郎、著作佐郎、秘书郎、校书郎、正字等。分别修日历，撰祠祭祝文，刊写、分贮经籍图书，校雠典籍。所有官员皆称馆职，为文臣清贵之选。建炎三年（1129）废，绍兴元年（1131）复置。

②两府八位：两府，宋以掌管军事的枢密院和掌管政务的中书省为两府。八位，叶梦得《石林诗话》中：“元丰初，始建东西府于右掖门之前，每府相对为四位，俗谓之八位。”

③尚书省：官署名。宋承唐制置。宋初，有判省事一人，以诸司三品以上官或学士充任，掌集议定谥、文武官封赠、选人出雪投状等事。其长官尚书令，宋初虽曾有亲王以使相兼领，但不预政事。自尚书令、仆射至诸司郎中、员外郎等，仅用以定官位俸禄，无实际职掌；其诸司皆以他官主判。元丰改制后，尚书省掌执行皇帝命令，以左右仆射为宰相，左仆射兼门下侍郎，执行门下省长官侍中职务；右仆射兼中书

侍郎，执行中书省长官中书令职务。政和二年（1112），改左仆射为太宰，右仆射为少宰，仍兼门下、中书两省侍郎。靖康元年（1126），又改太宰、少宰为左右仆射。建炎三年（1129），尚书左右仆射皆加同中书门下平章事，乾道八年（1172），又改左右仆射为左右丞相。

④大晟府：官署名。徽宗崇宁元年（1102），制作大乐成，特置大晟府专管，以大司乐为长官，乐典为副。其下有大乐令、主簿、协律郎以及按协声律、制撰文字、运谱等官。以京朝官、选人或通晓乐律士人充任，分大乐、鼓吹、宴乐、法物、知杂、掌法六案。前此礼、乐皆掌于太常寺，置府后遂分为二。宣和七年（1125）废。参见《宋史·职官志》四。

⑤太常寺：官署名。宋承唐制设置。元丰改制前，掌社稷及武成王庙、诸坛斋官习乐等事，置判寺，无常员。宋初，另置太常礼院，虽隶本寺而不相涉。康定元年（1040），置判寺、同判寺，始兼管礼仪事。元丰改制后，置太常卿、少卿为长官及副长官，丞则助理寺事，掌有关礼乐、郊庙、社稷、坛壝、陵寝等事。隆兴元年（1163），光禄寺并归太常寺。（见《宋史·职官志》四）

⑥左藏库：官库名。宋沿唐制置。宋初只一库，太平兴国二年（977）分为二库，淳化三年（992）分置左、右藏各二库，次年废右藏，并入左藏库。元丰改制后属太府寺。掌收受各

地财赋收入，供给官吏及军兵俸禄赐予。

⑦大相国寺：据宋高承《事物纪原》七载，“唐房僚《石幢记》曰：相国寺肇自中宗叶梦，始置于兹。宋敏求《东京记》曰：本北齐大建国寺，后废。唐为郑审宅，因病舍为招提坊。神龙二年，僧惠云建为寺。延和元年，睿宗以旧封相王，因改为相国寺。《宋朝会要》曰：至道中，太宗御题额易曰大相国寺。东塔曰普满，唐至德二载建，开宝六年，太祖修。西塔曰广愿，元祐元年，僧中懃立。”大相国寺今存，为开封市著名名胜。

⑧十三间楼：据宋王阙之《渑水燕谈录》九载，“周显德中，许京城民居起楼阁，大将军周景威，先于宋门内临汴水建楼十三间，世宗嘉之，以手诏奖谕景威。虽奉诏实所以规利也。今所谓十三间楼子者是也。”

⑨都进奏院：宋初，置进奏院，诸州以本州将吏为进奏官驻京城，因将吏不愿久居，承转公文既多延误，亦有泄漏。太平兴国七年（982）置诸道都进奏院。元丰改制后，隶给事中，掌承转诏敕与三省、枢密院命令及有关各部门文件给诸路；摘录各州章奏事由报告门下省，投递各州文书给各有关部门。

⑩百钟圆药：百种丸药。

⑪果子：生果、干果、凉果、蜜饯、饼食等的总称。

⑫都亭驿：安置北方辽国使臣的馆驿。

⑬开封府：开封府治。

⑭分茶：指茶楼、酒楼、面食店之类的食物店。本书卷四载，“食店：大凡食店，大者谓之分茶。”

⑮角：古代酒器。前后尾形，无两柱，形状似爵而无柱。此指酒的单位容量。

⑯羊羔酒：酒名。也称羔儿酒。《事物绀珠》：“羊羔酒出汾州，色白莹，饶风味。”

译文 宣德楼前边，左边南廊面对左掖门，为明堂颁朔布政府、秘书省。右边长廊南面对右掖门，靠近东面的是枢密院和中书省，西面的是尚书省。御街皇宫之前朝南去，左边是景灵东宫，右边是景灵西宫。南去最近宫城的是大晟府，其次是太常寺。州桥处曲折转弯的大街面朝南的叫左藏库，东首附近的是郑太宰宅第、青鱼市内行。景灵东宫南门大街以东，往南去依次为唐家金银铺、温州漆器什物铺、大相国寺，一直到十三间楼、旧宋门。从皇宫西廊朝南去，即景灵西宫，南面屈曲面对的即报慈寺街、都进奏院、百种丸药铺，一直到浚仪桥大街。景灵西宫南边皆是御廊杈子，到州桥朝西大街去，是果子行。街北面是都亭驿，辽国使臣的驿舍。和都亭驿相对的是梁家珠子铺，其余都是出售当时流行的纸画、花果等的店铺。到浚仪桥的西边，就是开封府治所。从御街一直朝南去，过州桥，街两边全都是居民住宅。街东边是车家炭行，张家酒店，其次是王楼山洞梅花包子、李家香铺、曹婆婆肉饼铺、李四茶食店。到朱雀门街的西头，过了桥就是朝西大街，称之为曲院街。街南面是遇仙正店，前有楼房，后有台阁，京中之人称之为“台上”。此店乃是酒店中的上等名家，银瓶酒要七十二文铜钱一角，羊羔酒要八十一文铜钱一角。街北面是薛家茶食店、羊饭铺、熟羊肉铺。朝西去全是妓女馆舍，京中之人称之为“院街”。御廊西面即鹿家包子铺，其余都是羹店、茶食店、酒店、香药铺和民居。

朱雀门外街巷

原文 出朱雀门东壁亦人家。东去大街麦稭巷、状元楼，余皆妓馆，至保康门街。其御街东朱雀门外，西通新门瓦子[①]。以南杀猪巷，亦妓馆。以南东西两教坊[②]，余皆居民，或茶坊。街心市井[③]，至夜尤盛。过龙津桥南去，路心又设朱漆杈子，如内前[④]。东刘廉访宅，以南太学、国子监[⑤]，过太学又有横街，乃太学南门。街南熟药惠民南局[⑥]，以南五里许，皆民居。又东去横大街，乃五岳观后门。大街约半里许，乃看街亭，寻常车驾行幸[⑦]，登亭观马骑于此[⑧]。东至贡院、什物库、礼部贡院、车营务、草场[⑨]。街南葆真宫，直至蔡河云骑桥。御街至南薰门里，街西五岳观，最为雄壮。自西门东去观桥、宣泰桥，柳阴牙道[⑩]，约五里许，内有中太一宫、佑神观[⑪]。街南明丽殿，奉灵园，九成宫，内安顿九鼎[⑫]；近东即迎祥池[⑬]，夹岸垂杨，菰蒲莲荷[⑭]，凫雁游泳其间[⑮]，桥亭台榭，棊布相峙[⑯]，唯每岁清明日，放万姓烧香游观一日。龙津桥南西壁邓枢密宅，以南武学巷内曲子张宅，武成王庙。以南张家油饼，明节皇后宅。西去大街曰大巷口。又西曰清风楼酒店，都人夏月多乘凉于此。以西老鸱巷口军器所⑰，直接第一座桥。自大巷口南去，延真观，延接四方道民于此。以南西去小巷口三学院，西去直抵宜男桥小巷，南去即南薰门。其门寻常士庶殡葬车舆皆不得经由此门而出⑱，谓正与大内相对。唯民间所宰猪，须从此入京，每日至晚，每群万数，止十数人驱逐，无有乱行者。

注释

①瓦子：亦作“瓦市”“瓦舍”“瓦肆”。宋元时大都市中娱乐场所（包括戏场、妓院、赌场等）的总称。

②教坊：属太常寺，掌教习音乐，以待宴享游幸之用。置使一人、副使二人，所属有都色长、色长等。

③市井：指做买卖的地方。《管子·小匡》：“处商必就市井。”注：“立市必四方，若造井之制，故曰市井。”

④如内前：像大内（皇宫）前一样。内，大内。

⑤太学、国子监：太学，宋代最高学府。汉武帝始设太学，历代多仍其旧。宋仁宗庆历四年（1044），置太学，内舍生二百人，从八品以下官员子弟和平民的优秀子弟中招收。神宗时扩充名额，推行三舍法。始入学为外舍，经过考核，递升内舍和上舍。徽宗时，设辟雍为外学，外舍生均入外学。北宋亡，太学废，南宋绍兴间重建。太学学官有国子祭酒、

司业、博士、丞、主簿、正、录等。国子监：宋代最高学府。宋承五代后周之制，设国子监，招收七品以上官员子弟为学生。端拱二年（989），改国子监为国子学，不久复旧。庆历四年建太学，国子监成为掌管全国学校的总机构，负责训导学生，荐送学生应举、修建校舍、建阁藏书，并刻印书籍。

⑥熟药惠民南局：宋初有熟药库、合药所，市易务有卖药所。熙宁九年（1076）合并隶太医局，为“熟药所”，或名“修合卖药所”，元丰改制后，隶太府寺。政和四年（1114），改修合卖药所为“医药和剂局”，出卖药所为“医药惠民局”。“熟药惠民南局”当为“外诸司”条中“四熟药局”之一。可参见“外诸司”条注㉛。

⑦车驾：本指马驾的车，又用以指代帝王。《汉书·高帝纪》下：“车驾西都长安。”注：“凡言车驾者，谓天子乘车而行，不敢指斥也。”行幸：帝王出行叫“行幸”。

⑧马骑：此指车马、行人。

⑨贡院：宋代贡举考试机构和试场。什物库：官库名。掌受纳杂输之物，以备支用。又太常寺有南郊什物库、太庙什物库；卫尉寺有军器什物库、宣德楼什物库，此所指未详。礼部贡院：亦称贡院。礼部贡院主管各路州、军所解送进士、诸科举人名单和家状、保状、试卷，并负责核对其乡贯、举数、年龄等。贡院内设封弥院（所）、誊录院（所）、对读所、

编排所、别试所、过落司等。仁宗以前，礼部未建贡院，借用太常寺或国子监、武成庙为试场。崇宁至政和年间，礼部、各州皆建贡院。此与上文“贡院”对举，何为考试之所，未详。车营务：官署名。属太仆寺。掌饲养牛驴驾车，并供京城内外官署役使。草场：草料场的简称。属提点仓场所或司农寺，设监官、监门官等。掌草料储积、出纳等事务。

⑩牙道：官道。

⑪中太一宫：据清周城《宋东京考》十二载，“太一宫有四。”城东有东太一宫，城西有西太一宫，一为北太一宫。一即五岳观旧址，为中太一宫，熙宁初建。佑神观：佑神为俗称，本作佑圣。

⑫九鼎：古代象征国家政权的传国之宝。宋徽宗崇宁三年（1104）也曾铸九鼎，安置于九成宫内。

⑬迎祥池：“迎祥”为俗称，本作凝祥。

⑭菰（gū）：植物名。同“苽”。俗称茭白，生于河边、陂泽，可作蔬菜。蒲：指蒲柳，又名水扬，生于水边。

⑮凫（fú）：野鸭。雁：大雁。

⑯棊：通“棋”。

⑰鵶：“鸦”的俗字。军器所：官署名，掌制造兵器。然军器所乃南宋初年置，北宋时称军器监。

⑱舆：指车辆。

译文 出朱雀门东城墙也是百姓人家。朝东去的大街是麦稭巷，除状元楼外，其余都是妓馆，一直到保康门街。而御街东的朱雀门外，向西通向新门瓦子。往南是杀猪巷，也都是妓馆。再往南是东、西两座教坊，其余都是百姓的住宅，或茶馆。街心作买卖之处，到晚间尤为兴盛。过龙津桥向南去，路中央又设置朱漆的杈子，就像在皇宫前所设杈子一样。东边是刘廉访住宅，往南是太学、国子监。过了太学又有一条横街，乃是太学的南门。街南是熟药惠民南局。往南去五里路左右，全都是百姓住宅。另有朝东去的横大街，正是五岳观后门。大街行约半里样子，是看街亭，平常皇帝到此，登上看街亭，在此观看过往的车马行人。向东一直到贡院、什物库、礼部贡院、车营务、草料场。街南是葆真宫，一直到蔡河云骑桥。而御街则一直到南薰门里边为止，御街西边的五岳观，最是雄伟壮丽。从西门向东去是观桥、宣泰桥，官道柳荫遮蔽，长五里左右，其间有中太一宫、佑神观。街南是明丽殿、奉灵园、九成宫，宫内安置九鼎；东首即是迎祥池，池边垂杨夹岸，池中菰蒲莲荷，凫雁在其间游泳嬉戏，迎祥池中桥梁、亭阁、楼台、水榭，星罗棋布，相对耸峙，只是每年的清明那天，才准百姓入内烧香、游观一日。龙津桥南西墙处是邓枢密住宅，往南武学巷内是曲子张的住宅，武成王庙。再往南是张家油饼铺，明节皇后宅邸。向西去的大街叫大巷口。再西边是清风楼酒店，京城中之人夏天晚上在此乘凉的颇多。往西是老鸦巷口军器所，一直连接第一座桥。从大巷口向南去，是延真观，在此接待、安置四方来京的道人、百姓。南面向西去的小巷口是三学院，再向西去一直抵达宜男桥小巷，往南去便是南薰门。南薰门平时不论士人百姓殡葬车辆都不得经由此门而出，说是此门正好与皇宫相对。唯有民间所要宰杀的猪，则须从此门进入京城，每天到晚间，每群猪都数以万计，但却只有十余人驱赶，然而猪群却没有乱走的。

州桥夜市

原文 出朱雀门，直至龙津桥。自州桥南去，当街水饭、爊肉、干脯①。王楼前獾儿野狐肉、脯鸡②。梅家鹿家鹅鸭鸡兔、肚肺鳝鱼、包子鸡皮、腰肾鸡碎，每个不过十五文③。曹家从食④。至朱雀门，旋煎羊白肠、鲊脯、爒冻鱼头、姜豉、剿子、抹脏、红丝、批切羊头、辣脚子、姜辣萝蔔⑤。夏月麻腐、鸡皮麻饮、细粉素签、沙糖冰雪冷元子、水晶皂儿、生淹水木瓜、药木瓜、鸡头穰、沙糖菉豆甘草冰雪凉水、荔枝膏、广芥瓜儿、咸菜、杏片、梅子姜、莴苣、笋、芥、辣瓜儿、细料馉饳儿、香糖果子、间道糖荔枝、越梅、锯刀紫苏膏、金丝党梅、香枨元⑥，皆用梅红匣儿盛贮。冬月盘兔、旋炙猪皮肉、野鸭肉、滴酥水晶鲙、煎夹子、猪脏之类⑦，直至龙津桥须脑子肉止⑧，谓之杂嚼，直至三更。

注释 ①水饭：泡饭（开水和饭）。爊（āo）肉：煨烤的肉。爊，一作“熝”。煨烤。干脯（fǔ）：干肉。脯，干肉。

②王楼：姓王人家的楼房。獾（huān）儿：獾。哺乳动物。

亦即狗獾。俗呼獾子。穴居山野，形似猪而小。脯鸡：当指风干的鸡。

③梅家鹿家：指梅姓、鹿姓两户擅长下述食品的人家。包子鸡皮："鸡皮"殊难解。似指包子上的折皱。个：在此似有"份"的意思。

④从食：小食、点心等食品。即今点心小吃。

⑤旋煎羊白肠：现煎现卖的羊白肠。旋：即。鲊（zhǎ）脯：经加工制作便于贮藏的鱼食品，如腌鱼、糟鱼之类。爊冻鱼头：未详。姜豉（chǐ）：用生姜、豆豉拌和成的调料。㓮（dié）子：切得很薄的肉。㓮通"腜"。抹脏：似为抹有调料的内脏（或包括猎、羊等）。红丝：未详。或为辣椒丝。批切：指切得极薄。辣脚子：似为辣的猪蹄子。

⑥麻腐、鸡皮麻饮：未详。细粉：粉丝。元子：丸子。丸，避钦宗赵桓名讳。水晶皂儿：未详。水木瓜：木瓜，植物名。落叶灌木或乔木。果实秋季成熟，椭圆，有香气，经蒸煮或蜜渍后供食用，可入药。文中水木瓜及药木瓜，系指用不同方法加工。鸡头穰：芡实的肉。鸡头，即芡，水生植物，供食用或入药。《吕氏春秋·恃君》："夏日则食菱芡。"穰，通"瓤"，果实的肉。菉豆：绿豆。广芥瓜儿：未详。馉饳（gǔ duò），一种面食品。果子：生果、干果、凉果、蜜饯、饼食的总称。间道糖荔枝：未详。锯刀紫苏膏：锯刀，未详。紫苏：

草名。又名桂荏、山苏。叶呈紫红色，茎叶及果皆入药。香枨元：香橙丸。枨，“橙”的俗字。

⑦盘兔：似为面蒸的兔形食品。炙：烤。煎夹子：未详。

⑧须脑子肉：未详。

译文

出了朱雀门，一直到龙津桥。从州桥向南去，当街出售水饭、爊肉、肉干。王姓楼前有卖獾肉、野狐肉，风干的鸡。梅家、鹿家出售的鹅、鸭、鸡、兔，肚肺、鳝鱼，包子鸡皮，腰肾鸡碎，每份不过十五文。曹家的小食、点心等食品，也在此出售。到朱雀门，有现煎现卖的羊白肠，加工过的鲊鱼、燠冻鱼头、姜豉、剿子、抹脏、红丝、批切羊头、辣脚子、姜辣萝卜等出售。而夏天则有麻腐、鸡皮麻饮、细粉素签、沙糖冰雪冷丸子、水晶皂儿、生淹水木瓜、药木瓜、鸡头穰、沙糖绿豆甘草冰雪凉水、荔枝膏、广芥瓜儿、咸菜、杏片、梅子姜、莴苣、笋、芥菜、辣瓜儿、细料馉饳儿、香糖果子、间道糖荔枝、越梅、锯刀紫苏膏、金丝党梅、香橙丸子出售，全都用梅红色的盒子盛贮。冬天则有盘兔、现烤现卖的猪皮肉、野鸭肉、滴酥水晶鲙、煎夹子、猪内脏之类出售，一直延伸至龙津桥须脑子肉为止。此处所售食物，叫作杂嚼，街市从白天一直延续至三更方散。

东角楼街巷

原文 自宣德东去[①]，东角楼乃皇城东南角也[②]。十字街南去，姜行[③]。高头街北去，从纱行至东华门街、晨晖门、宝箓宫，直至旧酸枣门，最是铺席要闹[④]。宣和间展夹城牙道矣[⑤]。东去乃潘楼街，街南曰鹰店，只下贩鹰鹘客[⑥]，余皆真珠疋帛、香药铺席[⑦]。南通一巷，谓之界身，并是金银采帛交易之所[⑧]，屋宇雄壮，门面广阔，望之森然[⑨]；每一交易，动即千万，骇人闻见。以东街北曰潘楼酒店，其下每日自五更市合[⑩]，买卖衣物书画、珍玩犀玉；至平明[⑪]，羊头、肚肺、赤白腰子、妳房[⑫]，肚胘[⑬]、鹑兔鸠鸽野味、螃蟹哈蜊之类讫，方有诸手作人上市[⑭]，买卖零碎作料[⑮]。饭后饮食上市，如酥蜜食、枣䭔、澄砂团子、香糖果子、蜜煎雕花之类[⑯]。向晚[⑰]，卖何娄头面、冠梳、领抹、珍玩、动使之类[⑱]。东去则徐家瓠羹店[⑲]。街南桑家瓦子[⑳]，近北则中瓦，次里瓦。其中大小勾栏五十余座[㉑]。内中瓦子莲花棚、牡丹棚，里瓦子夜叉棚、象棚最大，可容数千人。自丁先现、王团子、张七圣辈[㉒]，后来可有人于此作场[㉓]，瓦中多有货药、卖卦、喝故衣、探搏饮食、剃剪纸画、令曲之类㉔，终日居此，不觉抵暮。

注释

①宣德：宣德楼。

②角楼：建于城垣四角作瞭望用的城楼。

③姜行：买卖生姜的店家。交易的处所称“行”。下文同。

④铺席：店铺。要闹：形容市街的繁华热闹。

⑤夹城牙道：似指近皇城的官道。夹，靠近。牙道，官道。

⑥鹰鹘（gǔ）：鹰鹫一类的猛禽。鹘，鹫鸟，一说即隼。

⑦真珠：珍珠。疋帛：指丝织物。

⑧采帛：有花纹、颜色的丝织物。

⑨森然：高耸貌。

⑩市合：集市聚集。此指开始交易、买卖。

⑪平明：天刚亮的时候。

⑫妳（nǎi）房：乳房。

⑬肚胘（xián）：牛肚、牛胃。胘，牛胃。《说文》：“胘，牛百叶也。”

⑭诸手作人：各类手艺人。手作：泥水、木工或手工艺人。

⑮作料：手工业者所用的各种原材料。

⑯酥蜜食：似指酥酪类的甜食。枣䭅（hú）：枣饼。《玉篇》：“䭅，饼也。”澄（tēng）砂团子：或为豆沙馅的团子。具体

不详。蜜煎雕花：可能指各式蜜饯。蜜煎：用蜜沾渍的果品，即“蜜饯”。

⑰向晚：天将晚，傍晚。

⑱何娄：据《诗话总龟》二九载，“世人语虚伪者为何娄，似泛滥之名，其实不然，国初京师有何家楼，其下所卖物皆行滥者，故人以此目之。”何娄，一作“河楼”。行滥，指质量差，粗制滥造。头面：妇女头上的饰物。冠梳：帽子、梳子。领抹：领巾之属。珍玩：珍贵的玩赏之物。动使：亦作“动事”。指用具、器具，日用物品等。

⑲瓠（hù）羹：用瓠叶制成的菜肴。瓠，也叫扁蒲、葫芦，为蔬类植物。

⑳瓦子：见“朱雀门外街巷”注①，有表演杂剧、曲艺、杂技等的勾栏，也有药店、估衣、饮食等店铺。

㉑勾栏：也作“勾阑”“构栏”。宋元时百戏杂剧的演出场所。勾栏内有戏台、戏房（后台）、神楼、腰棚（看席）。有的勾栏以“棚”为名。

㉒丁先现等：均为当时著名艺人。尤以丁先现最为著名，为宋神宗时滑稽戏艺人。曾任教坊使。擅长诙谐讽刺，兼能歌舞。王、张二人事迹不详。

㉓作场：艺人圈地或在一定场所演技。

㉔货药：卖药。货，用作动词。卖卦：以占卜为生，占卜。

喝故衣：叫卖旧衣。故衣：旧衣。剃剪纸画：剪纸花。纸画，纸花。令曲：当指演唱小令曲子。

译文 从宣德楼向东去，东角楼即是皇城的东南角。由十字街朝南去，是姜行。由高头街朝北去，从纱行到东华门街、晨晖门、宝箓宫，一直到旧酸枣门，店铺相连，最是繁华热闹的地方，然而宣和年间已拓展为夹城官道了。向东去的是潘楼街，街南的叫鹰店，但只有一家接待各地过往的贩卖鹰隼之类猛禽的客商，其余都是买卖珍珠丝绸、香料药材的店铺。向南有一巷相通，叫作界身，也是金银采帛交易的场所。这里房屋楼宇雄伟壮美，店铺门面十分宽阔，远处望去，高耸云际。这里的交易，往往一笔即数以千万计，所见所闻，令人惊骇。往东去街的北面叫潘楼酒店，楼下每天从五更起即有交易，买卖衣物、字画、珍奇玩赏之物、犀牛角、玉器；到天亮时，羊头、猪肚肺、红白腰子、妳房、牛肚、牛百叶、鹑鹑兔子斑鸠鸽子等野味、螃蟹蛤蜊之类水产买卖收市后，才有各种手艺人上市，买卖零星的原材料。午饭后，各色饮食上市，品种繁多，如酥蜜食、枣饼、澄砂团子、香糖果子、蜜煎雕花等等。傍晚，则有卖制作粗糙的头饰、帽子梳篦、领巾、珍奇玩物、日用器具之类的物品。再向东去即是徐家瓠羹店。街的南面是桑家瓦子，近旁靠北首的是中瓦，其次是里瓦。瓦子中有大小勾栏五十余座。其中以中瓦子的莲花棚、牡丹棚，里瓦子的夜叉棚、象棚为最大，可容纳数千人。自从丁先现、王团子、张七圣等在此演出后，此后来这里的艺人就可在此献艺。瓦子里还有卖药、占卦、叫卖旧衣、买卖饮食、剪纸花、演唱曲子的各色人等，整天呆在这里，即使天黑了也感觉不到。

潘楼东街巷

原文 潘楼东去十字街[①]，谓之土市子，又谓之竹竿市。又东十字大街，曰从行裹角茶坊[②]，每五更点灯，博易买卖衣物、图画、花环、领抹之类[③]，至晓即散，谓之鬼市子。以东街北赵十万宅[④]，街南中山正店[⑤]、东榆林巷、西榆林巷。北郑皇后宅。东曲首向北墙畔单将军庙[⑥]，乃单雄信墓也[⑦]。上有枣树，世传乃枣槊发芽，生长成树。又谓之枣冢子巷[⑧]。又投东则旧曹门街，北山子茶坊，内有仙洞仙桥，仕女往往夜游吃茶于彼[⑨]。又李生菜小儿药铺、仇防御药铺[⑩]。出旧曹门朱家桥瓦子。下桥南斜街、北斜街，内有泰山庙，两街有妓馆。桥头人烟市井[⑪]，不下州南。以东牛行街，下马刘家药铺，看牛楼酒店，亦有妓馆，一直抵新城。自土市子南去，铁屑楼酒店，皇建院街，得胜桥郑家油饼店，动二十余炉，直南抵太庙街，高阳正店，夜市尤盛。土市北去乃马行街也。人烟浩闹[⑫]。先至十字街，曰鹩儿市，向东曰东鸡儿巷，向西曰西鸡儿巷，皆妓馆所居。近北街曰杨楼街，东曰庄楼，今改作和乐楼，楼下乃卖马市也。近北曰任店，今改作欣乐楼，对门马铛家羹店。

注释

①潘楼：潘楼街。

②茶坊：茶馆。

③博易：贸易、交易。领抹：见“东角楼街巷”注⑱。

④赵十万：姓赵的富户。

⑤正店：酒店。宋朱弁《曲洧旧闻》七：“中山园子正店千日春，银正店延寿，蛮王国子正店王浆。”

⑥曲：弯曲，此处当指拐角处。

⑦单雄信：隋末农民起义时，李密部将，骁勇善战，军中称为飞将军。后降王世充，为大将。王世充兵败，单雄信被杀。据说单雄信的兵器为槊，故尔下文有“枣槊发芽”的传说。

⑧冢（zhǒng）：坟墓。与上文“单雄信墓”相对。

⑨仕女：官宦人家的妇女。

⑩李生菜小儿药铺：李生菜系店名或店主，小儿药铺：专售小孩药物的药店。仇防御：仇姓，曾任过“防御”之职者。宋代有防御使、副使，用于安置闲散官员。

⑪人烟：本指人家，此指来往之人。市井：本指买卖之处，此指交易兴隆。

⑫浩闹：众多热闹。

译文 潘楼街向东去到十字街，叫作土市子，又叫作竹竿市。再东面的十字大街，叫从行裹角茶坊。每天五更即点灯交易、买卖衣物、图画、花环、领巾之类，到天亮时即散去，叫作鬼市子。再往东街的北面是赵十万住宅，街的南面是中山酒店，东榆林巷、西榆林巷；北面是郑皇后宅邸。街东头拐弯处靠北墙畔是单将军庙，即单雄信墓。墓上有枣树，世间传说是单雄信的兵器枣槊发芽，生长成此枣树。因而此巷又叫作枣冢子巷。再朝东去即是旧曹门街，街上的北山子茶坊，其中有仙洞、仙桥，官宦人家的女子夜游时往往在那里喝茶。又有李生菜小儿药铺、仇防御药铺。出了旧曹门是朱家桥瓦子。下桥便是南斜街、北斜街，街上有泰山庙，两条街上都有妓馆。桥头熙攘的人流、买卖的兴盛，不亚于州南。再往东是牛行街，有下马刘家药铺，看牛楼酒店，街上亦有妓馆，牛行街一直抵达新城。自土市子朝南去，铁屑楼酒店、皇建院街，得胜桥郑家油饼店，常开二十余炉做饼。一直朝南抵达太庙街，高阳酒店，街上夜市格外兴盛。从土市子朝北去，即是马行街。街上人多热闹。先到十字街，叫作鹩儿市，向东去叫东鸡儿巷，向西去叫西鸡儿巷，都是妓馆所居之地。朝北最近的街叫杨楼街，东面的叫庄楼，今改名叫作和乐楼，楼下即卖马的集市。北首近旁的叫任店，现今改名叫作欣乐楼，对门是马铛家羹店。

酒楼

原文 凡京师酒店门首，皆缚綵楼欢门[1]，唯任店入其门[2]，一直主廊约百余步[3]，南北天井两廊皆小阁子[4]，向晚灯烛荧煌[5]，上下相照，浓妆妓女数百，聚于主廊槏面上[6]，以待酒客呼唤，望之宛若神仙。北去杨楼以北穿马行街，东西两巷，谓之大小货行，皆工作伎巧所居[7]。小货行通鸡儿巷妓馆，大货行通牋纸店、白矾楼[8]，后改为丰乐楼。宣和间，更修三层相高[9]，五楼相向，各有飞桥栏槛[10]，明暗相通；珠帘绣额[11]，灯烛晃耀。初开数日，每先到者，赏金旗，过一两夜则已。元夜则每一瓦陇中[12]，皆置莲灯一盏[13]。内西楼后来禁人登眺，以第一层下视禁中[14]。大抵诸酒肆瓦市[15]，不以风雨寒暑[16]，白昼通夜，骈阗如此[17]。州东宋门外仁和店、姜店，州西宜城楼药张四店、班楼，金梁桥下刘楼，曹门蛮王家、乳酪张家，州北八仙楼，戴楼门张八家园宅正店，郑门河王家、李七家正店，景灵宫东墙长庆楼，在京正店七十二户，此外不能遍数，其余皆谓之脚店[18]，卖贵细下酒[19]，迎接中贵饮食[20]，则第一白厨[21]，州西安州巷张秀，以次保康门李庆家，东鸡儿巷郭厨，郑皇后宅后宋厨，曹门塼筒李家[22]，寺东骰子李家，黄胖家。九桥门街市酒店，綵楼相对，绣旆相招[23]，掩翳天日[24]。政和后来[25]，景灵宫东墙下长庆楼尤盛。

注释

①綵楼欢门：当时用采帛等装饰的彩棚、门窗。綵楼，本指古时于七夕节（七月七日）人家往往于庭前结綵棚，称为綵楼，亦称乞巧楼。綵，通“采”“彩”。

②任店：本卷“潘楼东街巷”中，有“近北曰任店，今改作欣乐楼”，当即指此。

③“一直”：一条笔直的主廊。廊：室外有顶的过道。

④小閤（gé）子：小房间。宋王明清《投辖录》：“都城楼上酒客坐所，各有小室，谓之酒阁子。”阁通“閤”。

⑤荧（yíng）煌：明亮辉煌。

⑥槏：似当作“檐”。槏（qiàn）：据《说文》载，“户也。”《唐韵》：“牖旁柱。”均不确。

⑦工作伎巧：指从事建筑营造、各种手艺人。工作，本指土木营造之事，此借指从事建筑营造的手工业者。伎巧，本指才艺、工巧，此指各种手艺人。

⑧牋（jiān）纸：精美的纸张。白矾楼：据宋吴曾《能改斋漫录》八载，“京师东华门外景明坊有酒楼，人谓之矾楼，或者

以为楼主之姓，非也。本商贾鬻矾于此，后为酒楼，本名白矾楼。”

⑨更修：重新修造。

⑩飞桥：悬空的栈桥。栏槛：栏杆。《后汉书·爰延传》：“昔朱云廷折栏槛，今侍中面称朕违，敬闻阙矣。”

⑪绣额：刺绣的门额。额，悬于门屏之上的牌匾。南朝宋羊欣《笔阵图》：“前汉萧何善篆籀，为前殿成，覃思三月，以题其额。”

⑫元夜：上元之夜，即元宵。瓦陇：屋顶的瓦楞。唐韩愈《咏雪赠张籍》诗：“度前铺瓦陇，发本积墙隈。”

⑬莲灯：莲花形的灯笼。

⑭第一层：最高层，即今习称的第三层（楼高三层）。禁中：皇宫。

⑮太抵：大概，大致。酒肆：此泛指酒楼、酒家。肆：本指市集贸易之处。

⑯不以：不因。此处有“不管”之意。

⑰骈阗（pián tián）：罗布，连属，连续。

⑱脚店：小零卖的酒店。

⑲贵细下酒：名贵精细的佐酒菜肴。

⑳中贵：显贵的侍从宦官。

㉑白厨：姓白的厨师。下文“郭厨”“宋厨”同。

㉒塼：同“砖”。

㉓绣旆（pèi）：刺绣的旗旆。旆，同旆。旆，古时旗末状如燕尾的垂旒。也泛指旌旗。

㉔掩翳（yì）：遮蔽。天日：指整个天空。

㉕后来：以来。

译文

凡是京城中酒店门口，都扎有彩帛装饰的门楼。只有任店不同，进入店门，是一条笔直的长约百步的主廊，南、北天井两边的走廊旁都是一间间小房间，入夜后，灯笼、蜡烛点燃得明亮辉煌，上下相互映照，又有浓妆艳抹的妓女数百人，聚集在主廊的廊檐下，等待酒客的呼唤，远远看去，好像天上的神仙。朝北去，杨楼以北穿过马行街，有东、西两巷，叫作大小货行，住的全是从事建筑营造和各种手艺的手工业者。小货行通鸡儿巷妓馆，大货行通戕纸店、白矾楼。白矾楼后改名为丰乐楼。宣和年间，重新翻修为三层高楼，有五座楼房遥遥相对，各楼之间，用装有栏杆的悬桥，或明或暗，相互联通；珠子的门帘、刺绣的门额，在灯烛光下晃动闪耀。刚开张数天，每当有先到的酒客，即赠金旗一面，过了一二天后就不再赠送。每遇元宵之夜，即在每一条瓦陇下，挂上莲花型的灯笼一盏。内西楼后来禁止酒客人等登临眺望，因为从最上层可以俯视皇宫。大抵京城中的酒楼、瓦子，不论风雨寒暑，白天黑夜，连续营业。州城东宋门外的仁和店、姜店，州西的宜城楼药张四店、班楼，金梁桥下刘楼，曹门的蛮王家、乳酪张家，州城北的八仙楼，戴楼门张八家园宅正店，郑门河王家、李七家正店，景灵宫东墙的长庆楼，在京城的酒家有七十二户，此外不能一一详述，其余小零卖的酒店都叫作脚店。出售昂贵精细的菜肴，迎接宫中宦官宴饮的，则第一要数白姓厨子，州西安州巷的张秀，其他依次是保康门李庆家，东鸡儿巷郭姓厨师，郑皇后宅后宋姓厨师，曹门砖筒李家，寺东骰子李家，黄胖家。九桥门街市上的酒店，彩楼相对，旌旗招展，遮蔽整个天空。政和年以来，景灵宫东墙下长庆楼的生意尤为兴盛。

饮食果子

原文 凡店内卖下酒厨子[①]，谓之茶饭量酒博士。至店中小儿子[②]，皆通谓之大伯。更有街坊妇人，腰系青花布手巾，绾危髻[③]，为酒客换汤斟酒，俗谓之焌糟[④]。更有百姓入酒肆，见子弟少年辈饮酒[⑤]，近前小心供过使令[⑥]，买物命妓[⑦]，取送钱物之类，谓之闲汉。又有向前换汤斟酒歌唱，或献菓子香药之类[⑧]，客散得钱，谓之厮波。又有下等妓女，不呼自来筵前歌唱，临时以些小钱物赠之而去，谓之劄客，亦谓之打酒坐。又有卖药或果实萝蔔之类[⑨]，不问酒客买与不买，散与坐客，然后得钱，谓之撒暂。如此处处有之。唯州桥炭张家、乳酪张家，不放前项人入店[⑩]，亦不卖下酒，唯以好淹藏菜蔬[⑪]，卖一色好酒。所谓茶饭者，乃百味羹、头羹、新法鹌子羹、三脆羹、二色腰子、虾蕈鸡蕈浑砲等羹、旋索粉玉碁子群仙羹、假河鲀[⑫]、白渫虀[⑬]、货鳜鱼[⑭]、假元鱼、决明兜子、决明汤虀、肉醋托胎衬肠、沙鱼两熟、紫苏鱼、假蛤蜊、白肉、夹面子茸割肉、胡饼、汤骨头乳炊羊、羊[⑮]，闹厅羊、角炙腰子[⑯]、鹅鸭排蒸、荔枝腰子、还元腰子、烧臆子、入炉细项莲花鸭签、酒炙肚胘、虚汁垂丝羊头、入炉羊、羊头签、鹅鸭签、鸡签、盘兔、炒兔、葱泼兔、假野狐、金丝肚羹、石肚羹、假炙獐、煎鹌子、生炒肺、炒蛤蜊、炒蟹、煠蟹、洗手蟹之类，逐时旋行索唤[17]，不许一味有缺。或别呼索变造下酒[18]，亦即时供应。又有外来托卖炙鸡、燠鸭、羊脚子、点羊头、脆筋巴子、姜虾、酒蟹、獐巴、鹿脯、从食蒸作[19]、海鲜时菓、旋切莴苣生菜、西京笋[20]，又有小儿子着白虔布衫，青花手巾，挟白磁缸子[21]，卖辣菜。又有托小盘卖干菓子，乃旋炒银杏[22]、栗子、河北鹅梨、梨条、梨干、梨肉、胶枣、枣圈、梨圈、桃圈、核桃、肉牙枣、海红、嘉庆子[23]、林檎旋[24]、乌李、李子旋、樱桃煎、西京雪梨、夫梨、甘棠梨、凤栖梨、镇府濁梨、河阴石榴、河阳查子[25]、查条、沙苑榲桲[26]、回马孛萄[27]、西川乳糖、狮子糖、霜蜂儿、橄榄、温柑[28]、绵枨金桔[29]、龙眼[30]、荔枝、召白藕[31]、甘蔗、漉梨、林檎干、枝头干[32]、芭蕉干[33]、人面子[34]、巴览子[35]、榛子、榧子、虾具之类。诸般蜜煎香药、菓子罐子、党梅、柿膏儿、香药、小元儿、小臈茶[36]、鹏沙元之类。更外卖软羊诸色包子，猪羊荷包，烧肉干脯，玉板鲊犯，鲊片酱之类。其余小酒店，亦卖下酒如煎鱼、鸭子、炒鸡兔、煎燠肉、梅汁、血羹、粉羹之类[37]。每分不过十五钱[38]。诸酒店必有厅院，廊庑掩映[39]，排列小阁子，吊窗花竹[40]，各垂帘幙[41]，命妓歌笑，各得稳便。

注释

①卖下酒厨子：指掌勺厨师。

②小儿子：指店中当差的年轻男子。《吕氏春秋·异宝》："今以百金抟黍，以示儿子，儿子必取抟黍矣。"此"儿子"即泛指男孩子、男青年。

③绾（wǎn）危髻：将头发盘成高高的发髻。危，高。

④俗：习俗，习惯。

⑤子弟：风流浪子，嫖客。

⑥供过：伺候、侍奉。《异闻总录》一："每夜二婢秉烛提茶瓶盏托，银锷漆盘盛糖饼二枚，供过殷勤。"使令：据《汉书·孝昭上官皇后传》载，"虽宫人使令，皆为穷绔，多其带。"指备使唤之人。此指听从使唤。

⑦命：招呼。

⑧菓子：果子。生果、干果、凉果、蜜饯、饼食等的总称。香药：泛指各种芳香之物。

⑨萝蔔：萝卜。

⑩前项：前面所说的种种。

⑪淹藏：腌藏。

⑫河鲀：河豚。鱼名，又名鲐、鲑，四五月间产卵，在此期间卵巢及肝脏有剧毒，误食可以致命。

⑬渫：应作“煠”。煠（zhá），食物放入油或汤中，一沸而出称煠。齑（jī）：据《释名》载，“齑，济也，与诸味相济成也。”渫（xiè）：分散、消散，不确。

⑭鳜（guì）鱼：桂鱼，系我国名贵淡水食用鱼之一。

⑮燉：同“炖”。

⑯炙：同“炙”。

⑰逐时旋行：有“随时”之意。索唤：索取呼唤。

⑱变造：此有“另做”“改做”之意。

⑲从食蒸作：或指蒸制的点心、小食。

⑳西京：北宋时，以洛阳为西京。

㉑磁：“瓷”。

㉒银杏：白果。可入药。

㉓嘉庆子：据明李时珍《本草纲目》二十九载，“嘉庆子，今人用盐曝糖藏，蜜煎为果。其法夏李色黄时摘之，以盐挼去汁，合盐晒萎去核，复晒干，荐酒作饤皆佳。”

㉔林檎：果名。即沙果。也称花红、来禽、文林郎果。或谓此果味甘，果林能招众禽，故有林擒、来禽之名。《本草纲目》三十：“林擒即柰之小而圆者，其味酢者为楸子。”

㉕查子：山楂。也作“樝”“楂”“柤”。下文“查条”，即山楂条。

㉖榅桲（wēn bó）：果木名。落叶灌木或小乔木，果实与树同名。又名木李、榠樝。秋熟，味甘酸可食，能入药。《广群芳谱》五四引《述异记》：“江淮南人至北，见榅桲，以为樝子。”

㉗孛萄：葡萄。

㉘温柑：温州产的柑子，为柑中上品。

㉙金桔：桔的一种。一名金柑。宋欧阳修《归田录》下：“金桔，产于江西，以远难致，都人初不识。明道景祐初始与竹子俱至京师。……香清味美，置之罇俎间，光彩灼烁，如金弹丸，诚珍果也。”

㉚龙眼：果名。俗称桂圆，又称木弹、骊珠、益智、绣水团等。

㉛召白藕：召，古地名。周初召伯的封地，在今陕西岐山县西南。

㉜枝头干：本指未摘而枯干在树枝上的果实。此所指未详。

㉝芭蕉干：芭蕉，又名甘蕉、巴苴。大者高可及丈。果实可食，根茎花蕾可入药。

㉞人面子：据李时珍《本草纲目》三十三载，“人面子，草木状云。出海南。树似含桃，子如桃实无味，以蜜渍可食。其

核正如人面可玩。"

㉟巴览子：巴览，即巴榄。亦即巴旦杏。杏的别种。树似杏而叶较小，实尖小而肉薄，核像梅核，壳薄，仁味甘美。源出大宛。

㊱臈（là）茶：臈，同腊。臈茶，同"腊茶"，即蜡茶。宋程大昌《演繁露》续集五："建（州）茶名蜡茶，为其乳泛汤面，与熔蜡相似，故名蜡面茶也。杨文公《谈苑》'江左方有蜡面之号'是也。今人多书蜡为腊，云取先春为义，失其本矣。"

㊲所记各种菜肴不知配料和做法。

㊳分：份。

㊴廊庑：堂前廊屋。《史记·窦婴传》："所赐金，陈之廊庑下，军吏过，辄令财取为用，金无入家者。"《汉书》本传《注》："廊，堂下周屋也。庑，门屋也。"

㊵吊窗：可推开吊起的窗扇。花竹：指窗外所栽之花竹。

㊶帘幙：帘幕。门帘帷幕。幕，挂在上方。幙，同"幕"。

译文

凡在酒店内掌勺的厨师，叫作"茶饭量酒博士"。至于在店中当差的青年男子，全都通称叫作"大伯"。另有街坊间的妇人，腰间系着青花布手巾，头上绾起高高的发髻，在店中为酒客换汤斟酒，当时习俗将她们叫作"焌糟"。还有的城中百姓到酒店，见了那班年青的不务正业的浪子、嫖客，就上前去小心伺候，听从使唤，为他们购买酒食、招唤妓女，或者为他们做取钱送物之类的事，这类人叫作“闲汉”。又有一些主动向前为酒客换汤、斟酒、歌唱，或者献上各色果子、香药之类，等酒客筵席散时得些赏钱的人，叫作“厮波”。此外，还有些下等妓女，不经招呼，主动来到酒客席前歌唱，酒客临时用些零星钱物送给她们让她们离去，这种妓女叫作“劄客”，也叫作“打酒坐”。还有那些卖药或卖果实、萝卜之类食物的人，不论酒客买与不买，将所卖之物一一散发给在坐的酒客，然后从酒客处得些钱物，这类人叫作“撒暂”。像这样的人城内酒家处处都有，唯独州桥炭张家、乳酪张家，不放前面所说的种种人入店内，也不出售各种菜肴，只有上好的腌藏的蔬菜，且卖的全都是清一色的好酒。而所谓的“茶饭”，即百味羹、头羹、新法鹌子羹、三脆羹、二色腰子、虾蕈鸡蕈浑砲等羹、旋索粉玉碁子群仙羹、假河豚、白渫虀、货鳜鱼、假元鱼、决明兜子、决明汤虀、肉醋托胎衬肠、沙鱼两熟、紫苏鱼、假蛤蜊、白肉、夹面子茸割肉、胡饼、汤骨头乳炊羊、炖羊、闹厅羊、角炙腰子、鹅鸭排蒸、荔枝腰子、还元腰子、烧臆子、入炉细项莲花鸭签、酒炙肚胘、虚汁垂丝羊头、入炉羊、羊头签、鹅鸭签、鸡签、盘兔、炒兔、葱泼兔、假野狐、金丝肚羹、石肚羹、假炙獐、煎鹌子、生炒肺、炒蛤蜊、炒蟹、煠蟹、洗手蟹之类，随时随意点取各种菜肴，绝不会有任何一味缺少。或者另外要求改做菜肴，也会立时做好供应给酒客。酒店中还有外来托着盛具，卖炙鸡、燠鸭、羊脚子、点羊头、脆筋巴子、姜虾、酒蟹、獐巴、鹿脯、蒸制的面食、海鲜时果、现切的莴苣生菜、西京笋的人。有的年青男子身着白虔布衫，系着青花手巾，挟着白瓷缸子，叫卖辣菜。还有的人手托小盘专卖各色干果，即如现炒白果、栗子、河北鹅梨、梨条、梨干、梨肉、胶枣、枣圈、梨圈、桃圈、核桃、肉牙枣、海红、嘉庆子、林檎旋、乌李、李子旋、樱桃煎、西京雪梨、夫梨、甘棠梨、凤栖梨、镇府濁梨、河阴石榴、河阳(山)楂、楂条、沙苑榅桲、回马葡萄、西川乳糖、狮子糖、霜蜂儿、橄榄、温柑、绵枨金桔、龙眼、荔枝、召白藕、甘蔗、漉梨、林檎干、枝头干、芭蕉干、人面子、巴览子、榛子、榧子、虾具之类。此外还有各种蜜饯香药、果子叙子、党梅、柿膏儿、香药、小元儿、小腊茶、鹏沙元之类的食物。酒家还外卖软羊诸色包子，猪羊荷包，烧肉干脯，玉板鲊犯，鲊片酱之类。其余的小酒店，亦出售各种菜肴如煎鱼、鸭子、炒鸡兔、煎燠肉、梅汁、血羹、粉羹之类。每份不过十五个铜钱。各酒店都必有厅堂庭院，且廊庑掩映，两旁排列小阁子，阁子装有吊窗，外植花竹，门口分别垂挂门帘帷幕，招来妓女歌唱戏笑，各自均感稳妥方便。

卷第三

马行街北诸医铺

原文 马行北去[①]，乃小货行时楼，大骨传药铺，直抵正系旧封丘门[②]，两行金紫医官药铺[③]，如杜金钩家，曹家独胜元[④]，山水李家口齿咽喉药，石鱼儿班防御[⑤]，银孩儿栢郎中家医小儿，大鞋任家产科，其余香药铺席，官员宅舍，不欲遍记。夜市比州桥又盛百倍，车马阗拥，不可驻足，都人谓之裹头。

注释 ①马行：马行街。

②正系：正是。

③两行：指街两侧。金紫：金鱼袋及紫衣，唐宋时的官服及佩饰。常用以指代贵官。此指官中医官。

④元：丸。

⑤班防御：防御使，唐宋时为武将官职。班姓行医者，或祖上有任防御使者，因以班防御为名。

译文 马行街向北去，是小货行时楼，大骨传药铺，往北一直抵达的正是旧封丘门。街两侧俱是佩金穿紫的医官药铺，如杜金钩家，曹家独胜丸，山水李家的口齿咽喉药，石鱼儿班防御，银孩儿栢郎中家专医小儿，大鞋任家产科，其余出售各种香药的店铺，官员宅舍，不想一一遍记。这里的夜市比州桥又要兴盛百倍，车马充塞拥挤，几乎无法立足，京城中人把这里叫作“裹头”。

大内西右掖门外街巷

原文 大内西去，右掖门祆庙①，直南浚义桥。街西尚书省东门，至省前横街，南即御史台②。西即郊社③。省南门正对开封府后墙，省西门谓之西车子曲，史家瓠羹、万家馒头，在京第一。次曰吴起庙④。出巷乃大内西角楼，大街西去踊路街，南太平兴国寺后门，北对启圣院。街以西殿前司⑤，相对清风楼，无比客店，张戴花洗面药，国太丞、张老儿、金龟儿、丑婆婆药铺，唐家酒店，直至梁门，正名阊阖。出梁门西去，街北建隆观，观内东廊于道士卖齿药，都人用之。街南蔡太师宅⑥。西去州西瓦子，南自汴河岸，北抵梁门大街，亚其里瓦⑦。约一里有余。过街北即旧宜城楼。近西去金梁桥街，西大街荆筐儿药铺、枣王家金银铺。近北巷口熟药惠民西局⑧，西去甕市子，乃开封府刑人之所也⑨。西去盖防御药铺，大佛寺，都亭西驿⑩，相对京城守具所。自瓮市子北去大街，班楼酒店，以北大三桥子至白虎桥，直北即卫州门。

注释

①掖（yē）门：宫门的旁门。袄（xiān）庙：拜火教袄神之庙。唐贞观年间始在长安立袄寺，号大秦寺，又名波斯寺。开封唐代时亦已有袄神寺庙。

②御史台：据《宋史》卷一百六十四《职官四》载，“掌纠察官邪，肃正纲纪。大事则廷辨，小事则奏弹。其属有三院：一曰台院，侍御史隶焉；二曰殿院，殿中侍御史隶焉；三曰察院，监察御史隶焉。”以中丞一人为台长。

③郊社：古代祭祀天地之所。

④吴起（？—前378）：战国时卫国人。曾学于曾参。初仕鲁，后仕魏，魏文侯用为将，攻秦，拔五城，为西河守以拒秦。为魏相公叔所忌，奔楚，楚悼王用为令尹。悼王死，被宗室大臣杀害。《汉书·艺文志》兵家有《吴子》四十八篇。今本六篇，为后人依托之作。

⑤殿前司：殿前都指挥使司。宋代军事机构。《宋史》卷一百六十六《职官六》：“都指挥使、副都指挥使、都虞候各一人。掌殿前诸班直及步骑诸指挥之名籍，凡统制、训练、番卫、戍守、迁补、赏罚，皆总其政令。”

⑥蔡太师宅：蔡京宅园。蔡京（1047—1126），字元长，宋兴化军仙游（今属福建）人。熙宁进士。徽宗时，拜太师。专以奢侈迎合徽宗，广兴土木，劳民伤财；专擅国政，遍布党戚。为“六贼”之首。金兵南侵，率全家南逃，为钦宗

贬死。

⑦亚：次于。里瓦：见卷二“东角楼街巷”条。

⑧熟药惠民西局：见卷一“外诸司”条注㉛。“西局”：可知在大内西，为“熟药惠民局”之一。

⑨刑人：对犯人行刑。指斩首。

⑩都亭：都邑中的传舍。西驿：大内之西的馆驿。

译文 从皇宫向西去，右掖门外有祆庙，一直朝南是浚义桥，街西是尚书省的东门。到尚书省前的横街，街南就是御史台。西面即祭祀天地之所。尚书省南门正对开封府的后墙，尚书省西门叫作西车子曲。街上史家的瓠羹、万家的馒头，在京城中都数第一。其次是吴起庙。出了巷口是皇宫的西角楼。大街向西去是踊路街，南面是太平兴国寺后门，北面对着启圣院。大街以西是殿前司，与殿前司相对的是清风楼，无比客店，张戴花洗面药，国太丞、张老儿、金龟儿、丑婆婆药铺，唐家酒店，一直到梁门，梁门正式名叫阊阖门。出梁门向西去，街北面是建隆观，观内的东廊有于道士专卖治齿病之药，京城中的人有用他的药的。街南是太师蔡京的宅园。再向西去是州西瓦子，州西瓦子南面从汴河岸起，北面一直抵达梁门大街，次于城内的里瓦，大约一里有余。过街北即是原先的宜城楼。近首向西去是金梁桥街，西大街有荆筐儿药铺、枣王家金银铺。近旁北首的巷口是熟药惠民西局，再向西去是甕市子，这里是开封府对犯人行刑的地方。向西去是盖防御药铺，大佛寺，都亭西驿，与之相对的是京城守具所。自瓮市子朝北去的大街，有班楼酒店，再往北是大三桥子到白虎桥，一直往北就到卫州门。

大内前州桥东街巷

原文

大内前，州桥之东，临汴河大街，曰相国寺[①]。有桥平正如州桥[②]，与保康门相对。桥西贾家瓠羹，孙好手馒头，近南即保康门潘家黄耆圆[③]。延宁宫禁女道士观[④]，人罕得入。街西保康门瓦子，东去沿城皆客店，南方官员商贾兵级皆于此安泊[⑤]。近东四圣观、袜袎巷。以东城角定力院，内有朱梁高祖御容[⑥]。出保康门外，新建三尸庙[⑦]、德安公庙。南至横街，西去通御街曰麦稍巷。口以南太学东门[⑧]，水櫃街余家染店。以南街东法云寺，又西去横街张驸马宅，寺南佑神观后门。

注释

①相国寺：见卷二“宣德楼前省府宫宇”条注⑦。

②平正：端正、平整。

③圆：丸。

④延宁宫：当在皇宫中。观：道教的庙宇。延宁宫禁女道士观：指延宁宫中的宫女外放，有的即入道观，信奉道教。这从一个侧面反映了宫女的痛苦。

⑤商贾：商人。古有“行商坐贾（gǔ）”之说。兵级：宋代

对兵丁和节级的合称。安泊：停留歇脚。

⑥朱梁高祖：五代后梁太祖朱温（852—912），宋州砀山（今属安徽）人。唐乾符四年（877）参加黄巢起义，任黄巢大齐政权同州防御使。后叛变降唐，赐名全忠，镇压黄巢起义军，天复元年（901）封梁王。天祐四年（907）代唐称帝，改名晃，建都汴，国号梁，史称后梁。乾化二年（912），为其子友珪所杀。御容：皇帝的画像。

⑦三尸：道家认为人身中有作祟之神三，叫三尸。每逢庚申之日，向天帝诉说人的过恶，减其禄命。唐段成式《酉阳杂俎》二《玉格》："三尸一日三朝，上尸青姑，伐人眼；中尸白姑，伐人五藏；下尸血姑，伐人胃命。"

⑧太学：见卷二《朱雀门外街行》条注⑤。

译文

皇宫前面，州桥的东面，面临汴河的大街叫相国寺。相国寺前有一座桥像州桥一样平整，与保康门相对。桥的西面是贾家瓠羹店，孙好手馒头店，近旁南首即是保康门潘家黄耆丸店。延宁宫的女道士观，常人极难进入。街西是保康门瓦子。向东去沿城一带都是客店，南方来的官员、商人、兵丁及低级军职，都在此停留歇息。近旁东首是四圣观、袜裀巷。再向东城角处是定力院，院内有梁高祖朱温的画像。出了保康门外，有新建的三尸庙、德安公庙。向南至横街，向西去通御街的是麦稍巷。巷口以南是太学东门，水櫃街的余家染店。再向南去街的东面是法云寺，又向西去的横街是张驸马宅邸，法云寺南是佑神观后门。

相国寺内万姓交易

原文 相国寺每月五次开放，万姓交易[1]。大三门上皆是飞禽猫犬之类[2]，珍禽奇兽，无所不有。第二三门皆动用什物[3]，庭中设綵幙[4]，露屋义铺[5]，卖蒲合簟席[6]、屏帏洗漱[7]、鞍辔弓剑[8]、时果、腊脯之类[9]。近佛殿，孟家道院王道人蜜煎[10]，赵文秀笔，及潘谷墨占定。两廊皆诸寺师姑卖绣作[11]、领抹[12]、花朵、珠翠[13]、头面[14]、生色销金花样幞头[15]、帽子、特髻[16]、冠子[17]、絛线之类[18]。殿后资圣门前，皆书籍玩好图画[19]，及诸路散任官员土物香药之类[20]。后廊皆日者货术、传神之类[21]。寺三门阁上并资圣门，各有金铜铸罗汉五百尊、佛牙等[22]，凡有斋供[23]，皆取旨方开。三门左右有两瓶琉璃塔[24]，寺内有智海、惠林、宝梵、河沙[25]、东西塔院[26]，乃出角院舍，各有住持僧官[27]，每遇斋会[28]，凡饮食茶果，动使器皿[29]，虽三五百分[30]，莫不咄嗟而辨[31]。大殿两廊，皆国朝名公笔迹[32]，左壁画炽盛光佛降九曜鬼百戏[33]，右壁佛降鬼子母揭盂[34]。殿庭供献乐部马队之类[35]。大殿朵廊皆壁隐楼殿人物，莫非精妙[36]。

注释

①万姓：指人极多。据宋王楙《燕翼诒谋录》卷二载，“东京相国寺，乃瓦市也。僧房散处，而中庭两庑可容万人，凡商旅交易皆萃其中。”

②三门：寺院大门。亦作“山门”。

③动用：使用。动用什物：各类日常应用的器具。

④綵幙：彩色的帐蓬。幙，即幕，帐蓬。

⑤露屋：犹露天。义铺：犹今之售货摊。

⑥蒲合：蒲草编的席子。簟（diàn）席：竹席。

⑦屏帏：屏帐。洗漱：洗漱用具。

⑧鞍辔：鞍子和驾驭牲口的嚼子、缰绳。辔（pèi）：缰绳。

⑨腊：干肉。脯：干肉。也指干制的果仁和果肉。

⑩蜜煎：蜜饯，用糖沾渍的果品。

⑪师姑：尼姑。据《景德传灯录》十《智通禅师》载：“师姑天然是女人作。”绣作：犹刺绣。

⑫领抹：领系之类的服饰。

⑬珠翠：妇女的饰物，指珍珠、翡翠。

⑭头面：首饰；头部装饰品。

⑮生色：色彩鲜明生动。销金：镶嵌金色线。幞头：古代一种头巾。宋代幞头有直脚、局脚、交脚、朝天、顺风等式样。直脚幞头为贵贱通服，皇帝服上曲。

⑯特髻：据《事林广记》戊集五载，“特髻，燧人始为髻，至

周王后首服为副编，三辅谓之假髻，即今特髻也。”假髻，假发所作之髻，供妇女装饰用。由此可知，特髻即用假发所作之头髻。

⑰冠子：古代贵族妇女戴的帽子。

⑱絛（tāo）：丝带。

⑲玩好：供玩赏的奇珍异宝。

⑳诸路：各路。路，宋代的地方区划名。宋初为加强中央集权，仿唐代道制，分境内为二十一路，其后分合不一，至道二年（997）始定为十五路，真宗时增为十八路，神宗时又增为二十三路。北宋时，以转运司为主，南宋时以安抚司为主。散任：一作罢任。

㉑日者：古时以占候卜筮为业的人。货术：卖卜、卖卦。传神：指画像。

㉒罗汉五百尊：五百罗汉，佛教语，常随释迦听法传道的五百弟子。佛牙：相传释迦牟尼死后，曾留下四颗牙齿，佛教徒奉为珍宝，特予供奉，称佛牙。

㉓斋供：供奉神佛用的食品。

㉔瓶（píng）：盛器，多用于盛水、酒、粟等。此用作量词，相当于“座”。

㉕河沙：疑误。据《宋朝会要》载，宋神宗熙宁年间整修相国寺，“并诸院为八，东曰宝严、宝梵、宝觉、惠林，西曰定

慈、广慈、普慈、智海。”其中无“河沙”。

㉖东西塔院：据《宋朝会要》载，东塔院曰普满，西塔院曰广愿。

㉗住持：僧寺之主。也称“长老”“主僧”。僧官：管理僧人、寺庙的官吏。

㉘斋会：禅寺在特定日期的集会。

㉙动使：日常应用器具。参见“动用”注。

㉚分：份。

㉛咄嗟（duō juē）：犹言呼吸之间。辨：通“办”。

㉜国朝：本朝。

㉝炽盛光：炽盛光者，金轮佛顶之别名，佛身之毛孔，放炽盛之光明，故名炽盛光如来。其本体为金轮佛顶，故曰炽盛光佛顶如来。其修法曰炽盛光佛顶法。佛降：佛诞生。佛，“佛院”的简称。亦作佛驮、浮陀、浮屠等。意译“觉者”“知者”“觉”。小乘讲的“佛”一般是用作对释迦牟尼的尊称。大乘除指释迦牟尼外，还泛指一切觉行圆满者。此指释迦牟尼。九曜：亦称“九执”，指梵历中的九星。梵历以九星配日，而定其日之吉凶。百戏：古代散乐杂技。如扛鼎、吞刀、爬竿、履火、耍龙灯之类。

㉞鬼子母：佛教神名。梵名诃梨帝南，义译为欢喜，晋末凉译为鬼子母。王舍城娑多药叉之女，既嫁，生五百儿，发恶

愿欲尽食城中他家之小儿。经佛变化，转为保护小儿之神。

㉟供献：供奉。此有陈列之意。乐部：乐队。马队：马肆。然而此处的“乐部马队”，具体情况不详。

㊱朵廊：大殿两旁的走廊。隐：通“殷”，盛多。楼殿：高大的宫殿。非：不。

译文 相国寺每月五次开放，百姓可在寺中进行交易。寺院大门处，买卖的是飞禽、猫、犬之类的动物，各种珍禽奇兽，无所不有。第二进山门，全是各类日常应用的什物；庭中设有彩色的幕帐，露天的售货摊，出售蒲草席、竹席，屏帐、洗涮之具、马鞍子、缰绳、嚼子、弓剑，时令鲜果、各种干果、腊肉之类的物品。靠近佛殿处，孟家道院王道人的蜜饯、赵文秀的笔，以及潘谷的墨占据了固定的位置。两边走廊都是各寺院的尼姑卖刺绣、领抹、花朵、珍珠翡翠、头饰、各色镶嵌金钱的幞头、帽子、假发制作的头髻、贵妇的冠子、丝带之类的饰物。大殿后资圣门前，全都是图书、奇珍异宝和图画，以及各路卸任官员从各地带来的土产物品、香料药材之类。后廊都是占卜卖卦和出售各类画像的人。相国寺山门楼阁和资圣门楼阁，各有鎏金铜铸的罗汉五百尊、佛牙等。凡有斋供等事，都要得到皇上旨意方能开门。山门左右，有两座琉璃塔，寺内有智海、惠林、宝梵、河沙、东西塔院，乃是寺后院舍，各院都有住持、僧官。每逢寺中斋会，凡是饮食茶果和各种应用器皿，即使要三五百份，无不即刻备齐。大殿两边的走廊，都是本朝著名人物的手迹，左面墙壁上画着炽盛光佛降九曜鬼百戏图，右面墙壁上画着佛降鬼子母揭盂图。大殿的庭院中陈列有乐队马队之类的仪仗。大殿两侧的走廊都在墙上画着许多楼殿、人物，无一不精致美妙。

寺东门街巷

原文 寺东门大街[①]，皆是幞头、腰带[②]、书籍、冠朵铺席[③]。丁家素茶[④]。寺南即录事巷妓馆[⑤]。绣巷皆师姑绣作居住[⑥]。北即小甜水巷，巷内南食店甚盛[⑦]，妓馆亦多。向北李庆糟姜铺[⑧]。直北出景灵宫东门前[⑨]。又向北曲东税务街[⑩]、高头街。姜行后巷，乃脂皮画曲妓馆。南北讲堂巷[⑪]，孙殿丞药铺、靴店。出界身北巷，巷口宋家生药铺[⑫]，铺中两壁皆李成所画山水[⑬]。自景灵宫东门大街向东，街北旧乾明寺，沿火改作五寺三监[⑭]。以东向南曰第三条甜水巷。以东熙熙楼客店，都下着数[⑮]。以东街南高阳正店[⑯]，向北入马行。向东街北曰车辂院[⑰]，南曰第二甜水巷。以东审计院[⑱]，以东桐树子韩家[⑲]，直抵太庙前门[⑳]。南往观音院，乃第一条甜水巷也。太庙北入榆林巷，通曹门大街，不能遍数也。

注释 ①寺东门大街：系指相国寺东门大街。

②幞头：见《相国寺内万姓交易》条注⑮。腰带：衣带。

③铺席：店铺。

④素茶：素的糕点茶食。

⑤录事：指妓女。录事巷妓馆，向为妓馆集中之处。宋陆游《老学庵笔记》六载，“苏叔党（过）政和中至东都，见妓称录事，太息语廉宣仲（布）曰：‘……此犹存唐旧，为可喜。前辈谓妓曰酒纠，盖谓录事也。相蓝之东有录事巷，传以为朱梁时名妓崔小红所居。’”

⑥师姑、绣作：见《相国寺内万姓交易》条注⑪。

⑦南食：用南方烹饪方法做成的饭菜。宋蔡絛《铁围山丛谈》六载，“开宝末，吴越王钱俶始来朝。垂至，太祖谓大官：‘钱王，浙人也，来朝宿共帐内殿矣，宜刱作南食一二以燕衎之。’”

⑧姜铺：卖生姜的店铺。

⑨景灵宫：据周城《宋东京考》十二载，“景灵宫有二，在城内端礼街之东西，大中祥符五年十一月建。奉艺祖以下御容。”可知景灵宫安放北宋历代帝后画像。本书卷二“宣德楼前省府宫宇”条亦载：“御街大内前南去，左则景灵东宫，右则西宫。”

⑩税务：官署名。蔡絛《铁围山丛谈》四：“而木偶土地自行街前，以手相接抱而双俱行，转街复抵税务。”

⑪讲堂：儒师讲学的堂舍。

⑫生药铺：药材店。生药：指未制成成药（膏丹丸散）的各

类药材。

⑬李成：当时著名的山水画家。《邵氏闻见后录》二十七："国初，营丘李成画山水，前无古人。"百岁寓翁《枫窗小牍》下："名画李成，以山水供奉禁中。…… 不易为人落笔。惟性嗜香药名酒，人亦不知，独相国寺东宋药家，最与相善，每往醉必累日。不特楮素挥洒，盈箱满箧，即铺门两壁，亦为淋漓泼染。识者谓壁画家入神妙，惜在白垩上耳。"

⑭沿火：缘火，因火。但事实与北宋末年崇道毁寺有关。据洪迈《夷坚志·支志》"杨戬毁寺"条载："崇宁以来，既隆道教，故京城佛寺废毁。…… 政和中，又以乾明寺为五寺三监。"五寺三监：宋初卿寺未全设，神宗熙宁以后，始有五寺三监之称，然不常设，且多兼任。北宋时"五寺三监"之设，不能悉数。据《西湖老人繁胜录》，南宋时，以太常寺、太府寺、司农寺、大理寺、宗正寺、将作监、军器监、国子监次于六部之后，以当五寺三监。

⑮都下：京城。着数：数得着，屈指可数。

⑯正店：酒店。

⑰车辂院：官署名。属太仆寺。掌皇帝乘舆、法物，安排大驾、法驾、小驾所需各种车辆，区分不同名位所用车辆数目与陈列的先后顺序。监官三人。

⑱审计院：审计司。宋粮料院所属机构。凡在京官署的关支

请给等事，须经粮料院审计司审核后，关会太府寺，方可支给；其地方诸路军队钱粮的支给则由分差粮审院施行。见《朝野类要·勘过》。又宋太府寺所属亦有审计司，“掌审其给受之数，以法式驱磨”。见《宋史·职官志》五。

⑲桐树子韩家：据《能改斋漫录》十一载，“韩子华（韩绛）兄弟皆为宰相，门有梧桐，京师人以桐木韩家呼之，以别魏公（韩琦）也。子华下世，陆农师挽章云：棠棣行中排宰相，梧桐门巷识韩家。皆纪其实也。子华其家呼为三相公，持国（韩维）为五相公。”

⑳太庙：天子的祖庙。

译文

相国寺东门大街，都是卖幞头、腰带、书籍、冠朵的店铺。丁家素茶店也在此街。相国寺南即是录事巷妓馆。绣巷中全是尼姑作刺绣活的居住之所。北面是小甜水巷，巷内专售南方饭食的店铺很多且很兴盛，巷内妓馆也多。向北是李庆糟姜铺，一直朝北可达景灵宫东门之前。再向北折向东是税务街、高头街。姜行后巷，是脂皮画曲妓馆。南北讲堂巷中，有孙殿丞药铺、靴店。出了界身北巷，巷口是宋家生药铺，店铺中两面墙上都是李成所画的山水画。自景灵宫东门大街向东去，街北原先是乾明寺，因后火，改作五寺三监。再东面，向南去叫第三条甜水巷。再向东，是熙熙楼客店，京城中也屈指可数。再往东，街南是高阳酒店，向北进入马行街。再向东，街北是车辂院，南面是第二条甜水巷。再往东是审计院，再东面是桐树子韩家，一直抵达太庙前门。朝南通往观音院，即第一条甜水巷。从太庙朝北进入榆林巷，通向曹门大街，街上所有，不能一一详细记述。

上清宫

原文 上清宫在新宋门里街北，以西茆山下院。醴泉观在东水门里。观音院在旧宋门后太庙南门。景德寺在上清宫背，寺前有桃花洞，皆妓馆。开宝寺在旧封丘门外斜街子，内有二十四院，惟仁王院最盛。天清寺在州北清晖桥。兴德院在金水门外。长生宫在鹿家巷。显宁寺在炭场巷北。婆台寺在陈州门里①。兜率寺在红门道。地踴佛寺在州西草场巷街南②。十方静因院在州西油醋巷③。浴室院在第三条甜水巷。福田院在旧曹门外。报恩寺在卸盐巷。太和宫女道士在州西洪桥子大街④。洞元观女道士在班楼北。瑶华宫在金水门外。万寿观在旧酸枣门外十王宫前。

注释 ①婆台寺：婆台，应作繁台。开封繁塔今存。繁，音婆（pó）。

②地踴佛寺：踴，当作湧。周城《宋东京考》十五：“地湧佛寺在陈州门内之南草场巷。”

③静因院：静应作“净”。

④太和宫女道士：指太和宫外放宫女的道观。下文“洞元观女道士”同。

译文 上清宫在新宋门里面街的北面，往西是茆山下院。醴泉观在东水门里。观音院在旧宋门后方太庙南门处。景德寺在上清宫背后，寺前有桃花洞，内皆妓馆。开宝寺在旧封丘门外斜街子，寺内有二十四院，只有仁王院最为兴盛。天清寺在州北清晖挢。兴德院在金水门外面。长生宫在鹿家巷。显宁寺在炭场巷北面。婆台寺在陈州门里面。兜率寺在红门道。地踴佛寺在州城西草场巷的街南。十方静因院在州城西的油醋巷。浴室院在第三条甜水巷。福田院在旧曹门外面。报恩寺在卸盐巷。太和宫女道士观在州城西洪桥子大街。洞元观女道士观在班姓楼房的北面。瑶华宫在金水门外面。万寿观在旧酸枣门外十王宫前面。

马行街铺席

原文 马行北去①，旧封丘门外祆庙斜街②、州北瓦子。新封丘门大街，两边民户铺席，外余诸班直军营相对③，至门约十余里。其余坊巷院落，纵横万数，莫知纪极④。处处拥门⑤，各有茶坊酒店，勾肆饮食⑥。市井经纪之家⑦，往往只于市店旋买饮食⑧，不置家蔬⑨。北食则矾楼前李四家⑩、段家爊物⑪、石逢巴子⑫，南食则寺桥金家、九曲子周家，最为屈指。夜市直至三更尽，才五更又复开张。如要闹去处，通晓不绝⑬。寻常四梢远静去处⑭，夜市亦有燋酸豏⑮、猪胰胡饼⑯、和菜饼⑰、貛儿野狐肉、果木翘羹⑱、灌肠⑲、香糖果子之类⑳。冬月虽大风雪阴雨，亦有夜市：䴕子㉑、姜豉㉒、抹脏㉓、红丝㉔、水晶脍㉕、煎肝脏、蛤蜊、螃蟹、胡桃、泽州饧㉖、奇豆㉗、鹅梨、石榴、查子㉘、榅桲㉙、糍糕㉚、团子㉛、盐豉汤之类㉜。至三更，方有提瓶卖茶者。盖都人公私荣干㉝，夜深方归也。

注释 ①马行：马行街。

②祆（xiān）庙：见本卷《大内西右掖门外街巷》注①。

③班直：宋军中皇帝最亲近的扈从者。诸班有：殿前指挥使、内殿直、散员、散指挥、散都头、散祇候、金枪班、东西班、招箭班、散直、钧容直等。诸直有：御龙直、御龙骨朵子直、御龙弓箭直、御龙弩直等。诸班诸直总称班直，统属殿前司。班直一般选拔“武艺绝伦”者充当。除作皇帝近卫外，有的还兼仪仗队，如钧容直实为乐队。

④纪极：终极、限度。

⑤拥门：拥挤的门户，门庭。

⑥勾肆：古代伎人俳优的卖艺场所。

⑦经纪：本指经营管理，此指经商。

⑧旋买：指现买现吃。旋：即。

⑨家蔬：家种的菜，也指自家烹制的菜。此指后一义。

⑩北食：北方烹饪方法制的饭菜。

⑪爊（āo）物：用文火久煮。

⑫巴子：指黏结块状的食物。

⑬通晓：通宵。

⑭寻常：平常、普通。四梢：四面最远处。梢：树枝的末端，引申为远处。远静：偏远僻静。去处：地方，所在。

⑮燋（zhuó）：烧灼。酸䭀：同“酸馅”。以蔬菜为馅的包子。

⑯胰：夹脊肉。胡饼：犹今之烧饼。

⑰和菜饼：未详。

⑱果木翘羹：一种水果羹。具体不详。果木：水果。

⑲灌肠：将切细的肉拌葱、盐等佐料，和以淀粉之类，灌入猪肠中，或着颜色，截片油煎，谓之灌肠。

⑳果子：生果、干果、凉果、蜜饯、饼食的总称。

㉑䐑（zhé）子：切肉为片，切成薄片的肉。

㉒姜豉（chǐ）：生姜和豆豉制成的调味佐料。

㉓抹脏：未详。或为切细的各种动物内脏。抹：切细，砍割。

㉔红丝：未详。可能指切细的辣椒丝。

㉕水晶脍：亦作“水晶鲙”。将切细的鱼、肉碎片配以佐料，经烹煮、冷冻后而成的半透明块状食品。

㉖泽州饧（xíng）：泽州出产的饧糖。泽州，州、府名。隋开皇初改建州为泽州。治所在丹川（今山西晋城东北）。唐贞观初移治于晋城（今县）。清雍正时升为府。1912年废。饧：用麦芽或谷芽熬成的饴糖。

㉗奇豆：未详。

㉘查子：山楂。

㉙榅桲：见卷二“饮食果子”条注㉖。

㉚糍（cí）糕：糍粑。一种用糯米蒸制的食品。

㉛团子：用米或粉等做成的球形食品。如糯米团子、菜团子等。

㉜盐豉汤：以盐豉为调料做成的汤。盐豉，用盐和豆制成，古时的调味品。

㉝荣干：谓办事。

译文

马行街向北去，旧封丘门外是祆庙斜街、州城北的瓦子。新封丘门大街，两边是民居与店铺，此外，是诸班直的军营两两相对，到新封丘门约有十余里。其余的街坊里巷、庭院民居，纵横交错，数以万计，不知边际。街市处处是拥挤的门庭，各处都有茶坊、酒店，艺人卖艺，叫卖饮食。街市中的经商之家，往往只在街市的店铺中现买现吃各种饮食，不再在家中烹制饭菜。北方风味的食品以矾楼前李四家、段家爊物、石逢巴子，南方风味的食品以寺桥金家、九曲子周家，在京城最为著名。夜市一直到三更时才结束，而刚到五更又重新开张。如在热闹之处，则夜市通宵不断。通常在四周偏远僻静的地方，夜市也有烧烤的蔬菜包子，夹脊猪肉烧饼，和菜饼，獾、野狐肉，果子翘羹，灌肠、香糖果子之类。寒冬腊月，即使遇大风雪或阴雨天，亦有夜市。有㓨子、姜豉、抹脏、红丝、水晶脍、煎肝脏、蛤蜊、螃蟹、胡桃、泽州饧、奇豆、鹅梨、石榴、山楂、榅桲、糍糕、团子、盐豉汤之类的饮食。至三更时分，还有提着瓶叫卖茶水的。因京城中人或办公事或办私事，往往深夜才回来。

般载杂卖

原文 东京般载车[①]，大者曰“太平”，上有箱无盖[②]，箱如构栏而平[③]，板壁前出两木，长二三尺许，驾车人在中间，两手扶捉鞭绥[④]，驾之。前列骡或驴二十余，前后作两行；或牛五七头拽之。车两轮与箱齐[⑤]，后有两斜木脚拖[⑥]，夜中间悬一铁铃，行即有声，使远来者车相避。仍于车后系骡驴二头，遇下峻险桥路，以鞭唬之[⑦]，使倒坐缍车[⑧]，令缓行也。可载数十石[⑨]。官中车惟用驴差小耳[⑩]。其次有“平头车”，亦如“太平车”而小。两轮前出长木作辕，木梢横一木，以独牛在辕内，项负横木，人在一边，以手牵牛鼻绳驾之。酒正店多以此载酒梢桶矣。梢桶如长水桶，面安靥口[⑪]，每梢三斗许[⑫]，一贯五百文[⑬]。又有宅眷坐车子[⑭]，与“平头车”大抵相似，但椶作盖[⑮]，及前后有构栏门、垂帘。又有独轮车，前后二人把驾，两旁两人扶拐[⑯]，前有驴拽，谓之“串车”，以不用耳子转轮也[⑰]。般载竹木瓦石，但无前辕，止一人或两人推之。此车往往卖糕及糕糜之类[⑱]，人用不中载物也[⑲]。平盘两轮[⑳]，谓之“浪子车”，唯用人拽。又有载巨石大木，只有短梯盘而无轮[21]，谓之“痴车”，皆省人力也。又有驼骡驴驮子[22]，或皮或竹为之，如方匾竹笼两搭背上[23]，斛㪷则用布袋驼之[24]。

注释

①东京：汴京。北宋时，以汴京为东京，洛阳为西京。般载：搬运装载。般，今写作“搬”。

②箱：同厢。车厢。

③构栏：栏杆。

④扶捉：扶持。捉，持、握。鞭绥：似为“鞭绥”之误。“绥”字未见。绥（suí），挽以登车的绳索。鞭绥：鞭子绳索。

⑤齐：相等，相同。

⑥木脚拖：体制未详。或为在车后装有下垂的木脚。拖，下垂。

⑦谑（xià）：吓唬。

⑧倒坐：本指反向而坐。牲口在正面吆喝，往往会向后用劲，即指此意。缍（zhuì）：同“缒”。拉，拽。

⑨石：重量单位。百二十斤为石。

⑩差小：略小。差：比较，略微。

⑪罨（yè）口：体制未详。当为桶盖之类。

⑫斗：十升为斗。

⑬一贯五百文：指一梢桶酒要一贯五百文。贯：一千钱为

一贯。

⑭宅眷：富贵之家的女眷。

⑮椶（zōng）：同“棕”。棕榈树。

⑯拐（guǎi）：本指拐杖。此似指带拐的车把。

⑰耳子，转轮：其体制不详。

⑱馐糜：米粉等制成的糕。馐，本通糕，此处“糕”及“馐糜”似略有区别。

⑲中（zhòng）：适宜。

⑳平盘：似指车的底盘，即只有一平整的车板及两轮。

㉑短梯盘：具体情况不详。

㉒驰：同“驼”。驰骡驴：让骡驴驼。驮（duò）子：驮垛。捆扎成垛供驮运的货物或行李。

㉓篓（cuō）：笼状的盛物器具。

㉔斛（hú）：量器名。古代以十斗为一斛。㪷（dǒu）：同“斗”。斛㪷皆为计算粮食的量器，因亦以作粮食的代称。

译文

东京的搬载车，大的叫“太平车”，车上有车厢而无车盖，车厢像栏杆状然而却平整。车厢的板壁前面伸出两根木档，长二三尺左右，驾车人在木档中间，两手扶持着鞭子和绳索，驾驭此车。车前排列骡或驴二十余头，前后分作两行；或用牛五七头拉车。车两边的轮子与车厢平齐，车后装有两块斜木脚拖，夜晚在木脚拖中间悬挂一只铁铃，车行时就发出声音，使远处来的车相互避让。还在车后系骡或驴二头，遇到要下陡峻的道路或危险的桥梁，用鞭子吓唬它们，使它们倒退拉拽车子，让车慢行。“太平车”可装数十石重的物件。官府中的“太平车”只用驴且略小些而已。其次，还有“平头车”，形制如“太平车”但要小些。两轮的前面伸出长木档作车辕，木档的顶端横置一木档，用一头牛在车辕内，项上背负横木，驾车人站在一边，用手牵牛鼻绳驾车。酒店大多用“平头车”装载酒梢桶。酒梢桶很像长水桶，而面上安上靥口，每梢桶酒三斗多，一贯五百文一梢桶。城中又有富贵人家女眷坐的车子，与“平头车”大致相似，只是以棕作车盖，以及车厢前后有栏杆门、垂挂的门帘。又有独轮车，前后有二人把住车架，两旁两人扶住车拐，前面有驴拉，叫作串车，这是因为不用耳子转轮（才叫它串车）。搬运装载竹器、树木、砖瓦、石料，车前无车辕，只有一人或两人推车。但这种车往往用作卖糕及馃糜之类的食品，人们使用时，不适宜装载重物。那种只有平整的车板的两轮车，叫作“浪子车”。这种车只用人拉。又有一种装载巨石大木材，只有短梯盘而无车轮的车，叫作“痴车”。这些车都节省人力。又有让骡驴驮运的驮子，或用皮、或用竹做成，如方匾、竹�，一边一个搭在牲口背上；如是粮食则用布袋驮运。

都市钱陌

原文　都市钱陌①，官用七十七②，街市通用七十五，鱼肉菜七十二陌，金银七十四，珠珍、雇婢妮、买虫蚁六十八③，文字五十六陌④，行市各有长短使用⑤。

注释　①钱陌：钱百个之价。计量钱的单位数。宋沈括《梦溪笔谈》四《辩证》二：“今之数钱，百钱谓之陌者，借陌字用之，其实只是百字，如什与伍耳。”

②官用七十七：官府使用以七十七为陌。下同。

③珠珍：犹珠宝。宋徽宗《宫词》：“花钿虽盛珠珍数，不使伤生用羽毛。”婢妮：婢女。虫蚁：蟲蚁。小虫的通称，也可作禽鸟等小动物的通称。虫（chóng）：通“虫”。

④文字：此“文字”似有代写书信、诉状之类的含义。

⑤行市：同行业间所公定的市价。长短：多少，不同。

译文　都城集市中使用钱陌，官府使用以七十七文为一陌，集市中通用七十五文为一陌，鱼肉菜以七十二为一陌，金银买卖七十四为一陌，珠宝交易、雇用婢女、买各类小虫以六十八为一陌，文字交易五十六为一陌，各行各业所定市价使用时各有不同。

雇觅人力

原文 凡雇觅人力①，幹当人②、酒食作匠之类③，各有行老供雇④。觅女使⑤，即有引至牙人⑥。

注释 ①雇觅：寻觅雇用。雇：花钱使人为自己做事。

②幹当人：又称幹人、幹仆、幹当掠米人、勾当人等。自东汉至北朝，官府中有一种地位卑下的幹。宋朝民户中的富豪和官户往往豢养幹当人，以经营田庄，掠取地租，放高利贷，纳税，管理仓库，从事商业，办理刑事诉讼等等。幹当人与主人尊卑之分甚严，对主人某些犯罪行为，无权告发。

③酒食作匠：指烹饪厨师及从事各种手艺的工匠。作匠：工匠。

④行老：宋代都市中专门介绍职业的人，即荐头。供雇：提供被雇佣者。

⑤女使：女仆。

⑥引至：引荐。牙人：旧时居于买卖双方之间，从中撮合，以获取佣金之人。

译文 凡是想雇佣人力，如幹当人、厨师、手艺工匠之类，各有行老推荐被雇佣者。寻找女仆，则有引荐的牙人推荐。

防火

原文 每坊巷三百步许①，有军巡铺屋一所②，铺兵五人，夜间巡警③，收领公事④。又于高处砖砌望火楼，楼上有人卓望⑤。下有官屋数间，屯驻军兵百余人，及有救火家事⑥，谓如大小桶、洒子、麻搭、斧锯、梯子、火叉、大索、铁猫儿之类⑦。每遇有遗火去处⑧，则有马军奔报军厢主、马步军殿前三衙、开封府⑨，各领军级扑灭⑩，不劳百姓。

注释 ①步：一举足为跬，倍跬为步。

②军巡铺：防盗防火的哨所。

③巡警：巡逻警戒。

④收领：拘捕；领受。公事：案犯、犯人。

⑤卓望：瞭望。卓：据汉王逸《九思·逢尤》载，“世既卓兮远眇眇。”注：“卓，远也。”

⑥家事：“家什”。指救火用的各种用具。

⑦洒子：体制不详。当指洒水用具。麻塔：挠钩，一种长柄顶端安有铁钩的用具。火叉：拨火用的铁叉。大索：长绳。铁猫儿：救火用的铁钩之类。

⑧遗火：失火。遗，失。

⑨军厢主：军、厢一级统兵官。军，北宋承五代旧制，以军为第二级军队编制单位，有其上设厢者，也有不设厢者。军的统兵官为军都指挥使和军都虞候。军都指挥使等可简称“军主”。厢为军队编制单位。厢下有军，军下有指挥，指挥下有都。厢的统兵官为厢都指挥使，可简称“厢主”。马步军殿前三衙：宋代掌管禁军的军事机构，即殿前都指挥使司、侍卫亲军马军都指挥使司、侍卫亲军步军都指挥使司，合称三衙。各设都指挥使、副都指挥使和都虞候为长官，统辖禁军，而马、步司在名义上还统辖厢军。北宋亡，三衙制随之终结。开封府：北宋京城汴京，五代时为开封府。治理京城的官署，为开封府。

⑩军级：犹言军士。

译文

京城中街坊里巷每隔三百步左右，设有军巡铺的房屋一所，有铺兵五人，负责夜间巡逻警戒，拘捕犯人。又在地势高处用砖砌造望火楼，楼上有人瞭望。望火楼下有官屋数间，驻扎兵士一百余人，还置有救火器具，譬如大小水桶、洒子、麻搭、斧锯、梯子、火叉、大索、铁猫儿之类的用具。每当遇到有地方失火，即有马军迅速报告军主、厢主、马步军殿前三衙以及开封府，他们各自带领军士前去扑灭火灾，而不烦劳百姓。

天晓诸人入市

原文

每日交五更，诸寺院行者打铁牌子或木鱼循门报晓[①]，亦各分地分[②]，日间求化[③]。诸趍朝入市之人[④]，闻此而起。诸门桥市井已开，如瓠羹店门首坐一小儿，叫饶骨头，间有灌肺及炒肺。酒店多点灯烛沽卖[⑤]，每分不过二十文，并粥饭点心。亦间或有卖洗面水，煎点汤茶药者[⑥]，直至天明。其杀猪羊作坊，每人担猪羊及车子上市，动即百数。如果木亦集于朱雀门外[⑦]，及州桥之西，谓之菓子行[⑧]。纸画儿亦在彼处行贩不绝[⑨]。其卖麦面，每秤作一布袋[⑩]，谓之一宛，或三五秤作一宛，用太平车或驴马驮之[⑪]，从城外守门入城货卖[⑫]，至天明不绝。更有御街州桥至南内前[⑬]。趍朝卖药及饮食者[⑭]，吟叫百端。

注释

①行者：佛寺中服杂役而未剃发出家者的通称。铁牌子：铁制的作标志用的特制薄板。

②地分：地域、地区。

③求化：犹募化。指和尚、道士等求人施舍财物。

④趍（qū）：同趋。朝向，奔向。

⑤沽卖：卖。沽，卖。

⑥煎点：一种烹调方法。汤茶药：据宋朱彧《萍洲可谈》一载，“今世俗客至则啜茶，去则啜汤。汤取药材甘香者屑之。或温或凉，未有不用甘草者。此俗遍天下。”

⑦果木：水果。

⑧菓子：果子。菓同“果”。行：买卖交易的处所称行。

⑨行贩：往来贩卖。

⑩秤（chèng）：古量词。十五斤。《孔丛子·衡》：“斤十谓之衡，衡有半谓之秤，秤二谓之钧。”

⑪太平车：见本卷“般载杂卖”条。

⑫守门：等候开门。

⑬南内：大内南面，即皇宫南面。

⑭趂（chèn）：同“趁”。趂朝：乘早。

译文 每日天交五更时分，各寺院的行者敲打铁牌子或木鱼沿着门户报晓，行者报晓也各分地段，白天则在城内募化。那些赶早入集市的人，听到报晓声即起。那时各城门、吊桥、街市都已开放。像瓠羹店门口坐着一个小孩儿，叫饶骨头，有时也有灌肺以及炒肺。酒店大多点着灯或蜡烛卖酒，每份不过二十文钱，连同粥饭、点心。间或也有卖洗脸水、煎点汤茶药的，一直到天亮。那些杀猪羊的作坊，往往有的人挑着猪羊，有的将猪羊装在车子上入市，入城卖的猪羊，动辄数以百计。又如水果则集中于朱雀门外及州桥西面交易，称作菓子行。各种纸画也在那里交易，商贩往来不绝。那些卖面粉的，每秤（十五斤）装一布袋，叫作一宛，或者以三五秤作一宛，用太平车或者驴马驮运，从城外运来等候开城门入城出卖，直到天明，连续不断。还有从御街州桥到皇宫南面门前，那些趁早入市卖药材及各种饮食的，各种不同的吟唱叫卖声此起彼伏。

诸色杂卖

原文 若养马，则有两人日供切草；养犬则供饧糟[①]；养猫则供猫食并小鱼。其锢路钉铰箍桶[②]，修整动使[③]，掌鞋刷腰[④]，带修幞头帽子[⑤]，补角冠[⑥]。日供打香印者[⑦]，则管定铺席、人家牌额[⑧]，时节即印施佛像等[⑨]。其供人家打水者，各有地分坊巷。及有使漆、打钗环、荷大斧斫柴、换扇子柄、供香饼子炭团[⑩]，夏月则有洗氈淘井者[⑪]，举意皆在目前[⑫]。或军营放停乐人[⑬]，动鼓乐于空闲，就坊巷引小儿妇女观看，散糖果子之类，谓之“卖梅子”，又谓之“把街”。每日如宅舍宫院前，则有就门卖羊肉头肚、腰子、白肠、鹑、兔、鱼、虾、退毛鸡鸭、蛤蜊、螃蟹、杂燠[⑭]、香药果子；博卖冠梳、领抹、头面、衣着、动使铜铁器、衣箱、磁器之类[⑮]。亦有扑上件物事者[⑯]，谓之“勘宅”。其后街或闲空处，团转盖局屋[⑰]，向背聚居[⑱]，谓之“院子”，皆小民居止[⑲]，每日卖蒸梨枣、黄糕麋[⑳]、宿蒸饼[㉑]、发牙豆之类[㉒]。每遇春时，官中差人夫监淘在城渠[㉓]，别开坑盛淘出者泥，谓之“泥盆”。候官差人来检视了方盖覆。夜间出入，月黑宜照管也。

注释

①饧（xíng）糟：做麦芽糖剩下的渣子。

②锢（gù）路："锢漏"。熔焊锡补已损漏的金属器皿。《墨庄漫录》一："误呼汝矣。适欲唤一锢漏者耳。"钉铰：指洗镜、补锅、锔碗等。宋钱易《南部新书》壬："里有胡生，…… 少为洗镜、锼钉之业 …… 远近号方胡钉铰。"箍桶："箍"字误，当作"箍"。箍（gū）：以蔑束物。然也有铜箍、铁箍等。

③动使：日常使用的器具。

④掌鞋：打鞋掌。刷腰：换鞋腰（帮）。

⑤幞头：见"相国寺内万姓交易"条注⑮。

⑥角冠：道冠。唐王建《赠诏征王屋道士》："玉皇符到下天坛，玳瑁头簪白角冠。"

⑦打香印：用模子印制盘香。

⑧管定：犹言占定。亦即有"固定"之意。牌额：匾额。然此处犹有今门牌之意。

⑨时节：四时的节序。

⑩使漆：犹言做油漆活。荷：扛。斫（zhuó）：砍。扇子：扇，竹类编制的门、苇帘，也泛指门。香饼子炭团：用炭屑和以香料制成供焚香用的饼团。

⑪洗毡（zhān）：洗涤毛织物。毡，亦作氊、毡，羊毛或其他动物的毛经加工制成。淘井：挖浚。

⑫举意：随意，随时。

⑬放停：聚集。乐人：善歌舞之人。

⑭杂燠（yù）：一种腌藏食品。燠，将肉类在油中熬熟，拌以盐、酒和佐料，油渍在瓮中，以备取食。

⑮博卖：同扑卖。是以物作媒介，以钱作博具（以钱的正、反面定胜负）的一种赌博。领抹、头面：见本卷“相国寺内万姓交易”条注⑫、⑭。衣着：身上穿戴之物。磁器：瓷器。

⑯扑（pū）：通“博”，赌。

⑰团转：本意围着周围转，此有“圆型”之意。局：通“跼”，弯曲、短小。

⑱向背：本指正面与背面，此指房屋的前后相向相背。

⑲小民：普通百姓。

⑳糕麋：见本卷“般载杂卖”条注⑱。

㉑蒸饼：馒头，亦叫笼饼。宿蒸饼，或指隔日已蒸好的馒头。

㉒发牙豆：发芽豆。

㉓人夫：壮丁。淘：挖掘疏浚。

译文 如果养马，则有两个人每天供给切好的草料；养狗就供给饧糟；养猫的则供给猫食及小鱼。城中还有那些焊补金属器皿，洗镜补锅、箍桶，整治修理日常工具，打鞋掌换鞋帮、连带修理幞头帽子，修补道冠的匠人。每天供应印制盘香的，则有固定的店铺、人家。每逢四时节令，即印制施送佛像等物。那些专为人家打水的，各有自己的地区街坊。城中还有专做油漆、打制钗头耳环、扛大斧砍柴、换门帘上木杷、供应香饼子炭团的人。夏天还有专为人洗氈毯淘井的，随时都在眼前。有的军营聚集了能歌善舞之人，在空闲时吹打鼓乐，到街坊里巷吸引小孩妇女观看，散发糖果点心之类，叫作“卖梅子”，又叫作“把街”。每日到那富家宅邸院落之前，则有上门卖羊肉头肚、腰子、白肠、鹌鹑、兔、鱼、虾、退毛鸡鸭、蛤蜊、螃蟹、腌藏肉食、香药果子等。有以钱作赌具，赌冠梳、领抹、头面、衣着、日常使用的铜铁器、衣箱、瓷器之类的东西，也有直接赌以上物件的，叫作“勘宅”。城中后街或闲空之处，人们团团盖起了简陋的房屋，屋前屋后相向相背，聚居一处，叫作“院子”，都是小民百姓居住。每日出卖蒸梨枣、黄糕糜、隔宿的馒头、发芽豆之类的东西。每到春天，官府中差人来监督疏浚在城中的河渠，另外挖坑以装盛挖出的河泥，叫作“泥盆”。泥坑等候官府差人来检查视察完毕方才填盖。这样，夜间有人出入，月黑之夜宜于照料管理。

卷第四

军头司

原文 军头司每旬休[①]，按阅内等子、相扑手、剑棒手格斗[②]，诸军营殿前指挥使直[③]，在禁中有左右班[④]，内殿直、散员、散都头、散直、散指挥[⑤]；御龙左右直，系打御从物，御龙骨朵子直、弓箭直、弩直、习驭直、骑御马、钧容直[⑥]。招箭班、金枪班、银枪班[⑦]，殿侍诸军东西五班[⑧]，常入祗候[⑨]，每日教阅野战。每遇诸路解到武艺人，对御格斗[⑩]。天武、捧日、龙卫、神卫[⑪]，各二十指挥[⑫]，谓之上四军[⑬]，不出戍[⑭]。骁骑、云骑、拱圣、龙猛、龙骑，各十指挥。殿前司、步军司有虎翼各二十指挥[⑮]。虎翼水军、宣武，各十五指挥。神勇、广勇，各十指挥。飞山、床子弩、雄武、广固等指挥，诸司则宣效六军[⑯]，武肃、武和、街道司诸司[⑰]，诸军指挥动以百数。诸宫观宅院[⑱]，各有清卫厢军禁军剩员十指挥[⑲]。其余工匠、修内司、八作司、广固作坊、后苑作坊、书艺局、绫锦院、文绣院、内酒坊、法酒库、牛羊司、油醋库、仪鸾司、翰林司、喝探、武严、辇官、车子院、皇城官亲从官、亲事官、上下宫皇城黄皂院子、滌除，各有指挥[20]，记省不尽[21]。

注释

①军头司：军头引见司。即御前忠佐军头引见司的简称。官署名。宋初有军头司与引见司，端拱二年（989），改军头司为御前忠佐军头司，引见司为御前忠佐引见司。后合为一司，掌诸军检阅、引见、分配之政。皇帝外出遇陈诉，负责问明情况回奏。旬休：唐宋时官员每十日休息一天，称旬休。

②阅内：考核，检阅。等子：宋武卫之士，隶军头引见司，若官员犯罪，由等子簇拥朝见。《朝野类要·故事》："军头引见司等子，旧是诸州解发强勇之人，经由递传至京师，今则只取殿前旧司捧日等指挥人兵拣为之。……等子之上，谓之忠佐军头。"相扑：古称角觝，犹今之摔跤。剑棒：指使用剑、棒者。

③使直：指挥使、班直。

④左右班：宋代殿前指挥使、诸班直各有左右班。

⑤内殿直……散指挥：属诸班。

⑥御龙左右直……骑御马：属诸直。然"钧容直"属诸班。又，习驭直、骑御马（直），今本《宋史·兵志》未见。打御从物：其义未详。打御，似有"驾御"之意。从物，抑或指马。《宋史》卷一百八十七《兵志》一："御龙直"下原注："左右二。旧号簇御马直，太平兴国二年改为簇御龙直，后改今

名。”可知。

⑦招箭班……：属诸班。

⑧殿侍诸军：指殿前司、侍卫司所属诸军。东西班：属诸班。

⑨祗候：属诸班。

⑩路：宋代将全国分为若干“路”，“路”的多少，略有变化。“路”为宋代地方区划名。对御：谓皇帝赐宴，与群臣共饮。宋蔡絛《铁围山丛谈》一：“至凡大礼后恭谢，上元节游春，或幸金明池琼花，从臣皆扈跸而随车驾，有小燕，谓之对御。”

⑪“天武”句：均为军名（番号）。即天武军、捧日军、龙卫军、神卫军。下文均同。

⑫指挥：宋承五代后唐之制，以指挥为军队编制单位。其上为厢、军，其下为都，都百人，五都为一指挥。统兵官为指挥使和副指挥使。每指挥均有番号，如骁锐第三指挥、云翼第八指挥等。北宋禁兵屯驻、更戍和出战，往往以指挥为单位。军为第二级军队编制单位，有其上设厢者，也有不设厢者，一军辖五指挥，甚至有十指挥，兵力较多。军的统兵官为军都指挥使和军都虞候。

⑬上四军：上禁兵。北宋禁兵月俸钱一贯者，称上禁兵。上禁兵仅有捧日、天武、龙卫、神卫四军，故称上四军。

⑭戍：守边。

⑮殿前司：殿前都指挥使司。步军司：侍卫亲军步军都指挥使司。均为掌管禁军的军事机构。

⑯宣效六军：据《宋史》卷一百八十七《兵志》一，“宣效”下原注载，“咸平三年，选六军窑务、军营务、天驷监效役、店宅务州兵立。景德元年，又拣本军材勇者为拣中宣效。旧五指挥，后损为二。京师。”

⑰武肃、武和：系开封驻军二部名。《宋史》卷一百八十九《兵志》三：“步兵，武和、武肃。”原注：“开封。”街道司：官署名。属都水监。掌管辖修路人员与兵士。如皇帝外出，事先整治道路，排除积水。

⑱宫观：供帝王游乐的宫馆。宅院：本指带院落的宅子，此处亦指帝王冶游之地。

⑲清卫厢军禁军剩员十指挥：据《宋史》卷一百八十八《兵志》二“清卫”军下原注载，“宣和七年，减清卫等军，令步军司拨填一般军分。”厢军禁军剩员：指从厢军、禁军中淘汰的军士。剩员，宋代军士名目。禁兵、厢兵、土兵因年老或疾病，不任征戍，保留军籍，减削军俸，在军中从事杂役，称剩员。

⑳修内司：官署名。属将作监，掌宫城、太庙修缮事务。八作司：官署名，属将作监。掌京城内外缮修事务。分泥、赤白、桐油、石、瓦、竹、砖、井等八作，所辖又有广备指挥二十一作。广固作坊：属广固军。《宋史》卷一百八十八《兵

志》二,“广固”下原注:“崇宁三年，诏添置广固兵四指挥，以备京城工役。政和五年，诏于四指挥各增置五百人入额，自今更勿差客军。”后苑作坊：当即后苑造作所，官署名，分生色、缕金等七十四作。掌制造宫廷及皇族婚娶名物。(见《宋史·职官》六）书艺局：未见著录。当指掌书计、书数之事。绫锦院：官署名，属少府监。掌织絍锦绣，以供皇帝服饰。文绣院：官署名，属少府监。以供乘舆服御及宾客、祭祀之用。内酒坊、法酒库：属光禄寺，官署名。掌造酒以供平时需用。牛羊司：官署名，属光禄寺。掌祭祀用之牲畜及宴享膳羞之用。油醋库：官署名，属光禄寺，掌供油盐之类。仪鸾司：官署名，属卫尉寺，掌供应皇帝祭祀、朝会、巡幸、宴享和内廷需用的幕帟、帷帐以及有关陈设之物。翰林司：官署名，属光禄寺。掌供果实及茶茗汤药。喝探：宋代，天子斋宿时禁卫士兵，巡逻声喝警戒。亦以称巡逻声喝的士兵。武严：所指未详。似当为夜间巡逻守卫的军士。严，古时戒夜曰严。辇官：掌管辇车的官员。辇，秦汉以后，专指帝王后妃乘坐的车子。车子院：似为车辂院。车辂院，官署名，属太仆寺。掌乘舆、法物，凡大驾、法驾、小驾供辇辂及奉引属车，辨其名数与陈列先后次序。皇城官亲从官、亲事官：皇城官为“皇城司”之误。亲从官，亲随、随从官员。亲事官，省寺所用使令者，名亲事官。亲从官、亲事官，为唐宋省寺机构吏员。黄皂（zào）院子：穿黄、黑色衣服的仆役。皂，黑色。院子：仆役。滌除：当指负责清扫皇宫的杂役。

㉑记省：记忆、回忆。

译文

军头司每旬休假一天，按考核范围内的等子、相扑手、剑棒手练习格斗。诸军营殿前指挥使直，在宫中各有左右班。其中有内殿直、散员、散都头、散直、散指挥；御龙左右直，乃是打御从物，包括御龙骨朵子直、弓箭直、弩直、习驭直、骑御马、钧容直。招箭班、金枪班、银枪班，殿前司、侍卫司所属诸军东西五班，常入祇候，则每日教习检阅野战之阵。每遇各路解送有武艺之人到京，则在皇帝赐宴与群臣共饮时表演格斗。天武、捧日、龙卫、神卫四军，各有部属二十指挥，称之为上四军，不必离京戍守边境。骁骑、云骑、拱圣、龙猛、龙骑诸军，各有部属十指挥。殿前司、步军司有虎翼军各二十指挥。虎翼水军、宣武军，各有十五指挥。神勇军、广勇军，各十指挥。飞山、床子弩、雄武、广固等指挥，诸司则有宣效六军，武肃军、武和军、街道司诸司，各军所属指挥，动辄数以百计。各处宫观宅院，各有清卫厢军禁军剩员十指挥。其余工匠、修内司、八作司、广固作坊、后苑作坊、书艺局、绫锦院、文绣院、内酒坊、法酒库、牛羊司、油醋库、仪鸾司、翰林司、喝探、武严、辇官、车子院、皇城司亲从官、亲事官、上下宫皇城黄皂院子、潫除，各自均有所属指挥，回忆所及，不能尽记。

皇太子纳妃

原文

皇太子纳妃，卤部仪仗①，宴乐仪卫②；妃乘厌翟车③，车上设紫色团盖④，四柱维幕⑤，四垂大带⑥，四马驾之。

注释

①卤部：卤簿。古代帝王驾出时扈从的仪仗队。出行之目的不同，仪式亦各别。自汉以后亦用于后妃、太子、王公大臣。唐制四品以上皆给卤簿。宋叶梦得《石林燕语》四：“唐人谓卤，橹也，甲楯之别名。凡兵卫以甲楯居外为前导，捍蔽其先后，皆著之簿籍，故曰‘卤簿’。”

②宴乐（yuè）：宴饮作乐。仪卫：仪仗与卫士的统称。文的称仪，武的称卫。

③厌翟（yā dí）车：车名。后、妃、公主所乘的车。因以翟羽为蔽，故称。翟，雉。《周礼·春官·巾车》：“王后之五路，重翟，锡面朱总。厌翟，勒面缋总。”郑玄注：“厌翟，次其羽使相迫也……厌翟，后从王宾飨诸侯所乘。”

④团盖：圆的车盖。团，圆。

⑤维：系。

⑥大带：指玉带。

译文 皇太子纳妃时，使用卤簿仪仗，宴乐时则有仪卫；太子妃乘坐厌翟车，车上设有紫色的圆形车盖，车厢四柱上系有帷幕，四角垂挂玉带，用四匹马驾车。

公主出降

原文

公主出降①，亦设仪仗、行幕、步障、水路②，凡亲王公主出则有之③。皆系街道司兵级数十人④，各执扫具、镀金银水桶，前导洒之⑤，名曰水路。用檐床数百铺设房卧⑥，并紫衫卷脚幞头天武官抬舁⑦。又有宫嫔数十⑧，皆真珠钗插、吊朵、玲珑簇罗头面⑨，红罗销金袍帔⑩，乘马双控双搭⑪，青盖前导，谓之短镫。前后用红罗销金掌扇遮簇⑫，乘金铜檐子⑬，覆以剪棕⑭，朱红梁脊，上列渗金铜铸云凤花朵⑮。檐子约高五尺许，深八尺，阔四尺许，内容六人，四维垂绣额珠帘⑯，白藤间花。匡箱之外，两壁出栏槛⑰，皆缕金花装雕木人物神仙。出队两竿十二人⑱，竿前后皆设绿丝绦，金鱼勾子勾定⑲。

注释

①出降（jiàng）：公主出嫁。帝王位尊，其女出嫁，故称降。

②行幕：出行使用的帐幕。步障：用以遮避风尘或障蔽内外的屏幕。

③亲王：皇族中封王者称亲王。

④街道司：见本卷“军头司”条注⑰。兵级：兵士。

⑤前导：本指官员出行时前列的仪仗。此指在前引导、开道。

⑥檐（dàn）床：挑着的放器物的架子。檐，通担。床，放器物的架子。房卧：指各种妆奁、饰物、应用物品，犹今之所谓嫁妆。

⑦天武：指天武军。《宋史》卷一百八十七《兵志》一，“天武”下原注：“并宽衣、锯直、左射，总指挥三十四。京师三十三，咸平一。”抬舁（yú）：抬。舁，《说文》：“舁，共举也。从臼，从廾。”

⑧宫嫔（pín）：指宫女。

⑨真珠钗（chāi）插：珍珠首饰。钗，两股笄。吊朵：也是一种头饰。簇罗头面：也是妇女头饰。簇罗，当指用罗编织而成。

⑩罗：质地轻软、经纬组织显椒眼纹的丝织品。其丝或练或不练，有生罗熟罗之分。销金：以金饰物。抑即今之洒金。裙帔（pèi）：指长披肩。

⑪控：赴。搭：配合。

⑫掌扇：古时仪仗的一种，作大扇形，有长柄，一人擎之以行。参阅宋程大昌《演繁露》十五“障扇”。遮簇：遮蔽簇拥。

⑬檐（dàn）子：肩舆之类。用竿抬。

⑭棕：棕毛或棕片。

⑮渗金：洒金。

⑯四维：四角。绣额：类似于牌匾的绣品。额，悬挂于门上的牌匾。

⑰栏槛：栏杆。

⑱出队：犹言排列成队。

⑲勾子：钩子。

译文

公主出嫁，也设有仪仗、行幕、步障、水路。凡是亲王的公主出嫁，则有这样的规格。全都由街道司的兵士数十人，各执洒扫用具，镀金的银水桶，在仪仗队前洒扫开道，叫作“水路”。用担架数百，上面铺陈安放妆奁饰物，并由身穿紫衫头戴卷脚幞头的天武军官兵扛抬。又有宫女数十名，全都头戴珍珠钗插、吊朵、玲珑簇罗头面，身披红罗销金袍帔，骑着马，两两前行，双双配合，青色盖伞为前导，叫作“短镫”。队伍前前后后用红罗销金掌扇遮蔽簇拥，公主乘坐金铜檐子，顶上用修剪过的棕片覆盖，朱红色的梁柱、檐脊，上面排列着洒金铜铸的云凤状的花朵。檐子大约高五尺多，进深八尺，阔四尺有余，其中可容纳六个人。檐子四角垂挂着饰有绣额的珠帘，上面配有白藤其间有花的图案。檐子的檐厢之外，两面厢壁处伸出栏杆，上面都有缕刻的金花，装饰着雕刻的木质人物、神仙。檐子的两竿有十二人列成两队，竿前竿后都设有绿色丝带，用金鱼状的钩子钩住。

皇后出乘舆

原文 皇太后、皇后出乘者谓之舆①，比檐子稍增广②，花样皆龙，前后簷皆剪棱③。仪仗与驾出相似而少④，仍无驾头警跸耳⑤。士庶家与贵家婚嫁⑥，亦乘檐子，只无脊上铜凤花朵。左右两军⑦，自有假赁所在⑧。以至从人衫帽、衣服从物⑨，俱可赁，不须借措⑩。余命妇王宫士庶⑪，通乘坐车子⑫，如檐子样制⑬，亦可容六人，前后有小勾栏⑭，底下轴贯两挟朱轮，前出长辕，约七八尺，独牛驾之，亦可假赁。

注释 ①舆：轿，肩舆一类。

②檐子：见本卷“公主出降”条注⑬。

③簷（yán）：同檐（yán）。凡物下覆，四边冒出的边都叫簷。此指舆簷。

④驾出：指皇帝车驾出行。

⑤驾头：宋代帝王出行时仪仗队名目之一。宋沈括《梦溪笔谈》一《故事》：“正衙法座，香木为之，加金饰，四足，堕角，其前小偃，织藤冒之。每车驾出幸，则使老内臣马上抱之，曰驾头。”警跸：古时帝王出入称警跸，左右侍卫为警，

止人清道为跸，以戒止行人。

⑥士庶：士人与庶民。

⑦左右两军：指婚嫁迎娶中的仪仗队。

⑧假赁（lìn）：租借，租赁。

⑨从物：应用之物。

⑩借：同“措”。置办。

⑪命妇：封建时代受有封号的妇女。王官：不可解。似为“王公”之误。王公，指达官贵人。

⑫通：全部，整个。

⑬样制：样子制式。

⑭勾栏：也作“钩栏”。栏杆。

译文

皇太后、皇后出行乘坐的叫作“舆”，比檐子稍为扩大些，装饰的花样全都是龙，舆的前后簷都覆盖着修剪过的棕片。出行时的仪仗队与皇帝车驾出行时规格相似而略少，不过没有驾头、警跸而已。士庶之家与富贵之家有婚嫁之事，也乘坐檐子，只是檐子脊梁上没有铜凤、花朵。檐子左右两旁的仪仗，自有租赁的地方，直至随从、衫帽、衣服到一切应用之物，都可租赁，不必自己去置办。其他如命妇、王公、士庶，全都乘坐车子，车子的样子制式如檐子，也可容纳六人，车子前后有小栏杆，车厢底下有轴横贯，在两旁钳住朱红色的车轮，车前伸出长长的车辕，长约七八尺，用一头牛驾车，也可租赁。

杂赁

原文 若凶事出殡[①]，自上而下，凶肆各有体例[②]。如方相、车轝、结络、綵帛[③]，皆有定价，不须劳力。寻常出街市干事[④]，稍似路远倦行[⑤]，逐坊巷桥市，自有假赁鞍马者，不过百钱。

注释 ①凶事：丧事。出殡：把灵柩运到埋葬或寄放的地点：

②凶肆（sì）：出售丧葬用物的店铺，体例：办事的例规。

③方相（xiàng）：上古传说中驱除疫鬼和山川精怪的神灵。古代民间多以人扮演或以竹纸扎制“方相”，用于某种场合以驱疫避邪。为上古方相氏之遗制。车轝：亦作“车舆”，车辆，车轿。结络：编织成的网状物。

④干事：办事。

⑤似：于，表示比较。有“过”的意思。倦行：倦于行走。

译文 如有丧事、出殡，从上到下，各样事情，专售丧葬用品的店铺都有一定的规矩。如方相、车轝、结络、綵帛，都有规定的价格，无须烦神劳力。平常外出到街市办事，如果稍嫌路远倦于行走，各处街坊里巷、桥头集市，自有租赁鞍马的地方，所费不超过一百文钱。

修整杂货及斋僧请道

原文 倘欲修整屋宇，泥补墙壁；生辰忌日①，欲设斋僧尼道士②，即早辰桥市街巷口③，皆有木竹匠人，谓之杂货工匠，以至杂作人夫④，道士僧人，罗立会聚⑤，候人请唤⑥，谓之罗斋。竹木作料⑦，亦有铺席。砖瓦泥匠，随手即就⑧。

注释 ①忌日：旧俗父母死亡之日禁饮酒作乐，叫忌日。后，凡祖先生日、死日，统称忌日。

②设斋：指僧道或其信徒诵经拜忏、祷祀求福等活动。

③早辰：早晨。

④杂作：各种技艺。人夫：受雇用的民夫，如脚夫，挑夫。

⑤罗立：围环站立。会聚：聚集。

⑥请唤：叫唤，招唤。

⑦作料：材料。

⑧随手：犹言随处。就：趋向、接近。此处犹言“找到”。

译文 倘若想整修房屋，用泥修补墙壁；或遇生辰、忌日，打算请僧尼、道士诵经超度先人，则每日早晨在桥市、街巷口，都有做木竹活的匠人，叫作“杂货工匠”，以至有各种手艺的民夫，道士僧人，聚集环立，等候有人来招唤，叫作“罗斋”。竹木材料，亦有专门店铺。而砖瓦泥匠，随处可以找到。

筵会假赁

原文

凡民间吉凶筵会①，椅桌陈设，器皿合盘②，酒檐动使之类③，自有茶酒司管赁④。喫食下酒⑤，自有厨司⑥。以至托盘、下请书⑦，安排坐次，尊前执事⑧，歌说劝酒⑨，谓之白席人，总谓之四司人。欲就园馆亭榭寺院游赏命客之类⑩，举意便办⑪，亦各有地分，承揽排备⑫，自有则例⑬，亦不敢过越取钱⑭。虽百十分，厅馆整肃⑮，主人只出钱而已，不用费力。

注释

①吉凶：指喜事、丧事。筵：通“宴”。

②合：通“盒”。

③酒檐：酒担。檐（dàn）：通担。动使：用具、器具。

④茶酒司：四司六局之一，主筵席上茶、酒供应等事。据《都城纪胜》“四司六局”条载，“茶酒司：掌宾客茶汤、暖荡筛酒、请座咨席、开盏歇坐、揭席迎送应干节次。”

⑤喫食：吃食，指食品。喫，吃。下酒：佐酒的菜肴、果品。

⑥厨司：厨师。

⑦请书：犹今请帖。

⑧尊前：席前。执事：供役使之人。此指在酒席间料理杂事。

⑨歌说：犹说唱。

⑩命客：宴请客人。《初学记》卷十四引晋成公绥《延宾赋》：“延宾命客，集我友生，高谈清宴，讲道研精。”

⑪举意：随意，随时。

⑫承揽：承接包揽。排办：备办、安排。

⑬则例：条例、成规。

⑭过越：过分，超越本分。取：索取。

⑮整肃：亦作“整捌”，整顿，整理，齐整。

译文

凡民间的婚嫁喜庆、丧葬等宴会，桌椅及相应陈设，各种器皿盒盘，酒担及应用器物，自有茶酒司掌管租赁。饭食菜肴，自有厨师料理。以至那些托盘送东西，下请帖，安排坐次，席前差役，说唱劝酒等等的人，叫作“白席人”，统称作“四司人”。欲到园池馆舍亭台楼榭寺庙庭院冶游玩赏、宴请宾客之类的事，随时即可办妥。然而也各有地段，有专门从事这类事的人承揽安排，且有一定的例规，更不敢过分向人索取银钱。如办宴席，即使有百十份，厅堂楼馆的整理安排，主人只是出钱而已，不必自己烦神费力。

会仙酒楼

原文

如州东仁和店、新门里会仙楼正店①，常有百十分厅馆动使②，各各足备③，不尚少阙一件④。大抵都人风俗奢侈⑤，度量稍宽⑥，凡酒店中，不问何人，止两人对坐饮酒，亦须用注碗一副⑦，盘盏两副，菓菜楪各五片⑧，水菜椀三五只⑨，即银近百两矣。虽一人独饮，盌遂亦用银盂之类⑩。其菓子菜蔬，无非精洁。若别要下酒，即使人外买软羊龟背大小骨、诸色包子、玉板鲊、生削巴子、瓜姜之类⑪。

注释

①新门：卷一“旧京城”条，新门在旧京城南城墙朱雀门右侧。正店：酒店。

②动使：应用器具。

③各各：各自，样样。

④尚：表示祈求、劝勉或命令。此有“允许”之意。阙：通“缺”。

⑤太抵：大都、大致。

⑥度量：规格、标准。《墨子·明鬼下》：“是何珪璧之不满度量，酒醴粢盛之不净洁也?”

⑦注碗：碗状酒具。宋张端义《贵耳集》卷中："高宗南渡，有将水晶注碗在榷场交易，高宗得之。"可知注碗或较名贵。

⑧楪（dié）：同"碟"。盛食物的小盘。

⑨水菜：指新鲜蔬菜。椀：通"碗""盌"。

⑩盌（wǎn）：通"碗"，盂（yú）：盛汤浆或食物的器具。

⑪软羊、龟背、大小骨：均菜名，具体未详。玉板鲊：亦作"玉版鲊"。用鳣、鲟制成的鱼干。巴子：黏结块状的东西。瓜姜：瓜果。

译文

像州东的仁和酒店、旧城新门里的会仙楼酒店，经常备有百十份厅堂楼馆中应用的器具，样样准备充足，不允许短缺一件。京城中人的时尚大都相当奢侈。如果规格稍为放宽，凡是在酒店中，不管什么人，哪怕只有两个人一起对坐饮酒，也须要用注碗一副，盘盏两副，果、菜碟各五只，新鲜蔬菜碗三五只，所费就要银子近一百两了。即使一个人独自饮酒，所用的碗具也是银盂之类的器皿，那些果子、菜蔬，没有一样不精致清洁。如果另外要下酒菜肴，就派人到外面去买软羊、龟背、大小骨、诸色包子、玉板鲊、生削巴子、瓜果之类的东西。

食店

原文 大凡食店[①]，大者谓之分茶，则有头羹、石髓羹、白肉、胡饼、软羊、大小骨、角炙犒腰子、石肚羹、入炉羊、罨生软羊面、桐皮面、姜泼刀、回刀、冷淘、棊子、寄炉面饭之类[②]。喫全茶[③]，饶虀头羹[④]。更有川饭店[⑤]，则有插肉面、大燠面、大小抹肉、淘煎燠肉、杂煎事件、生熟烧饭[⑥]，更有南食店[⑦]，鱼兜子、桐皮熟脍面、煎鱼饭[⑧]。又有瓠羹店[⑨]，门前以枋木及花样沓结缚如山棚[⑩]，上挂成边猪羊[⑪]，相间三二十边。近里门面窗户，皆朱绿装饰，谓之驩门[⑫]。每店各有厅院东西廊，称呼坐次[⑬]。客坐，则一人执箸纸[⑭]，遍问坐客。都人侈纵[⑮]，百端呼索[⑯]，或热或冷，或温或整，或绝冷、精浇、膔浇之类[⑰]，人人索唤不同[⑱]。行菜得之[⑲]，近局次立[⑳]，从头唱念，报与局内。当局者谓之铛头[㉑]，又曰着案。讫，须臾，行菜者左手杈三椀，右臂自手至肩，驮叠约二十碗，散下尽合各人呼索，不容差错。一有差错，坐客白之主人，必加叱骂，或罚工价，甚者逐之[㉒]。吾辈入店则用一等琉璃浅稜椀[㉓]，谓之碧椀，亦谓之造羹，菜蔬精细，谓之造虀，每碗十文。面与肉相停㉔，谓之合羹。又有单羹，乃半箇也㉕。旧只用匙，今皆用筯矣。更有插肉、拨刀、炒羊，细物料棊子、馄饨店㉖。及有素分茶㉗，如寺院斋食也。又有菜面，胡蝶虀肐肶㉘，及卖随饭、荷包白饭、旋切细料馉饳儿、瓜虀、罗蔔之类㉙。

注释

①食店：饮食店、点心店。

②头羹：一种类似杂烩的食品。石髓羹：宋代菜肴。石髓，即石钟乳。古人用于服食，也可入药。石髓羹或即用石髓做成。白肉：宋代肉食品，指砧压去油之肉，亦泛指熟猪肉。宋耐得翁《都城纪胜·食店》："又有误名之者，如呼熟肉为白肉是也，盖白肉别是砧压去油者。"胡饼：烧饼。角炙犒（kào）腰子、石肚羹、入炉羊，以上三样，具体不详。罨（yǎn）生软羊面：罨生，犹言"生腌"。桐皮面、姜泼刀、回刀，未详。冷淘：过水面及凉面一类食品。杜甫有《槐叶冷淘》诗。仇兆鳌注："朱曰：以槐叶汁和面为冷淘。"棊子：状如棋子的食品。宋朱弁《曲洧旧闻》卷三载，"美叔退谓人曰：'丞相变家风矣。'问之，对曰：'盐豉棋子而上有肉两簇，岂非变家风乎。'"棊，同"棋"。寄炉面饭：当指在炉中烹煮的面饭。

③全茶：犹言套茶。

④饶：犹“让”，即奉送之意。齑（jī）头羹：未详。齑，指细切后用盐酱等浸渍的蔬果，如腌菜、酱菜、果酱之类。亦指作调味用的姜、蒜、葱、韭等菜的碎末。

⑤川饭店：四川风味的饭店。

⑥插肉面：煮肉面。插：同“馇”，熬煮。大燠面：燠（yù），腌藏食品的一种方法。将肉类在油中熬熟，拌以盐酒和佐料，油渍在瓮中，以备取食。大燠面，当指燠肉面。大小抹肉：未详。淘煎燠肉：似将燠肉洗净后煎食。事件：家禽家畜的内脏。生熟烧饭：未详。

⑦南食店：南方风味的饮食店。

⑧鱼兜子：亦作“鱼兜”，方言，用鱼肉加鸡蛋、淀粉等做成的丸子。

⑨瓠羹：用瓠叶制成的菜肴。

⑩枋木：长形的木条。沓（qǐ）：同“启”，星名。此处疑有误，似当为“沓”（tà），重叠。结缚：结扎捆绑。山棚：结彩的牌楼。

⑪成边：成片。一半为一片。

⑫驩门：用彩帛等装饰的门窗。驩，通“欢”。

⑬称呼：招呼，安排。

⑭筯（zhù）纸：筯，通“箸”，筷子。纸，未详，或如今之菜单。

⑮侈纵：奢侈放纵。

⑯呼索：呼叫索取。

⑰精浇：精肉浇头。臕浇：肥肉浇头。臕（biāo），同“膘”，指肥肉。

⑱索唤：索要呼唤。

⑲行菜：饮食店的堂倌，跑堂。

⑳局：此当指厨房。

㉑铛（chēng）头：执掌烹饪的厨师。

㉒逐：驱赶。此处指辞退。

㉓稜（léng）：也作“棱”，物体上的边角。

㉔相停：相等，均等。

㉕箇：同“个”“個”。半箇，当指一半

㉖拨刀：未详何物。碁子：上文的棊子，同“棋”。

㉗素分茶：专供素食的饮食店。

㉘胞膇（gē da）：面粉类制成的块状软食品。即面疙瘩。

㉙随饭：未详。荷包白饭：当指用荷叶包裹的白米饭。馉饳（gǔ duò）儿：一种面制食品。瓜虀：当指切细的瓜类食品。

译文 大抵在京城中的饮食店，大的叫作“分茶”。店中供应的有头羹、石髓羹、白肉、胡饼、软羊、大小骨、角炙犒腰子、石肚羹、入炉羊、罨生软羊面、桐皮面、姜泼刀、回刀、冷淘、棊子、寄炉面饭之类的食品。如果客人吃全茶，则奉送虀头羹。还有四川风味的饭店，则有插肉面、大燠面、大小抹肉、淘煎燠肉、杂煎事件、生熟烧饭等供应。还有南方风味的饮食店，有鱼兜子、桐皮熟脍面、煎鱼饭。又有瓠羹店，店门前用长条木及各种花样重叠，捆扎成结彩的牌楼模样，上面挂着宰好的成片的猪羊。猪羊相间，有三二十片。靠近门面窗户处，都用朱绿等彩帛装饰，叫作“驩门”。每一家店各自都有厅堂庭院、东西廊，以招呼并安排客人的座位。待客人落坐，则有一人手拿筷子、菜单，一一询问客人所要何物。京城中人奢侈放纵，百般呼叫索要，有要热的，有要冷菜，有要温的，也有要整桌的，还有的或要绝冷的，或要精浇，或要膔浇之类的，人人索要的菜肴各不相同。堂倌得到后，站在靠近厨房的地方，从头开始将菜单念唱，报给厨房内。掌勺的叫作“铛头”，又叫“着案”。待报毕，不一会，堂倌即左手叉着三只碗，右臂从手一直到肩上，重叠着约有二十碗，散发给客人，都符合客人所点的饮食，而不容许有差错。一旦发生差错，座中客人告诉主人，主人必定对堂倌加以呵叱责骂，或者扣罚工钱，严重的，则将堂倌辞退。我们这种人到店里，就使用一等琉璃浅稜碗，叫作“碧碗”，也叫作“造羹”，菜肴做得精细，叫作造虀，每碗十文铜钱。面与肉的数量大致相等，叫作“合羹”。又有“单羹”，即只有一半。原来只用汤匙，现今都使用筷子了。还有插肉、拨刀、炒羊、细物料棋子、馄饨店。此外还有专供素食的分茶，就像寺院的素斋食品。还有菜面，蝴蝶状加虀的面疙瘩，以及随饭、荷包白饭、现切细料馉饳儿、瓜虀、萝卜之类的食品。

肉行

原文 坊巷桥市，皆有肉案，列三五人操刀，生熟肉从便索唤①，阔切片批②，细抹顿刀之类③。至晚即有燠爆熟食上市④。凡买物不上数钱得者是数⑤。

注释 ①从便：任意、随便。索唤：此有选取、挑选的意思。

②批：薄切。

③抹：割，切。顿刀：一种割肉法。

④燠爆（yù bào）：两种烹饪方法。燠，见本卷“食店”条注⑥。爆：将鱼、肉等切片置热油中快速煎炒，或置沸水中稍微一烫即取出，吃时现蘸作料。

⑤“凡买物”句：颇难解。或许，“不上数钱得者是数”，意为“不足一定的钱数，得到的是这个数额的东西。”

译文 街坊里巷、桥头街市，到处都有肉案，一行三五人站立，执刀卖肉，生、熟肉任意挑选，阔切的、片批的、细抹的、顿刀的各类都有。到了晚上即有燠爆的熟食上市。凡是买东西不足一定的钱数，得到的是这个钱数的东西。

饼店

原文 凡饼店有油饼店，有胡饼店[①]。若油饼店，即卖蒸饼、糖饼[②]，装合、引盘之类[③]。胡饼店即卖门油、菊花、宽焦、侧厚、油砀、髓饼、新样、满麻[④]，每案用三五人捍剂卓花入炉[⑤]。自五更卓案之声远近相闻。唯武成王庙前海州张家[⑥]、皇建院前郑家最盛，每家有五十余炉。

注释 ①胡饼：烧饼。其制作之法出于胡地，故名。后赵石勒讳胡字，改称麻饼。

②蒸饼：馒头，亦称笼饼。

③引盘：置放在盘中。

④门油：饼名，制作未详。菊花：饼名，未详。宽焦：亦称“宽焦薄脆”。一种又薄又脆的油炸食品，犹今之薄脆。明胡侍《真珠船·侧厚》：“宽焦，即《武林旧事》所谓宽焦薄脆者，今京师但名薄脆。”侧厚：饼名，制作未详。油砀：油煎大饼。髓饼：饼名。北魏贾思勰《齐民要术·饼法》载，“髓饼法：以髓脂、蜜，合和面；厚四五分，广六七寸；便著胡饼炉中，令熟。”新样、满麻：饼名。制作未详。

⑤捍（gǎn）剂：擀切。剂，切、割。卓花：未详。然据上下文，当指在桌案所做各种花式的饼。卓，通桌。

⑥海州张家：张家系海州人。

译文

京城中大抵饼店有油饼店，有胡饼店。像油饼店，就卖馒头、糖饼，或装盒，或置盘中。胡饼店，则卖门油、菊花、宽焦、侧厚、油碢、髓饼、新样、满麻等各式点心。每张桌案由三五个人擀、切各种烧饼入炉烘制。每天自五更起，桌案之声远近都能听到。但只有武成王庙前的海州张家、皇建院前的郑家饼店生意最为兴盛，每家各有五十余个烘饼的烘炉。

鱼行

原文 卖生鱼则用浅抱桶[1]，以柳叶间串，清水中浸，或循街出卖，每日早惟新郑门、西水门、万胜门，如此生鱼有数千檐入门[2]。冬月即黄河诸远处客鱼来[3]，谓之“车鱼”，每斤不上一百文。

注释 ①生鱼：活鱼。抱桶：一种不大的木桶。抱，两臂合围的距离称抱。

②檐（dàn）：通“担”。

③客鱼：别地之鱼。客，他处，他乡。

译文 卖活鱼的用浅抱桶，将鱼用柳叶间隔串起，放在桶中用清水浸养，或者沿街叫卖。每日一早仅新郑门、西水门、万胜门，像这样的活鱼，就有数千担入城。冬天就有从黄河等远处运来的客鱼，叫作“车鱼”，每斤不到一百文。

卷第五

民俗

原文 凡百所卖饮食之人[①]，装鲜净盘合器皿，车檐动使，奇巧可爱，食味和羹[②]，不敢草略[③]。其卖药卖卦，皆具冠带[④]。至于乞丐者，亦有规格。稍似懈怠，众所不容。其士农工商[⑤]，诸行百户，衣装各有本色[⑥]，不敢越外。谓如香铺裹香人[⑦]，即顶帽披背[⑧]；质库掌事[⑨]，即着皂衫角带[⑩]、不顶帽之类。街市行人，便认得是何色目[⑪]。加之人情高谊[⑫]，若见外方之人，为都人凌欺，众必救护之。或见军铺收领到斗争公事[⑬]，横身劝救[⑭]，有陪酒食檐官方救之者[⑮]，亦无惮也[⑯]。或有从外新来邻左居住[⑰]，则相借措动使[⑱]，献遗汤茶[⑲]，指引买卖之类。更有提茶瓶之人[⑳]，每日邻里，互相支茶[㉑]，相问动静。凡百吉凶之家，人皆盈门。其正酒店户[㉒]，见脚店三两次打酒[㉓]，便敢借与三五百两银器，以至贫下人家，就店呼酒，亦用银器供送。有连夜饮者，次日取之。诸妓馆只就店呼酒而已，银器供送，亦复如是。其阔略大量[㉔]，天下无之也。以其人烟浩穰[㉕]，添十数万众不加多，减之不觉少。所谓花阵酒池，香山药海。别有幽坊小巷、燕馆歌楼㉖，举之万数，不欲繁碎。

注释

①百：喻多。指各种各样。

②和羹：用不同调味品配制的羹汤。

③草略：粗率疏略。

④具：备办。此指穿戴。冠带：帽子和腰带，也指戴帽束带。

⑤士农工商：古代所谓四民。据《谷梁传》成公元年，“古者有四民：有士民、有商民、有农民、有工民。”士，士子和庶民。工：从事各种手工业的匠人。

⑥本色：原指本来的颜色，此当指各行业的特色，本行业的特点。

⑦裹香：缠香，即制香。

⑧顶帽：宋代的一种圆顶便帽。披背：未详。或为披肩。

⑨质库：当铺。掌事：掌管事务。

⑩皂衫：黑色短袖单衣。《宋史·舆服志》五：“进士则幞头、襕衫、带，处士则幞头、皂衫、带。”角带：以角为饰的腰带。宋时下级官吏及庶民服饰。宋王明清《玉照新志》卷二：“以大观元年十一月除通直郎，试中书舍人，赐三品服，故事三品服角带佩金鱼为饰。”

⑪色目：泛指家世、身份、姿色、技艺等。此指身份。

⑫高谊：以情谊为高，即重情义。

⑬军铺：军巡铺，防盗防火的哨所。收领：拘捕。斗争：斗殴争吵。公事：官事、案件。

⑭横身：从中插身进去；挺身，置身。

⑮陪酒食：陪上酒食。檐（dàn）：通“担”。本为举、负荷之意，此有“承担”之意。檐官方，即承担官府的压力。

⑯惮（dàn）：畏惧。

⑰邻左：邻居，左邻右舍，四邻。

⑱借：同措。

⑲献遗（wèi）：赠送。汤茶：茶水。

⑳提茶瓶：据宋耐得翁《都城纪胜·茶坊》载，“提茶瓶，即是趁赴充茶酒人，寻常月旦望，每日与人传话往还，或讲集人情分子。又有一等，是街司人兵，以此为名，乞见钱物，谓之龊茶。”

㉑支茶：送茶，支，付。

㉒正酒店户：酒家。店户：店家。正店，酒店。

㉓脚店：小零卖的酒店。

㉔阔略：粗疏，不讲究。大量：数量多。阔略大量：指酒店对借出银器不计较且数量大。

㉕人烟：指人家。浩穰：人众多貌。

㉖燕：通“宴”。

译文 京城中凡是各种出售饮食的人，都备有鲜亮干净的盘盒器皿；车、担上的各种应用器具，都新奇精巧，十分可爱；对食物的滋味、调和的羹汤，更是不敢草率马虎。那些卖药卖卦之人，也都戴帽束带。以至于那些沿街行乞者，也有他们的规矩，稍有懈怠之状，即为众人所不容。而那士人、农民、工匠、商贾，及各行各业、各种店家，所着衣装各有本行业的特点，不敢越出分外。例如香铺中的裹香人，就戴顶帽，围披背；当铺中的管事，则身穿黑色短袖单衣，腰束角带，而不戴顶帽，等等，街市上的行人，一看便能区分出对方是何身份。而且，当时之人以情谊为重，如见外乡之人被京城中人欺凌，众人必定会救护他。有的人遇见被军巡铺拘捕的斗殴争吵案件中的人，也会挺身劝阻救助，有的即使要陪上酒食，承担官方压力而去救助他人，也不惧怕。或者有从外地新来的在四邻居住，则纷纷借给他们各种日用器具，送去茶水，指点买卖东西的处所，等等。还有那些“提茶瓶”的人，每日在邻里间走动，为人送茶，相互询问各自的情况。大抵遇到各种吉、凶之事的人家，都来客盈门。那些大酒店，遇见卖零酒的脚店三两次前来打酒，就敢借给他价值三五百两的银器，甚至那些贫困人家，到店里来呼唤送酒，也用银器供给传送。有通宵饮酒的，则到第二天才去将银器取回。各家妓馆只到酒店呼唤送酒，而酒店用银器供给传送，也同样如此。那些酒店出借银器时的粗疏及数量之大，是天下没有的。京城中人口浩穰，增加十余万之众不觉多，减少十余万人也不觉少。这就是所谓的花阵酒池，香山药海。然而京城中也别有幽坊小巷，宴馆歌楼，而且数以万计，不准备繁杂琐碎一一遍记。

京瓦伎艺

原文 崇观以来[①]，在京瓦肆伎艺[②]，张廷叟《孟子书》[③]。主张小唱李师师、徐婆惜、封宜奴、孙三四等[④]，诚其角者[⑤]。嘌唱弟子张七七、王京奴、左小四、安娘、毛团等[⑥]。教坊减罢并温习张翠盖、张成[⑦]，弟子薛子大、薛子小、俏枝儿、杨总惜、周寿奴、称心等般杂剧[⑧]。杖头傀儡任小三[⑨]，每日五更头回小杂剧，差晚看不及矣[⑩]。悬丝傀儡张金线[⑪]。李外宁，药发傀儡[⑫]。张臻妙、温奴哥、真个强、没勃脐、小掉刀，筋骨上索杂手伎[⑬]。浑身眼、李宗正、张哥，毬杖踢弄[⑭]。孙宽、孙十五、曾无党、高恕、李孝详，讲史[⑮]。李慥、杨中立、张十一、徐明、赵世亨、贾九，小说[⑯]。王颜喜、盖中宝、刘名广，散乐[⑰]。张真奴，舞旋[⑱]。杨望京，小儿相扑、杂剧、掉刀、蛮牌[⑲]。董十五、赵七、曹保义、朱婆儿、没困驼、风僧哥、俎六姐，影戏[⑳]。丁仪、瘦吉等弄乔影戏[㉑]。刘百禽弄虫蚁[㉒]。孔三传、耍秀才，诸宫调[㉓]。毛详、霍伯丑商谜[㉔]。吴八儿合生[㉕]。张山人说诨话[㉖]。刘乔、河北子、帛遂、胡牛儿、达眼五、重明乔、骆驼儿、李敦等杂喷[27]。外入孙三神鬼[28]。霍四究说三分[29]。尹常卖五代史[30]。文八娘叫果子[31]。其余不可胜数。不以风雨寒暑，诸棚看人[32]，日日如是。教坊、钧容直[33]，每遇旬休按乐[34]，亦许人观看。每遇内宴前一月[35]，教坊内勾集弟子小儿[36]，习队舞作乐[37]，杂剧节次[38]。

注释

①崇观：崇宁（1102—1106）、大观（1107—1110），宋徽宗年号。

②瓦肆：瓦子，亦作瓦市、瓦舍。宋元时大城市里娱乐场所集中的地方。有表演杂剧、曲艺、杂技等的勾栏，也有卖药、估衣、饮食等店铺。伎艺：指有技艺的人。

③张廷叟：当时艺人。擅长《孟子书》。

④主张：主持，主理。小唱：宋代伎艺，属于大曲一类。宋耐得翁《都城纪胜》："唱叫、小唱，谓执板唱慢曲、曲破。大率重起轻杀，故曰浅斟低唱，与四十大曲舞旋为一体。"李师师等：当时艺人。李师师，宋汴京人，本姓王，染局匠之女，四岁父死，遂入娼籍李家。为名妓，色艺双绝，慷慨有侠名，号"飞将军"。徽宗微行，屡至其家。徽宗禅位后，她曾献资助饷抗金，并乞为女冠。靖康元年（1126），钦宗命籍没其家。

⑤角：角色、人物。一说犹“佼”。美好出众。

⑥嘌（piāo）唱：宋代伎艺。属小曲一类。击鼓、盏掌握节拍。耐得翁《都城纪胜》：“嘌唱，谓上鼓面唱令曲小词，驱驾虚声，纵弄宫调，与叫果子、唱耍曲为一体。”弟子：宋元时用以称妓女。宋朱彧《萍洲可谈》卷三：“近世择姿容，习歌舞，迎送使客侍宴女子，谓之弟子，其魁谓之行首。”张七七等：嘌唱弟子。

⑦教坊：唐代始设，专管雅乐以外的音乐、歌唱、舞蹈、百戏的教习、排练、演出等事务。宋元两代也有教坊，管理宫廷音乐。减罢：当指“裁减下来”。

⑧般杂剧：表演杂剧。般，通“搬”。表演，扮演。杂剧：古时，有多种以杂剧为名的表演形式，其特点各有不同。宋代，是各种滑稽表演、歌舞、杂戏的统称。是唐代参军戏和其他歌舞杂戏的进一步发展。北宋时盛行于汴梁。南宋时临安亦甚流行。演出一般由末泥、引戏、副末、副净四人组成，或添一人，名装孤。宋杂剧的脚本已失传。南宋时，南方的杂剧逐渐发展为宋元南戏；北方的杂剧逐渐发展为元杂剧。弟子：此处当指学生。

⑨杖头傀儡：宋代对杖头木偶的称谓。任小三：为当时著名杖头木偶艺人。

⑩小杂剧：滑稽小戏，杂剧中之“爨”或傀儡戏中的小戏，

均有此称。差晚：略晚、稍晚。

⑪悬丝傀儡：宋代对提线木偶的称谓。张金线：为当时著名悬丝傀儡艺人。

⑫药发傀儡：亦作“药法傀儡”，宋代傀儡戏的一种。演出情况可参看前言。

⑬杂手伎：亦作“杂手艺”。杂技，杂耍。宋魏泰《东轩笔录》卷二：“一日宴官僚于斋厅，有杂手伎，俗谓弄碗注者献艺于庭。”

⑭毬（qiú）杖踢弄：宋代的一种技艺表演。毬杖，亦作“毬仗”。古时击球用具。

⑮讲史：亦称“讲史书”“说史书”“演史”。宋元说唱艺术。“说话”的一科。宋耐得翁《都城纪胜》：“讲史书者，谓讲说《通鉴》、汉唐历代书史文传、兴废争战之事。”元代时称“平话”。其话本今存《五代史平话》《宣和遗事》等，多用浅近文言，是我国小说史上最早具有长篇规模的作品。讲史同后世之评书、评话关系密切，一般以为后者是前者的直接发展。

⑯小说：宋代说唱艺术。“说话”的一科。宋耐得翁《都城纪胜》：“说话有四家。一者小说，谓之银字儿，如烟粉、灵怪、传奇。”

⑰散乐：古代乐舞名词。《周礼·春官·旄人》：“掌教舞散乐、舞夷乐。”郑玄注：“散乐，野人为乐之善者，若今黄门倡

矣。”原指周代民间乐舞，南北朝后，成为百戏的同义语。《旧唐书·音乐志》：“散乐者，历代有之，非部伍之声，俳优歌舞杂奏……如是杂变，总名百戏。”宋元以后亦用以指民间艺人。

⑱舞旋：古代一种回旋的舞蹈。宋周辉《清波杂志》卷六载，“翌日，上问辅臣：‘记得有艺。’盖记其工篆学也。章申国对云：‘会舞旋。’上遽云：‘如此岂可使一路！’遂罢。”

⑲小儿相扑：未详。或是扮作小儿状相扑。掉刀：古代一种战刀，此当指舞掉刀。蛮牌：用南方产的粗藤做的盾牌。

⑳影戏：宋代伎艺，即现代的皮影戏、纸影戏。北宋时已有。宋吴自牧《梦粱录》：“元汴京初以素纸雕簇，自后人巧工精，以羊皮雕形，用以彩色妆饰，不致损坏。……其话本与讲史书者颇同，大抵真假相半。公忠者雕以正貌，奸邪者刻以丑形，盖亦寓褒贬于其间耳。”

㉑弄乔影戏，即表演乔影戏。古代百戏乐舞中称扮演角色或表演节目为“弄”。乔影戏：宋代伎艺，影戏的一支。“乔”是滑稽之意，即滑稽影戏。北宋时已有。

㉒虫蚁：对禽鸟等小动物的通称。

㉓诸宫调：宋、金、元间的一种说唱文学。以同一宫调的曲牌组成短套，再用不同宫调的短套杂以说白，组成长篇说唱故事。宋王灼《碧鸡漫志》卷二：“熙丰、元祐间……泽州

孔三传者，首创诸宫调古传，士大夫皆能诵之。”

㉔商谜：宋代伎艺。或以为是“说话”家数之一。是用猜谜斗智以娱乐观众的伎艺。耐得翁《都城纪胜》：“商谜旧用鼓板吹〔贺圣朝〕，聚人猜诗谜、字谜、戾谜、社谜，本是隐语。”

㉕合生：一作“合笙”，古代伎艺，名称始见于唐。《新唐书·武平一传》：“始自王公，稍及闾巷；妖妓胡人，街童市子，或言妃主情貌，或列王公名质、咏歌蹈舞，号曰合生。”宋代亦有合生，宋洪迈《夷坚志·支乙》卷六：“江浙间路岐伶女有慧黠知文墨，能于席上指物题咏，应命辄成者，谓之‘合生’。其滑稽含玩讽者，谓之‘乔合生’。”

㉖说诨话：宋代说唱艺术，一种滑稽诙谐的说唱。宋王灼《碧鸡漫志》卷二：“长短句作滑稽无赖语，起于至和。嘉祐之前，犹未盛也。熙宁、元丰间，兖州张山人以诙谐独步京师，时出一两解。”

㉗杂哳：杂扮。也作“杂班”“纽元子”“拔和”。古代戏曲名词。耐得翁《都城纪胜》：“杂扮或名杂班，又名纽元子，又名技（拔）和。乃杂剧之散段。在京师时，村人罕得入城，遂撰此端，多是借装为山东、河北村人以资笑。今之打和鼓、拈稍子、散耍皆是也。”

㉘神鬼：当指装神弄鬼。

㉙说三分：宋元讲史之一，说讲三国故事。话本有《三国志

平话》。

㉚五代史：宋元讲史之一，说讲五代故事。话本有《五代史平话》。

㉛叫果子：宋代说唱艺术，模仿各种叫卖的市声。宋高承《事物纪原·吟叫》："嘉祐末，仁宗上仙，四海遏密。故市井初有叫果子之戏。盖自至和、嘉祐之间，叫'紫苏丸'，洎乐工杜人经'十叫子'始也。京师凡卖一物，必有声韵，其吟哦俱不同，故市人采其声调，间以词章，以为戏乐也。"

㉜看人：观众。

㉝钧容直：宋殿前司骑军武职官，由通晓音乐者组成。宋高承《事物纪原》二，引《宋朝会要》："钧容，军乐也。太平兴国三年，诏籍军中之善乐者，命曰引龙直。每巡省游幸，则骑导车驾而奏乐。端拱二年，又选捧日等军晓畅音律者，增多其数。蕃臣以乐工进，亦隶之。淳化三年，改名钧容直，取钧天之义。"

㉞旬休：每十天休息一天，称旬休。按乐：击乐。按，击。《文选》楚宋玉《招魂》："陈钟按鼓，造新歌些。"唐刘良注："按，犹击也。"宋江休复《江邻几杂志》载，"教坊伶人嘲钧容直乐云：'钧容击鼓，百面如一。'教坊不如他齐整，打一面如打百面，可谓婉而皎。"可知"按乐"，实即击鼓。

㉟内宴：皇宫内的宴会。

㊱勾集：召集。弟子：梨园弟子，演员。小儿：指青少年。

㊲队舞：唐宋宫廷歌舞形式之一。唐代有《菩萨蛮队舞》《叹百年队舞》。宋代队舞有小儿队和女弟子队。小儿队有柘枝队、剑器队、婆罗门队、醉胡腾队、诨臣万岁乐队、儿童感圣乐队、射雕回鹘队等十队。女弟子队有菩萨蛮队、感化乐队、抛球乐队、佳人剪牡丹队、拂霓裳队、采莲队、凤迎乐队、菩萨献香花队、彩云仙队、打球乐等十队。队舞的节目，有的即大曲，有的与大曲结构相似，一般分“散序”“中序”“入破”“彻”等几部分。(见《宋史·乐志》)

㊳节次：逐次，逐一，依次。

译文 崇宁、大观以来，在京城瓦肆中的著名艺人很多。张廷叟说唱《孟子书》。主持小唱的李师师、徐婆惜、封宜奴、孙三四等，确实称得上是小唱艺人中的名角。嘌唱弟子张七七、王京奴、左小四、安娘、毛团等最为著名。教坊中裁减然仍在练习的张翠盖、张成，及其弟子薛子大、薛子小、俏枝儿、杨总惜、周寿奴、称心等，演杂剧。杖头傀儡任小三最为著名，每日五更时即上演头回小杂剧，稍稍晚去便看不上了。悬丝傀儡有张金线。李外宁以药发傀儡著称。张臻妙、温奴哥、真个强、没勃脐、小掉刀等人，身上捆着绳索演出杂手伎。浑身眼、李宗正、张哥，表演毬杖踢弄。孙宽、孙十五、曾无党、高恕、李孝详，专门讲史。李慥、杨中立、张十一、徐明、赵世亨、贾九，擅长小说。王颜喜、盖中宝、刘名广，表演散乐。张真奴，舞旋最佳。杨望京，擅演小儿相扑、杂剧、掉刀、蛮牌。董十五、赵七、曹保义、朱婆儿、没困驼、风僧哥、俎六姐，专演影戏。丁仪、瘦吉等表演滑稽影戏。刘百禽表演各种禽鸟。孔三传、耍秀才专演唱诸宫调。毛详、霍伯醜演商谜。吴八儿演合生。张山人专说诨话。刘乔、河北子、帛遂、胡牛儿、达眼五、重明乔、骆驼儿、李敦等，以杂扮著称。外来的孙三善扮神鬼。霍四究专门说唱"三分"。尹常卖则说唱五代史。文八娘以叫果子闻名。其余艺人，不可胜数。不论刮风下雨、阴晴寒暑，各看棚中的观众，日日拥挤。教坊、钧容直，每遇旬休之日练习击鼓，也允许百姓观看。每逢皇宫内宴会前一个月，教坊中就召集弟子、小儿，练习队舞、奏乐，杂剧则逐一演出。

娶妇

原文 凡娶媳妇，先起草帖子[①]，两家允许，然后起细帖子[②]，序三代名讳[③]，议亲人有服亲田产官职之类[④]。次檐许口酒[⑤]，以络盛酒瓶[⑥]，装以大花八朵、罗绢生色或银胜八牧[⑦]，又以花红缴檐上[⑧]，谓之“缴檐红”，与女家。女家以淡水二瓶，活鱼三五个，筯一双[⑨]，悉送在元酒瓶内[⑩]，谓之“回鱼筯”。或下小定、大定[⑪]，或相媳妇与不相[⑫]。若相媳妇，即男家亲人或婆往女家看中[⑬]，即以钗子插冠中，谓之“插钗子”；或不入意[⑭]，即留一两端綵段与之压惊[⑮]，则此亲不谐矣[⑯]。其媒人有数等，上等戴盖头[⑰]，着紫背子[⑱]，说官亲宫院恩泽[⑲]；中等戴冠子[⑳]，黄包髻[㉑]，背子，或只系裙，手把青凉伞儿[㉒]，皆两人同行。下定了[㉓]，即旦望媒人传语[㉔]。遇节序[㉕]，即以节物头面羊酒之类追女家[㉖]，随家丰俭[㉗]，女家多回巧作之类[㉘]。次下财礼[㉙]，次报成结日子[㉚]，次过大礼[㉛]。先一日，或是日早，下催妆冠帔花粉[㉜]，女家回公裳花幞头之类[㉝]。前一日，女家先来挂帐，铺设房卧[㉞]，谓之“铺房”。女家亲人有茶酒利市之类[㉟]。

至迎娶日，儿家以车子或花檐子发迎客㊱，引至女家门㊲，女家管待迎客㊳，与之綵段，作乐催妆上车檐，从人未肯起，炒咬利市㊴，谓之“起檐子”，与了然后行。迎客先回至儿家门，从人及儿家人乞觅利市钱物花红等㊵，谓之“栏门”。新妇下车子，有阴阳人执斗㊶，内盛谷豆钱菓草节等㊷，呪祝望门而撒㊸，小儿辈争拾之，谓之“撒谷豆”，俗云厌青羊等杀神也㊹。新人下车檐，踏青布条或毡席，不得踏地，一人捧镜倒行，引新人跨鞍蓦草及秤上过㊺，入门于一室内，当中悬帐，谓之“坐虚帐”；或只径入房中，坐于床上，亦谓之“坐富贵”。其送女客，急三盏而退，谓之“走送”。众客就筵三盃之后，婿具公裳、花胜簇面㊻，于中堂昇一榻㊼，上置椅子，谓之“高坐”，先媒氏请，次姨氏或妗氏请㊽，各斟一盃饮之；次丈母请，方下坐。新人门额㊾，用綵一段，碎裂其下，横抹挂之㊿，婿入房，即众争撦小片而去(51)，谓之“利市缴门红”(52)。婿于床前请新妇出，二家各出綵段，绾一同心(53)，谓之“牵巾”，男挂于笏(54)，女搭于手，男倒行出，面皆相向，至家庙前参拜毕(55)，女复倒行，扶入房讲拜(56)，男女各争先后，对拜毕，就床，女向左，男向右坐，妇女以金钱綵菓散掷，谓之“撒帐”。男左女右，留少头发[57]，二家出疋段、钗子、木梳、头须之类[58]，谓之“合髻”。然后用两盏以綵结连之[59]，互饮一盏，谓之“交盃酒”。饮讫，掷盏并花冠子于床下，盏一仰一合，俗云大吉，则众喜贺。然后掩帐讫，宫院中即亲随人抱女婿去[60]，已下人家即行出房，参谢诸亲，复就坐饮酒。散后，次日五更用一卓盛镜台镜子于其上[61]，望上展拜[62]，谓之“新妇拜堂”。次拜尊长亲戚，各有綵段巧作鞋枕等为献，谓之“赏贺”。尊长则复换一疋回之，谓之“答贺”。婿往参妇家，谓之“拜门”。有力能趣办[63]，次日即往，谓之“复面拜门”，不然，三日七日皆可，赏贺亦如女家之礼。酒散，女家具鼓吹从物迎婿还家[64]。三日，女家送綵段油蜜蒸饼，谓之“蜜和油蒸饼”。其女家来作会[65]，谓之“煖女”[66]。七日则取女归，盛送綵段头面与之，谓之“洗头”。一月则大会相庆，谓之“满月”。自此以后，礼数简矣[67]。

注释

①起：起草。草帖子：简略的庚帖，即写有男、女方年庚（出生年、月、日、时）的帖子。

②细帖子：详细的庚帖。

③序：按次第叙写。三代：指曾祖、祖、父三代。名讳：旧

指尊长或所尊敬之人的名字。旧时生前曰名，死后曰讳。分用义异，合用义同名字，但含有敬意。

④议亲：议婚、说亲。服亲：指近亲。古时，表服制度以亲疏为等差，五服内为近亲。

⑤檐（dàn）：担。挑。许口酒：犹许亲酒，即应允亲事之酒。

⑥络：网状物。

⑦罗绢：均为丝织品。生色：生动鲜明的色彩。银胜：古时妇女所戴头饰。一种剪银箔为人形的綵花。宋陆游《残腊》诗之二："乳糜但喜分香钵，银胜那思映綵鞭。"

⑧花红：指红绸，以示喜庆。缴（jiǎo）：缠绕。捆扎。

⑨筯（zhù）：同"箸"，筷子。

⑩元："原"。

⑪小定：旧时缔结婚姻的初步手续，男家向女家用饰物等作为定礼。明顾起元《客座赘语·礼制》："今留都初缔姻，具礼往拜女家，曰'谢允'，次具仪，曰'小定'。"大定：未详，或指定礼更为丰盛。

⑫相（xiàng）：视，观察。

⑬亲人：指男家的直系亲属。婆：母亲或母亲一辈的女人。

⑭不入意：不中意。

⑮端：古时布帛长度单位。绢曰匹，布曰端。古绢以四丈为一匹，布以六丈为一端。唐以四丈为匹，六丈为端。綵段：彩色绸锻。

⑯谐：和合、协调。

⑰盖头：旧时妇女外出时，用以蔽尘的面巾披肩。宋周辉《清波别志》卷中：“士大夫于马上披凉衫，妇女步通衢，以方幅紫罗障蔽半身，俗谓之盖头。”

⑱背子：古代衣服的一种。男女皆服，式样有异。历代有变化，记述不一。据《事物纪原·衣裘带服·背子》引《实录》：“秦二世诏衫子上朝服加背子，其制袖短于衫，身与衫齐而大袖。今又长与裙齐，而袖才宽于衫。”

⑲官亲：官吏的亲属、亲戚。宫院：后妃所居之所，亦指王子居所。然此当指皇家亲戚。恩泽：帝王或朝廷给予百姓的恩惠，此指婚事。

⑳冠子：古时贵族妇女戴的帽子，亦指道士帽。此当指一种妇女戴的帽子。

㉑包髻：古代用来包发髻的头巾。

㉒青凉伞儿：青色的遮阳伞。

㉓下定：下聘，旧时婚姻定婚时男方给女方聘礼。

㉔旦望：朔望，即农历的初一、十五。

㉕节序：节令的顺序，此指节日。

㉖节物：应节的物品。宋陆游《老学庵笔记》卷二：“靖康初，京师织帛及妇人首饰衣服皆备四时，如节物则春播、灯毬、竞渡、艾虎、云月之类。”头面：指妇女用的头饰。追：送。

㉗丰俭：丰厚、节俭。

㉘巧作：女红针黹的制作物。

㉙财礼：男方送给女方的聘礼、财物。《梦粱录》卷二十“嫁娶”：“（士宦亦送）花茶果物、团圆饼、羊酒等物。又送官会银锭，谓之下财礼。”

㉚报：告知。成结：成亲，结婚。

㉛过：经过。大礼：隆重的礼仪。后多指男女婚礼。

㉜下：送给女家。催妆：旧时婚俗，新妇出嫁时，要多次催促，才梳妆启行。花粉：本指妇女戴的花和搽的粉，因亦为化妆品的代称。

㉝公裳：犹公服。

㉞房卧：指嫁妆。

㉟利市：喜庆、节日给人的喜钱。

㊱儿家：男家。檐子：肩舆之类。

㊲引：牵引、拉。

㊳管待：照顾接待。

㊴炒咬：吵嚷，叫嚷。

㊵花红：婚姻或喜庆时的礼物。

㊶阴阳人：阴阳生。旧指以星相、占卜、相宅、相墓、圆梦等为业的人。《五代史平话·晋史》上：“服药皆不见效，请得阴阳人房衍来占六壬课。”

㊷草节：未详。然当指有节的草本植物，以兆吉庆。

㊸呪（zhòu）祝：祷告祝愿。呪，祷告。

㊹厌："压"。青羊：神话中之木精、煞神。旧题南朝梁任昉《述异记》上："梓树之精化为青羊。"杀神：煞神，凶煞之神。

㊺跨鞍：跨马鞍。古时婚俗，置马鞍于男家门口，待新人入门时跨过。唐苏鹗《苏氏演义》卷上："婚姻之礼，坐女于马鞍之侧，或谓此北人尚乘鞍马之义。夫鞍者，安也，欲其安稳同载者也。《酉阳杂俎》云：'今士大夫家婚礼，新妇乘马鞍，悉北朝之余风也。'今娶妇家，新人入门跨马鞍，此盖其始也。"蓦（mò）：跨过，穿越。

㊻花胜：古代妇女的一种首饰，以剪彩为之。簇面：头上插满。簇：堆集。宋司马光《书仪》三："婚仪上，世俗新婿盛戴花胜，拥蔽其首，殊失丈夫之容体。必不得已，且随俗戴花一两枝，胜一两枚可也。"

㊼中堂：堂的正中。昇：本意为上升，此有"置"之意。榻：狭长而矮的坐卧之具。

㊽姨氏：姨母。妗氏：舅母。

㊾门额：门楣上边的部分。

㊿横抹：横转过来。抹，转。

(51)撦（chě）："扯"，撕裂。

(52)利市：吉利，好运气。缴：绕。

㊾绾（wǎn）：打结。

㊿笏（hù）：本指臣朝见君时手执的狭长板子，用玉、象牙、竹木制成，也叫手板。此当指类似于笏的一种手板。

55家庙：古代有官爵者得建立家庙，祭祀祖先。后代泛指一个家族建立的宗祠。参拜：以礼进见上级或辈分高的人；瞻仰敬重者。

56讲拜：犹行拜见礼。

57少：稍许。

58疋段：成匹的绸缎。钗子：由两股簪子交叉组合成的一种首饰，用来绾住头发，也有用它把帽子别在头发上。头鬚：扎在发髻上类似穗子的装饰品。

59綵：彩色丝织物。

60亲随人：亲信随从之人。

61卓：同“桌”。盛：放，置。

62展拜：谓拜谒，行跪拜之礼。

63趣（cù）办：很快办妥（礼品）。趣，快速，急。

64鼓吹：演奏乐曲的乐队。从物：当指随身物品。迎：据文意，当为“送”。

65作会：指各种聚会。

66煖女：暖女。煖，同“暖”。宋人婚俗，女嫁三日，母家馈送食物问候。

㊻礼数：犹礼节。

译文 凡是娶媳妇，先要起草草帖子，待男女两家同意，然后再准备细帖子，上面要按次第叙写曾祖、祖、父辈的名讳，以及议婚人的近亲、田产、官职之类的情况。然后，男家派人挑着许亲酒，这许亲酒担要用丝绳织的“络”装酒瓶，还要装上大花八朵、色彩鲜艳的罗绢或银胜八枚，又用红绸缠绕在酒担上，叫作“缴担红”，送给女家。女家用淡水两瓶、活鱼三五条、筷子一双，全都放在男家原来的酒瓶内，叫作“回鱼筯。”此后，男家或者下小定，或下大定；或去女家相媳妇或不去相媳妇，都可。如果相媳妇，男家的长辈或男或女，前去女家相亲，如果看得中意，就用钗子插在冠中，叫作“插钗子”。如果不中意，就留下一两端绸缎给女孩压惊，那么，这桩亲事便不成了。那些媒人分为几等，上等媒人戴盖头，身穿紫色背子，专门说合大小官员、皇家亲戚的婚事；中等媒人头戴冠子，用黄色的头巾，身穿背子，也有的不穿背子而只系裙，手拿青色的遮阳伞，都是两个人同行。等到下了聘礼后，即由媒人在初一或十五在两家之间传话。每遇各种节日，男家就用各色应节的物品、饰物及羊、酒之类的礼品送往女家，礼品的丰俭，随男家的境况而定。女家则大多回赠女红针黹之类的物品。然后，是下财礼，再后，是告知女家结婚的日子，最后，是行结婚大礼。婚礼前一日，或婚礼当天一早，男家要将催妆的冠帔、花粉送往女家，女家回送公服、花幞头之类的东西。婚礼前一日，女家先来人，挂上帐帏，铺设卧房，陈列嫁妆，叫作“铺房”。女家的长辈有茶酒、喜钱之类的相赠。到迎娶新人之日，男家用车子或用花装饰的肩舆出发迎接客人，一直被引导到女家门前。女家款待前来迎亲的客人，并送綵缎给他们，然后奏乐，催妆，送新人上车或肩舆，而随从之人不肯起程，吵嚷着要喜钱，叫作“起檐子”。待给了喜钱然后起程。迎接新人的来客先回到男家门前，随行的人及男家之人纷纷索要喜钱、礼物等，叫作“栏门”。新媳妇下车之时，有阴阳人一手拿斗，斗中放着谷豆、钱果、草节等物，一边祷告祝愿，一边朝门口撒着斗中之物，小孩子们争相拾取，叫作“撒谷豆”。当时风俗，以为这样可以压住青羊等凶煞之神。新人下了车或肩舆，脚踏青色布条或者毡席，不能踏在地上，前面一人捧着铜镜倒着行走，引导新人跨过马鞍，再从草及秤上跨过，进门后，入一室，室内当中悬桂帐帏，新人坐于其中，叫作“坐虚帐”；也有的便径直到房中，坐在床上，也叫作“坐富贵”。那些送新人的来客，急饮三盏酒而退出，叫作“走送”。待所有来客入席饮酒三杯之后，新女婿穿好公服，用花胜遮蔽面部，在厅堂中央放置一榻，上面放着椅子，坐在椅子上，叫作“高坐”。先由媒人来请，然后由姨妈或舅妈来请，并各斟一杯酒饮下，再由岳母来请，方才下坐。在新人住房的门额上，用綵缎一段，将其下部撕得碎裂，横转过来挂着，等新女婿入房后，众人便争着上前扯下一小片而去，叫作“利市缴门红”。新女婿在床前，请新媳妇出来，男女两客各取出綵缎，绾成一个同心结，叫作“牵巾”。綵缎男的挂在笏上，女的搭在手上。男的倒退着走出，两人脸对着脸，一直走到家庙前参拜礼毕。女的倒着走，由人扶着进入房内行拜见礼。男女各争先，对拜毕，走到床边，女的向左，男的向右坐，此时有妇女将金钱、綵、菓等四下撒掷，叫作“撒帐”。男的在左，女的在右，各留下少许头发，两家人取出成匹的绸缎、钗子、木梳、头鬚之类的物品，叫作“合髻”。然后将两只酒盏用綵缎连结起来，新人相互各饮一盏，叫作“交杯酒”。饮完后，将酒盏及花冠子掷于床下，如果酒盏一仰一合，当时风俗以为是大吉，众人就会前来贺喜。然后掩毕帐帏，如是皇室亲戚，便由亲信随从将新女婿抱去，此下的各等人家，新人即自行出房，去参见拜谢各位亲戚长辈，礼毕，重新就座饮酒。酒席散后，在第二天五更时分用一张桌子，上置镜台镜子，新媳妇朝上行跪拜之礼，叫作“新妇拜堂”。然后拜见尊长、亲戚，对每位拜见者，新媳妇都献上綵缎、巧作、鞋、枕之类的物品，叫作“赏贺”。尊长则另换一匹綵缎回赠，叫作“答贺”。新女婿前去女家参拜，叫作“拜门”。有财力能很快办妥礼品的，第二天就前去，叫作“复面拜门”，如次日不去，则在结婚的第三日或第七日前去也都可以。赏贺的礼品，亦像女家的礼数一样。待酒席散后，女家准备了演奏的乐队、备下了礼物送新女婿回家。女嫁三日，女家就会送来綵缎、油蜜蒸饼，叫作“蜜和油蒸饼”。而女家有人前来聚会，叫作“暖女”。新婚第七日，则来接新人回娘家，并送给新娘丰盛的綵缎及各种饰物，叫作“洗头”。结婚一月，则有大聚会以示庆贺，叫作“满月”。从这以后，各种礼数就简单了。

育子

原文 凡孕妇入月[①]，于初一日，父母家以银盆、或镀或綵画盆[②]，盛粟秆一束[③]，上以锦绣或生色帕複盖之[④]，上插花朵及通草帖罗五男二女花样[⑤]，用盘合装送馒头，谓之“分痛”。并作眠羊、卧鹿羊生、菓实[⑥]，取其眠卧之义。并牙儿衣物绷籍等[⑦]，谓之“催生”。就蓐分娩讫[⑧]，人争送粟米炭醋之类。三日落脐灸顖[⑨]。七日谓之“一腊”。至满月则生色及绷绣钱[⑩]，贵富家金银犀玉为之，并菓子，大展洗儿会[⑪]。亲宾盛集，煎香汤于盆中[⑫]，下菓子、綵钱、葱蒜等[⑬]，用数丈綵绕之，名曰“围盆”。以钗子搅水，谓之“搅盆”。观者各撒钱于水中，谓之“添盆”。盆中枣子直立者，妇人争取食之，以为生男之征。浴儿毕，落胎发，遍谢坐客，抱牙儿入他人房，谓之“移窠”。生子百日置会，谓之“百晬”。至来岁生日，谓之“周晬”，罗列盘琖于地[⑭]，盛菓木、饮食、官诰、笔研、筭秤等[⑮]，经卷、针线[⑯]，应用之物，观其所先拈者以为征兆，谓之“试晬”[⑰]。此小儿之盛礼也。

注释

①入月：妇女孕期足月。

②锓（líng）：据《玉篇》载，“金名。”未详为何物。綵：色彩，花纹。

③粟秆：谷秆。粟，谷物名。北方通称谷子，亦称小米。秆，禾茎，泛指草木的茎。后多写作“秆”。

④锦绣：花纹色彩精美鲜艳的丝织品。帕複（fù）：束发的头巾。《朱子语类》卷八七载，“又问黪巾之制，曰：‘如帕複相似，有四只带，若当幞头然。’”

⑤通草：草名，即木通。明李时珍《本草纲目·草七·通草》：“有细细孔，两头皆通，故名通草，即今所谓木通也。”帖罗：犹言粘贴。五男二女花样：据《诗·召南·何彼穠矣序》孔颖达疏引晋皇甫谧云，“武王五男二女。”谓有子五人，有女二人。后用以表示子孙繁衍，有福气。宋时常绘印五男二女图于纸笺或礼品上以示祝福。

⑥羊生：“羊生”疑误。或为衍文。在句中不可解。

⑦牙儿：伢儿，小孩子。此指婴儿。褓籍：当作绷藉。褓，同绷（bēng）。绷藉（jiè），亦作“绷接”，犹绷席，亦作绷褯，婴儿的包被。

⑧就蓐：临蓐，分娩。蓐，能作褥子的草。讫：完，毕。

⑨落脐（qí）：当指脐带脱落。炙顖（xìn）：未详其义。炙，为中医一种治疗方法。顖，亦作“囟”，此处当指囟门，指婴

儿头顶骨未合缝处，在头顶的前部中央。俗称脑门。

⑩绷：绷、扎。一种缝纫方法，即稀疏地缝住或用针别上。绣钱：未详。或指丝线缠绕精美的钱。

⑪展：开。此当指“办”。洗儿：旧俗，婴儿出生后三日或满月时替其洗身，谓之“洗儿”。

⑫香汤：调以香料的热水。

⑬綵钱：未详。或上文之绣钱。

⑭琖（zhǎn）：小杯子。特指酒杯。

⑮官诰：皇帝赐爵或授官的诏令。笔研（yàn）：“笔砚”。笔和砚，泛指文具。筭（suàn）：古代计数的筹码。《说文·竹部》：“筭，长六寸，计历数者。从竹从弄，言常弄乃不误也。”

⑯经卷：本指儒家经典，此指书籍。

⑰试晬：犹“抓周”。

译文

凡是孕妇怀孕足月，此月的初一日，孕妇的父母家用银盆，或用镀或用綵装饰的画有图案的盆，盛放粟杆一束，上面用精美的丝绸或色彩鲜艳的头巾盖着，粟杆上插着花朵以及通草，粘贴着五男二女以示多子多福的图画，用盘、盒装着馒头，送给女儿，叫作“分痛”。并用面制作眠羊、卧鹿及各种糕点，取其眠卧之义。连同婴儿的衣物、包被等一起送去，叫作“催生”。待到临盆分娩后，人们争相送来粟、米、炭、醋之类的物品。婴儿生后三日落脐灸囟。生后七日，叫作“一腊”。到婴儿满月，则用色彩鲜艳的丝线来缝制绣钱，而富贵人家的绣钱，则用金、银、犀牛角、玉等贵重之物制作，连同各色点心，大办洗儿会。亲戚朋友聚集，煎好了香汤倒入盆中，在盆中放入各种干果以及綵钱，葱蒜等东西、用数丈丝带绕在盆上，叫作“围盆”。然后用钗子搅动盆中的水，叫作“搅盆”。旁观者纷纷将钱撒入水中，叫作“添盆”。盆中的枣子有直立的，妇女都争相取食，以为这是生儿子的兆头。婴儿沐浴毕，剃去胎发，再向坐中所有来客致谢，再抱着婴儿到人家的房中，叫作“移窠”。婴儿生下百日设会，叫作“百晬”。到第二年生日，叫作“周晬”，罗列盘、琖于地上，盛放菓木、饮食、官诰、笔砚、筭称等，以及书籍、针线各类应用物品，观察小孩先去取何种物品作为征兆，叫作“试晬”。这是小孩隆重的礼数。

卷第六

正月

原文 正月一日年节[①]，开封府放关扑三日[②]。士庶自早互相庆贺。坊巷以食物、动使、菓实、柴炭之类，歌叫关扑[③]。如马行、潘楼街、州东宋门外、州西梁门外踊路[④]，州北封丘门外，及州南一带，皆结綵棚[⑤]，铺陈冠梳、珠翠、头面、衣着、花朵、领抹、靴鞋、玩好之类[⑥]，间列舞场歌馆，车马交驰[⑦]。向晚[⑨]，贵家妇女纵赏关赌[⑨]，入场观看，入市店饮宴，惯习成风，不相笑訝[⑩]。至寒食冬至三日亦如此[⑪]。小民虽贫者，亦须新洁衣服，把酒相酬尔[⑫]。

注释 ①年节：今之春节。

②关扑：以商品为诱饵赌掷财物的博戏，即以实物进行赌博。这种博戏平时是禁止的。

③歌叫：歌唱喊叫。

④踊：本指跳跃、登临，此似指路上分外拥挤。

⑤綵棚：用彩纸、彩绸、松柏等装饰的棚架。

⑥头面：头饰。领抹：领系之类的服饰。玩好：供玩赏的奇珍异宝。

⑦交驰：交相奔走，往来不断。

⑧向晚：傍晚。

⑨关赌：犹关扑。

⑩笑訝：訝字似误，当为“讶”。笑讶：说笑惊讶。

⑪寒食：节令名，在农历清明前一或二日。据《左传》载，春秋时晋国介之推辅助重耳（晋文公）回国后，隐于山中，重耳烧山逼他出来，之推抱树而死。文公为悼念他，禁止在之推死日生火煮食，只吃冷食。以后相沿成俗，叫作寒食禁火，也称寒食节。

⑫酬：劝酒，敬酒。

译文

正月初一新春年节，开封府破例开放关扑三天。士人庶民从早上起，就互相庆贺新年。坊巷中，到处可见用食物、各种应用器具、干果糕点、柴草木炭之类的东西，歌唱叫喊，以招徕人们前来博戏。如马行街、潘楼街、州东宋门外、州西梁门外分外拥挤，州北的封丘门外，以及州南一带，全都结扎綵棚，沿街都铺排陈列着冠帽梳篦，珍珠翡翠，各种头饰、衣物、花朵、领系饰物、鞋靴，奇珍异宝等物品，其间，还有些歌舞场馆，车来人往，热闹异常。傍晚时分，富贵人家的妇女也出来尽情观赏关扑这种赌博，或入歌舞场馆观看演出，或入街市中的店铺宴饮，这种习惯已成京城中的风俗，相互之间，既不笑谈，也不惊讶。在寒食节、冬至日的三天之中，也是这样。城中百姓即使是贫困者，在节日中也都要穿新的、洁净的衣服，置酒待客，相互敬酒，以贺节日。

元旦朝会

原文

正旦大朝会[①]，车驾坐大庆殿[②]，有介胄长大人四人立于殿角[③]，谓之“镇殿将军”。诸国使人入贺[④]，殿庭列法驾仪仗[⑤]，百官皆冠冕朝服[⑥]，诸路举人解首亦士服立班[⑦]，其服二量冠、白袍青缘[⑧]。诸州进奏吏[⑨]，各执方物入献[⑩]。诸国使人，大辽大使顶金冠[⑪]，后簷尖长[⑫]，如大莲叶，服紫窄袍[⑬]，金蹀躞[⑭]；副使展裹金带如汉服[⑮]。大使拜则立左足[⑯]，跪右足，以两手着右肩为一拜。副使拜如汉仪。夏国使副皆金冠短小样制[⑰]，服绯窄袍，金蹀躞，吊敦，背叉手展拜[⑱]。高丽与南番交州使人并如汉仪[⑲]。回纥皆长髯高鼻[⑳]，以匹帛缠头[㉑]，散披其服[㉒]，于阗皆小金花毡笠[㉓]，金丝战袍束带，并妻男同来[㉔]，乘骆驼毡兜铜铎入贡[㉕]。三佛齐皆瘦脊缠头、绯衣上织成佛面[㉖]。又有南蛮五姓番皆椎髻乌毡[㉗]，并如僧人礼拜[㉘]。入见[㉙]，旋赐汉装锦袄之类[㉚]。更有真腊、大理、大石等国[㉛]，有时来朝贡。其大辽使人在都亭驿[㉜]，夏国在都亭西驿[㉝]，高丽在梁门外安州巷同文馆[㉞]，回纥、于阗在礼宾院[㉟]，诸番国在瞻云馆或怀远驿[㊱]。唯大辽、高丽，就馆赐宴。大辽使人朝见讫，翌日诣大相国寺烧香㊲。次日，诣南御苑射弓，朝廷旋选能射武臣伴射，就彼赐宴，三节人皆与焉㊳。先列招箭班十余于垛子前㊴。使人多用弩子射㊵，一裹无脚小幞头子、锦袄子辽人，踏开弩子，舞旋楷箭㊶，过与使人㊷，彼窥得端正，止令使人发牙㊸。例本朝伴射用弓箭中的㊹，则赐闹装、银鞍马、衣着、金银器物有差㊺。伴射得捷，京师市井儿遮路争献口号㊻，观者如堵。翌日，人使朝辞。朝退，内前灯山已上綵㊼，其速如神。

注释

①正旦：农历正月初一。朝会：指诸侯、臣属及外国使者朝见天子。

②车驾：马驾的车，又作帝王的代称。《史记·刘敬传》："即日车驾西都关中。"

③介胄（jiè zhòu）：披甲戴盔。长大：体貌高大壮伟。

④使人：使者，受命出使的人。

⑤殿庭：宫殿阶前平地，此指宫中。法驾：天子车驾的一种。天子的卤簿分大驾、法驾、小驾三种，其仪卫之繁简各有不同。《史记·吕太后本纪》："迺奉天子法驾，迎代王于邸。"裴骃集解引蔡邕曰："天子有大驾、小驾、法贺。法驾上所乘，

曰金根车，驾六马，有五时副本，皆驾四马，侍中参乘，属车三十六乘。”

⑥冠冕：古时帝王、官员戴的帽子。朝服：君臣朝会时穿的礼服。举行隆重典礼时亦穿朝服。据《宋史》卷一百五十二《舆服志》：“朝服，一曰进贤冠，二曰貂蝉冠，三曰獬豸冠，皆朱衣朱裳。”

⑦举人：宋时，凡应贡举考试的各科士人，均称“举人”，俗称“举子”。登科即授官，应试不合格须再应举。无“出身”，但可免除丁役、身丁钱米；曾赴礼部试者，犯徒以下公罪和杖以下私罪，均许赎。解首：又称“解元”“解头”，各类解试第一名之称。宋代解试包括州试（乡试）、转运司试（漕试），学馆（太学）试等，每三年举行一次，举人考试合格，即由州、转运司或太学等按解额送礼部，参加礼部试（称省试，即明清时的会试）。礼部试前，举人群见皇帝，解元另立一班，排在最前；有时只准解元进见。士服：封建时代士人的服饰。立班：上朝时依秩站立。

⑧二量冠：“量”应为“梁”，即二梁冠，冠名，古代以冠上梁数区分官职级别。《宋史》卷一百五十二《舆服志》：“进贤冠以漆布为之。上缕纸为额花金涂银铜节，后有纳言以梁数为差，凡七等，以罗为缨结之，第一等七梁，加貂蝉笼巾貂鼠尾立笔。第二等无貂蝉笼巾，第三等六梁，第四等五梁，第

五等四梁，第六等三梁，第七等二梁。”青缘：青色的镶边。

⑨进奏吏：进奏官。宋承唐制，各州置邸于京师，以本州人为进奏官，掌呈送本州公文，并接受诏令与朝廷各部门公文送回本州。

⑩方物：本地物产，土产。

⑪大辽：指辽（916—1125）。五代后梁贞明二年（916），契丹族耶律阿保机称帝（太祖），国号契丹，建元神册。天显二年（927），耶律德光（太宗）改国号为辽。辖境东北到今日本海，南到河北、山西，北到外兴安岭、鄂霍次克海，西及天山。与北宋长期对峙。耶律延禧（天祚帝）保大五年（1125）为金所灭。顶：戴。

⑫后檐（yán）：金冠后檐。檐，凡物下覆，四旁冒出的边都叫檐。今也有作“沿”者。

⑬服：用如动词，犹“穿”。窄：本指狭窄，此似指“紧身”。窄袍，犹言紧身的袍服。

⑭蹀躞（dié xiè）：佩带上的饰物名。

⑮展裹：辽金职官公服名。《辽史·仪卫志二》载，“公服：谓之‘展裹’，著紫。”

⑯立左足：当指左脚屈膝，亦即一脚屈膝下跪。

⑰样制：式样。

⑱吊敦：悬挂厚重的带子。背：似当“皆”之误。展拜：谓

拜谒，行跪拜之礼。

⑲高丽：朝鲜历史上的王朝（918—1392）。我国习惯上多沿用来指称朝鲜或关于朝鲜的物产。南番交州：泛指今岭南及今越南一带。番，对少数民族或外国的称呼。

⑳回纥（hé）：中国古族名。北魏时，东部铁勒的袁纥部落游牧于鄂尔浑河和色楞格河流域。隋称韦纥。大业元年（605），因反抗突厥的压迫，与仆固、同罗、拔野古等成立联盟，总称回纥。唐天宝三年（744），破东突厥，建政权于今鄂尔浑河流域，居民仍以游牧为生。辖境东起兴安岭，西至阿尔泰山，最盛时曾达中亚费尔干纳盆地。有文字。曾助唐平安史之乱，进一步密切了与唐朝的关系。贞元四年（788）自请改称回鹘。开成五年（840），为黠戛斯所破，部众分三支西迁：一迁吐鲁番盆地，称高昌回鹘或西州回鹘；一迁葱岭西楚河一带，即葱岭西回鹘；一迁河西走廊，称河西回鹘。

㉑匹帛：整匹的帛。帛，丝织物。

㉒散：此有“随意”“不拘束”之意。

㉓于阗（tián）：古西域国名，又作于寘，在今新疆和田一带，居民从事农牧，多麻桑，产美玉。有文字，西汉时传入佛教，北宋时改信伊斯兰教。西汉通西域后，属西域都护。东汉初为莎车所并。至广德为王，击灭莎车，势力强大。和帝永元六年（94）班超联合于阗等国，击败焉耆。西晋封其王为“亲

晋于阗王”。南北朝时属北魏。唐于其地置毗沙都督府，属安西都护府。后晋天福三年（938）封其王李圣天为“大宝于阗王”。北宋时为回鹘黑韩王所并。毦笠：毦帽。宋徐度《却扫编》下：“（王）亢为人深目、高准、多髯，事毳裘氈笠。”

㉔妻男：妻子儿女。男，子。

㉕毦兜：毦制的口袋一类的东西。铜铎：铜制的风铃。

㉖三佛齐：指室利佛逝国，7世纪到13世纪印度尼西亚苏门答腊古国，都城约在今巨港。极盛时势力达西爪哇、马来半岛、加里曼丹西部，控制中国、印度、阿拉伯国家间交通贸易要冲。我国唐代高僧义净在往来印度途中曾先后在该地停留多年，得当地友僧协助，译成佛经多卷，促进两国文化的交流。与我国长期保持友好关系，使节、高僧、商人往来不绝。13世纪为麻喏巴歇国代替。我国宋代以后的史籍称之为三佛齐。瘦脊：当作瘦瘠，指人长得瘦小。绯（fēi）：红色。佛面：佛像。

㉗南蛮：南方的少数民族。蛮，对少数民族的称呼。五姓番：“五姓蕃”。宋代西南少数民族中的五个部族。《宋史·蛮夷传四·黔涪施高徼外诸蛮》：“黔州、涪州徼外有西南夷部……宋初以来，有龙蕃、方蕃、张蕃、石蕃、罗蕃者，号‘五姓蕃’，皆常奉职贡，受爵命。”椎髻：亦作“椎结”。一撮之髻，其形如椎。乌毦：当指黑色毦帽。

㉘礼拜：此指信教者向神行礼致敬。

㉙入见：上殿拜见皇帝。

㉚旋：即。锦袄：锦制的袄。袄，短于袍而长于襦的有衬里上衣。

㉛真臈：当为“真腊”之误。真腊，我国史籍对7世纪至17世纪中南半岛吉蔑王国的通称。向和我国友好往来。元人周达观《真腊风土记》载此国于13世纪自称甘孛智,《明史·真腊传》则载此国于万历（1573—1619）后改称柬埔寨。二者乃同名异译。大理：古国名（937—1253）。宋代以“白蛮”为主体所建立的封建领主政权。辖境相当今云南全境、四川西南部等地，分八府、四郡、三十七部。农业、畜牧业、手工业、冶铁技术均甚发达，接近汉族水平，主要以马与内地进行贸易。其王曾受宋封为云南节度使、大理王。吸收汉族先进文化，统治集团通用汉文。佛教流行。后为蒙古忽必烈所灭，元至元十三年（1276），建云南行省。大石：当为“大食”之误。大食，原系一波斯部族的名称。唐代以来，称阿拉伯帝国为大食。《经行记》《旧唐书》《新唐书》《宋史》《辽史》等均作大食。

㉜都亭驿：馆驿。都亭，本指都邑中的传舍。据《宋史·职官五·鸿胪寺》:“往来国信所，掌大辽使介交聘之事。”

㉝都亭西驿：官署名，属鸿胪寺，掌河西蕃部贡奉事项。

㉞同文馆：官署名，熙宁年间创置，元丰改制后属鸿胪寺，掌接待高丽使节。

㉟礼宾院：官署名，属鸿胪寺，掌回鹘、吐蕃、党项、女真等国朝贡馆设，及互市交易、译语之事。据《宋史》，于阗使者当住怀远驿。

㊱瞻云馆：据周城《宋东京考》十一载，"瞻云馆在宜秋门外，建以待诸番国使臣之所。"怀远驿：官署名，属鸿胪寺，掌南蕃交州，西蕃龟兹、大食、于阗、甘、沙、宗哥等国贡奉之事。

㊲翌（yì）日：明天，第二天。诣（yì）：往、到。

㊳三节人："三节人从"的省称。宋代（包括夏、辽、金）出国使节的随员。宋沈作喆《寓简》卷六："近岁衔命出疆，三节人从，赏给丰腆。"

㊴招箭班：据《宋史·兵志一》（卷一八七）载，"东西班"下原注："弩手、龙旗直、招箭班共十二，旧号东西班承旨。…… 又择善弓箭者为招箭班。"垛子（duò zǐ）：墙上向外或向上突出的部分，如门垛子，城垛子。

㊵弩子：弩弓。古代一种利用机械力量射箭的弓。

㊶舞旋：耍弄，此有"拨弄"之意。楷：似为"搭"字之误。

㊷过：传递。

㊸发牙：拨动（弩）牙机。

㊹中的：射中靶子。

㊺闹装：亦作“闹粧”“闹妆”，用金银珠宝等杂缀而成的腰带或鞍、辔之类的饰物。有差：不一，有区别，不等。

㊻市井儿：市井少年。市井，街市。献：把东西奉送给尊者或尊敬的人。口号：颂诗的一种。

㊼内前：大内前，即皇宫前。灯山：山形的大型灯彩。綵：彩色的丝织品，此似指各色彩带。

译文

新年正月初一，行朝会大典，皇帝坐大庆殿，有披甲戴盔的体貌高大壮伟的武士分别站立在殿的四角，叫作“镇殿将军”。各国使节入殿祝贺，宫中排列法驾仪仗，文武百官全都头戴冠冕，身穿朝服，各路应试举人中的解元也身着士人的衣服依秩站立，头戴二梁冠，身穿镶有青边的白袍。各州驻京城的进奏官，各拿本地土产进献。大辽大使头戴金冠，金冠的后沿尖长，就像一张大莲叶，身穿紫色窄袍，腰带上以金蹀躞为饰物；副使身穿紫色官服，腰束金带，如同汉人服饰。大使拜见天子时左足屈膝，右足下跪，以两手抱拳碰右肩为一拜；副使拜见天子如同汉人礼节。西夏国的使臣、副使都头戴短小样式的金冠，穿红色的窄袍，腰带饰以金蹀躞，背后悬有带子，皆叉手行跪拜之礼。高丽和南番交州的使节都与汉族的礼仪一样。回纥使者都是长胡子高鼻梁，用整匹的帛缠绕在头上，随便地披着衣服。于阗国的使者都戴小金花毡笠，身穿金丝战袍、束着腰带，带着妻儿一起来，乘坐的骆驼上带着毡兜、铜铎前来入贡。三佛齐国的使者都长得瘦小而且又都缠头，红色的衣服上又都织有佛像。又有南蛮五姓番的使臣，都将发髻梳成椎形，戴着乌毡帽，所行之礼，就如僧人礼拜一样。入见天子后，即赏赐汉装、锦袄之类的衣物。更有真腊、大理、大食等国，有时也遣使前来朝见进贡。那大辽使节安置在都亭驿，西夏国使节安置在都亭西驿，高丽使节安置在梁门外安州巷同文馆内，回纥、于阗使节在礼宾院，各番国使节安置在瞻云馆或怀远驿。只有大辽、高丽使节，在馆驿中赐宴。大辽使臣朝见天子毕，第二天前往大相国寺烧香。次日，到南御苑射箭，朝廷选派善射的武臣伴射，并在南御苑赐宴，辽国使臣的随行人员也都一同前去。先派招箭班军士十余人分列在各垛子前警戒。辽国使臣大多使用弩弓射箭，由一头裹无脚小幞头子、身穿锦袄子辽国人，踏开弩弓，拨弄一番后搭上箭，再递给使臣。那辽人已将弩弓瞄准，只让使臣拨动弩弓的牙机而已。按惯例，本朝伴射者用弓箭射中箭靶，即赐闹装、银鞍马、衣着、金银器物等不一。如伴射者取胜，京城中市井少年争相拦路献上颂诗，观看者将道路堵塞。次日，各国使节入朝辞行。刚退朝，皇宫前的灯山已装饰了各种彩带，速度之快，如有神助。

立春

原文 立春前一日①，开封府进春牛入禁中鞭春②。开封、祥符两县③，置春牛于府前。至日绝早，府僚打春④，如方州仪⑤。府前左右，百姓卖小春牛，往往花装栏坐⑥，上列百戏人物⑦。春幡雪柳⑧，各相献遗⑨。春日⑩，宰执亲王百官皆赐金银幡胜⑪。入贺讫，戴归私第。

注释 ①立春：二十四节气之一。俗以此为春季开始。《礼记·月令》："是月也，以立春。先立春三日，大史谒之天子，曰某日立春，盛德在木。天子乃齐。立春之日，天子亲帅三公、九卿、诸侯、大夫，以迎春于东郊。"

②春牛：打春用的土牛。旧俗，立春前一日，用土牛打春，以示迎春和劝农。打春之牛，后亦以苇或纸制。鞭春：旧俗，州县于立春日鞭打春牛，以祈丰年。也称"打春"。

③开封、祥符两县：为开封府属县。

④府僚：府署辟置的属僚。

⑤方州：指州郡长官。《资治通鉴·宋顺帝昇平元年》："诉以其私用人为方州。"胡三省注："古者八州八伯，谓之方伯，后

世遂以州刺史为方州。仪：仪规。

⑥花装：彩色的服装。栏坐：栏座，即有栏杆的底座。

⑦百戏：古代乐舞杂技表演的总称。

⑧春幡：春旗。旧俗于立春日，或挂春幡于树梢，或剪缯绢成小幡，连缀簪之于首，以示迎春之意。此指缯绢所制之春幡。雪柳：宋代妇女在立春日和元宵节时插戴的一种绢或纸制成的头花。

⑨献遗（wèi）：谓奉赠财物。此指赠送礼物。

⑩春日：立春之日。

⑪宰执：宋宰相与执政统称。亲王：皇族中封王者称亲王。幡胜：彩胜。用金银箔、罗彩制成，为欢庆春日来临，用作装饰或馈赠之物。戴于首。

译文

立春前一天，开封府进献春牛到宫中供打春之用。开封、祥符两县，也放置春牛在府署前面。那日极早，府署的僚属打春，就像州郡长官所行的仪规。府署前面的两边，百姓在出售小春牛，往往给春牛穿上彩色衣裳，放置在有栏杆的底座上，上面还排列有各种百戏人物。京城中人，将自制的春幡、雪柳等饰物，相互赠送。立春之日，宰执、亲王及百官都得到皇帝赏赐的金银幡胜。到宫中贺立春毕，戴着幡胜，各自回归私第。

元宵

原文 正月十五元宵[①]，大内前自岁前冬至后[②]，开封府绞缚山棚[③]，立木正对宣德楼[④]。游人已集御街，两廊下奇术异能，歌舞百戏，鳞鳞相切[⑤]，乐声嘈杂十余里[⑥]。击丸蹴踘[⑦]，踏索上竿[⑧]；赵野人倒喫冷淘[⑨]；张九哥吞铁剑；李外宁药法傀儡[⑩]；小健儿吐五色水[⑪]，旋烧泥丸子；大特落灰药[⑫]；榾柮儿杂剧；温大头、小曹嵇琴[⑬]；党千箫管[⑭]；孙四烧炼药方；王十二作剧术[⑮]；邹遇、田地广杂扮[⑯]；苏十、孟宣筑毬[⑰]；尹常卖五代史；刘百禽虫蚁；杨文秀鼓笛。更有猴呈百戏[⑱]，鱼跳刀门，使唤蜂蝶，追呼蝼蚁。其余卖药、卖卦，沙书[⑲]，地谜[⑳]，奇巧百端，日新耳目。至正月七日，人使朝辞出门[㉑]，灯山上綵，金碧相射，锦绣交辉。面北悉以綵结山沓[㉒]，上皆画神仙故事。或坊市卖药卖卦之人，横列三门，各有綵结，金书大牌，中曰都门道，左右曰左右禁卫之门，上有大牌曰“宣和与民同乐”[㉓]。綵山左右以綵结文殊、普贤[㉔]，跨狮子、白象，各于手指出水五道，其手摇动。用辘轳绞水上灯山尖高处，用木櫃贮之，逐时放下[25]，如瀑布状。又于左右门上，各以草把缚成戏龙之状，用青幕遮笼，草上密置灯烛数万盏，望之蜿蜒如双龙飞走。自灯山至宣德门楼横大街，约百余丈，用棘刺围绕[26]，谓之“棘盆”。内设两长竿，高数十丈，以缯綵结束[27]，纸糊百戏人物，悬于竿上，风动宛若飞仙。内设乐棚[28]，差衙前乐人作乐杂戏[29]，并左右军百戏[30]，在其中驾坐一时呈拽[31]。宣德楼上皆垂黄缘帘，中一位乃御座。用黄罗设一綵棚，御龙直执黄盖掌扇[32]，列于帘外。两朵楼各挂灯一枚[33]，约方圆丈余，内燃椽烛[34]。帘内亦作乐，宫嫔嬉笑之声[35]，下闻于外。楼下用枋木垒成露台一所[36]，綵结栏槛[37]，两边皆禁卫排列，锦袍，幞头簪赐花[38]，执骨朵子[39]，面此乐棚。教坊、钧容直、露台弟子[40]，更互杂剧。近门亦有内等子班直排列[41]。万姓皆在露台下观看，乐人时引万姓山呼[42]。

注释

①元宵：又称“元夜”“元夕”。也称“元宵节”“灯节”。

②冬至：二十四节气之一。此日夜最长，昼最短。古时称“日短至”，为重要节日，有“冬至大如年”之说。

③绞缚：犹“结缚”，此有搭建之意。山棚：为庆祝节日而搭建的彩棚，其状如山高耸，故名。

④立木：竖木于地。

⑤鳞鳞：鳞集之貌，言密。切：靠近，贴近。

⑥嘈杂：声音杂乱，喧闹。

⑦击丸：古时的一种杂技表演。具体不详。也指这种杂技的表演者。蹴踘（cù jū）：亦作“蹴鞠”“蹵鞠”等。我国古代的一种足球运动，用以练武、娱乐、健身。传说始于黄帝，初以练武士。战国时已流行。鞠，其中装以柔物的皮球。

⑧踏索：走索。杂技的一种，演员在悬空的绳索上进行表演。上竿：古时杂技，似今之爬竿。

⑨赵野人：艺人名。下文均是。倒吃冷淘：据文意，当为拿大顶时吃“冷淘”。冷淘，一种凉面，一说为凉粉。

⑩药法傀儡：见卷五“京瓦伎艺”条注⑫。

⑪五色：青、赤、黑、白、黄。

⑫灰药：何种表演不详。

⑬嵇琴：古琴的一种。相传为嵇康所创制，故名。

⑭箫管：排箫和大管，亦泛指管乐器。

⑮作剧术：表演戏术。

⑯杂扮：也叫“杂班”“纽元子”“拔和”。古代戏曲名词。宋耐得翁《都城纪胜》：“杂扮或名杂旺（班），又名纽元子，又名技（拔）和。乃杂剧之散段。在京师时，村人罕得入城，遂撰此端，多是借装为山东、河北村人以资笑。今之打和鼓、

拈稍子、散耍皆是也。”

⑰筑毬：古代用杖击或用足踢球。

⑱猴呈百戏：当指猴戏。以猴耍把戏。

⑲沙书：一种技艺表演。其法，用手撮细沙或石粉挥洒成字。

⑳地谜：似指就地设谜语让人猜。

㉑人使：使者，使节。

㉒面北：朝北的一面。山沓：似为“山沓（tà）”之误。山沓，堆积如山。形容器物众多。

㉓宣和：宋徽宗年号。此指代宋徽宗。亦即“天子与民同乐”之意。

㉔文殊：佛教菩萨名。文殊师利或曼殊室利的省称。意译为“妙吉祥”“妙德”等。其形顶结五髻，象征大日如来的五智；持剑、骑青狮，象征智慧锐利威猛。为释迦牟尼佛的左胁侍，与司“理”的普贤菩萨相对。中国传说山西五台山为文殊说法道场。普贤：佛教菩萨名，也译为“遍吉”，与文殊菩萨并为释迦牟尼佛之二胁侍。乘白象，以“大行”著称，其道场为四川峨眉山。

㉕逐时：按时。依次排列曰逐。

㉖棘（jí）刺：荆棘芒刺。围迓：围绕。

㉗结束：捆扎，扎缚。

㉘乐棚：古代演出伎艺百戏的场所。

㉙衙前：在衙门当差。乐人：歌舞演奏艺人的泛称。杂戏：古代娱乐形式之一，包括百戏、杂乐、歌舞戏、傀儡戏等。又称“杂伎”。

㉚左右军百戏：城内街市两厢艺人。详见本书卷九“宰执亲王宗室百官入内上寿”条。

㉛驾坐：驾驶、乘坐。呈拽（yè）：安置、安排。

㉜御龙直：宋殿前司步军诸军之一，专掌仪仗之事。长官为御龙直指挥使、指挥副使。见《宋史·职官志》六。黄盖：黄色的盖伞。掌扇：古时仪仗的一种，长柄掌形扇。

㉝朵楼：正楼两旁的楼。灯毬：亦作“灯球”。球形的彩灯。

㉞椽烛：如椽之烛。指大烛。

㉟宫嫔：帝王的侍妾。

㊱枋木：大木桩。露台：高台，临时搭建的演出舞台。

㊲栏槛：栏杆。

㊳簪（zān）：插、戴。

㊴骨朵子：“骨朵”，古兵器。棍棒之属，大首如蒜头状，用铁或坚木制成。其字本作胍肒，谓大腹。音转为骨朵。

㊵教坊：古代管理宫廷音乐的官署。钧容直：宋殿前司骑军武职官。选军中谙晓音乐者组成。见《宋史·兵志》一。

㊶等子：宋武卫之士，隶军头引见司，若官员犯罪，由等子簇拥朝见。《朝野类要·故事》：“军头引见司等子，旧是诸州

解发强勇之人，经由递传至京师，今则只取殿前司捧日等指挥人兵拣为之。”

㊷山呼：封建时代对皇帝的祝颂仪式，叩头高呼“万岁”三次。此指高呼万岁。

译文 正月十五是元宵节。皇宫前面从年前的冬至日以后，开封府就开始搭建山棚。所竖立的木材正对着宣德楼。从那时起，游人已开始聚集到御街。御街两廊下表演各种奇特技艺、新异本领的人，歌舞百戏，一个接着一个，乐声喧闹，声闻十余里。有的表演击丸、蹴鞠，有的演出踏索、上竿；艺人中著名的有赵野人的倒喫冷淘；张九哥口吞铁剑；李外宁的药法傀儡；小健儿口吐五色水，旋烧泥丸子；大特落的灰药；榾柮儿的杂剧；温大头、小曹弹奏的嵇琴；党千吹奏的箫管；孙四的烧炼药方；王十二表演的戏术；邹遇、田地广的杂扮；苏十、孟宣的筑毬；尹常卖说五代史；刘百禽训练虫蚁；杨文秀的鼓笛等等。另外还有猴呈百戏，鱼跳刀门，使唤蜂蝶，追呼蝼蚁等演出。其他如卖药、卖卦、沙书、地谜等等，各种奇异巧妙的演出，数以百计，每天都令人耳目一新。到正月初七日，各国使者入朝辞行出了宫门，宫前的灯山已张灯结彩，金碧辉煌，相互照射，锦绣灿烂，交相辉映。朝向宣德楼的一面，全都以彩带结扎，重重叠叠，堆积如山，上面画着各种神仙故事。有那坊市中卖药卖卦之人，在山棚前横着排列三座彩门，各有彩带装饰，上面还有用金泥书写的很大的牌匾，中间的彩门叫都门道，左右两边叫左右禁卫之门，上面的大牌匾写着“宣和与民同乐”。綵山左右，用綵带装饰文殊、普贤菩萨，文殊、普贤分别骑着狮子、白象，各从手指流出水柱五道，使他们的手摇动。又用辘轳提水到灯山的最高处，用木櫃贮水，并按时放下，犹如瀑布之状。又在左右两座彩门上，各用草把扎成正在嬉戏的龙的形状，用青色的帷幕遮笼，并在草把上密密麻麻地放置灯烛数万盏，远远看去，蜿蜒起伏如双龙飞走。从灯山到宣德门城楼前的横大街，约有百余丈之遥，用荆棘芒刺围绕，叫作“棘盆”。其中设有两根长竿，高达数十丈，各用绳索扎缚，又用纸糊成百戏人物，悬挂在竿上，风来吹动，宛如天上飞行的神仙。“棘盆”内设乐棚，差遣府衙中的乐人奏乐、演出杂戏，连同左右军百戏，在其中统一安排。宣德楼上都垂挂镶黄边的帘子，楼上正中的座位是天子的御座。用黄罗设置一綵棚，御龙直军士执黄盖、掌扇，排列在帘外。宣德楼两旁的朵楼各挂灯球一只，方圆约一丈有余，球中点燃巨烛。帘内也奏乐，宫嫔的嬉笑之声，飘下城楼，外面都能听到。楼下用大木垒成露台一所，用彩带装饰栏杆，露台两边都有禁卫兵士排列。兵士身穿锦袍，幞头上插着天子所赐的花，手执骨朵子，面朝乐棚。教坊、钧容直、露台弟子，不断更替演出杂剧。靠近彩门处也有内等子班直排列警卫。百姓都在露台下观看演出，乐人不时带领百姓高呼万岁。

十四日车驾幸五岳观

原文 正月十四日，车驾幸五岳观迎祥池[①]。有对御。谓赐群臣宴也。至晚还内。围子亲从官[②]，皆顶毬头大帽[③]，簪花，红锦团答戏狮子衫，金镀天王腰带[④]，数重骨朵[⑤]。天武官皆顶双卷脚幞头，紫上大搭天鹅结带宽衫[⑥]。殿前班顶两脚屈曲向后花装幞头[⑦]，著绯青紫三色撚金线结带望仙花袍[⑧]，跨弓箭，乘马，一扎鞍辔[⑨]，缨绋前导[⑩]。御龙直一脚指天一脚圈曲幞头[⑪]，着红方胜锦襖子[⑫]，看带束带[⑬]，执御从物，如金交椅、唾盂、水罐、菓垒、掌扇、缨绋之类。御椅子皆黄罗珠蹙[⑭]，背座则亲从官执之[⑮]。诸班直皆幞头锦襖束带。每常驾出[⑯]，有红纱帖金烛笼二百对[⑰]，元宵加以琉璃玉柱掌扇灯。快行家各执红纱珠络灯笼[⑱]。驾将至，则围子数重外，有一人捧月样兀子[⑲]，锦覆于马上。天武官十余人簇拥扶策[⑳]，喝曰“看驾头”[㉑]。次有吏部小使臣百余[㉒]，皆公裳[㉓]，执珠络毬杖[㉔]，乘马听唤。近侍余官皆服紫绯绿公服[㉕]，三衙、太尉、知阁、御带罗列前导[㉖]。两边皆内等子，选诸军膂力者[㉗]，着锦襖顶帽，握拳顾望，有高声者，捶之流血。教坊、钧容直乐部前引㉘，驾后诸班直马队作乐，驾后围子外，左则宰执侍从㉙，右则亲王、宗室、南班官㉚。驾近则列横门，十余人击鞭，驾后有曲柄小红绣伞，亦殿侍执之于马上㉛。驾入灯山，御辇院人员辇前喝“随竿媚来㉜”，御辇团转一遭，倒行观灯山，谓之“鹁鸽旋”，又谓之“踏五花儿”，则辇官有喝赐矣㉝。驾登宣德楼，游人奔赴露台下。

注释

①车驾：指代天子。幸：封建时代帝王亲临曰“幸”。

②围子：据《宋史》卷一百八十八《兵志》二“步军·天武”军下原注，“……有宽衣天武一指挥充驾出禁卫围子。……禁围只差天武。……诏：禁围子合用天武人民……”可知围子又叫“禁围”“禁围子”，负责驾出时警卫，由天武军专司其事。亲从官：亲随、随从官员。

③顶：以头承戴。毬头大帽：未详。似指帽子上有一球状饰物。

④金镀：镀金。

⑤骨朵：见本卷“元宵”条注㊴。

⑥衫：古代指无袖头的开衩上衣。多为单衣，亦有夹衣。

⑦殿前班：当指殿前司所属诸班直。入则侍卫殿陛，出则扈从乘舆，大礼则提点编排，整肃禁卫卤簿仪仗，掌宿卫之事。

⑧撚：似当为撚（niǎn）。撚金线：以金线撚丝用作装饰。

⑨一扎：此似有“一式”之意。鞍辔：鞍子和驾驭牲口的嚼子、缰绳。

⑩缨绋：犹拂尘。

⑪御龙直：宋殿前司步军诸军之一，专掌仪仗之事。见《宋史·职官志》六。

⑫方胜：形状像由两个菱形部分重叠相连而成的一种首饰。后借指这种形状。袄子：“袄”。短于袍而长于襦的有衬里上衣。

⑬看带：未详。

⑭蹙（cù）：一种刺绣方法。刺绣时紧拈其线，使之紧密匀贴。

⑮背座：未详。或为有靠背的椅子。

⑯每常：平时，平常。

⑰烛笼：灯笼。

⑱快行家：亦称“快行”“快行客”。宋代宫廷中供奔走传达命令的吏役。珠络：缀珠而成的网络。此指缀有珍珠。

⑲兀（wù）子：“杌子”，小矮凳。

⑳天武官：天武军军士。扶策：搀扶；支撑。

㉑驾头：宋代帝王出行时仪仗之一。宋沈括《梦溪笔谈·故事一》：“正衙法座，香木为之，加金饰，四足堕角，其前小偃，织藤冒之，每车驾出幸，则使老内臣马上抱之，曰驾头。”宋陆游《老学庵笔记》卷二：“驾头，旧以一老宦者抱绣

裹兀子于马上，高庙时犹然，今乃代以阁门官，不知自何年始也。”参照本书，似陆游说为是。

㉒吏部：古代六部之一。置尚书等官，主管官吏任免、考课、升降、调动之事。清末废，并其职掌于内阁。小使臣：使臣，是宋代八、九品十等武阶官的总称。正八品敦武郎（原称内殿承制，后又改称训武郎）和修武郎（原称内殿崇班）通称大使臣。从八品从义郎（原称东头供奉官）和秉义郎（原称西头供奉官），正九品忠训郎（原称左侍禁）、忠翊郎（原称右侍禁）、成忠郎（原称左班殿直）和保义郎（原称右班殿直），从九品承节郎（原称三班奉职）和承信郎（原称三班借职）通称小使臣。有时亦以诸司正使、诸司副使等称大使臣。在军中，使臣可任统兵官，或派作侦察、传递公文等差使。

㉓公裳：犹公服。

㉔毬杖：亦作“毬仗”。本是击毬用具。宋时以击毬之杖涂饰金银，作为仪仗，用于导引。

㉕近侍：亲近侍从之人。公服：据《宋史》卷一百五十三《舆服志》五载，“公服。凡朝服谓之具服，公服从省，今谓之常服。宋因唐制，三品以上服紫，五品以上服朱，七品以上服绿，九品以上服青。其制，曲领大袖，下施横襕，束以革带，幞头，乌皮靴。自王公至一命之士，通服之。”

㉖三衙：宋掌管禁军的军事机构，即殿前都指挥使司、侍卫亲军马军都指挥使司、侍卫亲军步军都指挥使司，合称三衙。此“三衙”当指三衙首领。太尉：宋三公之一。政和二年（1112）改，为武臣阶官之首。知阁：当为“知阁门事”的省称。宋代官在右武大夫以上任阁门事者称知阁门事，兼客省、四方馆事。御带：武官名。宋初，选三班以上武官亲信者佩櫜，御剑，称御带，或以宦官充任。咸平元年（998），改称带御器械。

㉗膂（lǚ）力：此指有力者。膂力：体力。

㉘乐部：此当指乐队。

㉙宰执：宋宰相与执政统称。宋前后以同中书门下平章事、同平章事、尚书左右仆射、左右丞相、侍中为宰相，以参知政事、门下侍郎、中书侍郎、尚书左右丞、枢密使、枢密副使、知枢密院事、同知枢密院事、签书枢密院事等为执政。侍从：宋称殿阁学士、直学士、待制与翰林学士、给事中、六部尚书、侍郎为侍从，中书舍人、起居郎、起居舍人以下为小侍从，外官带诸阁学士、待制者为在外侍从。

㉚亲王：皇族中封王者。宗室：皇族。南班官：“环卫官”。宋承唐制，置左右金吾卫、左右卫、左右骁卫、左右武卫、左右屯卫、左右领军卫、左右监门卫、左右千牛卫上将军、大将军、将军，号为环卫官。无职事，亦无定员，仅为武臣赠

典及安置武职闲散人员，并除拜宗室而已。南宋时，略有变动。

㉛殿侍：北宋无品武阶官名，位三班借差下，大将上。政和后，改名下班祗应。

㉜御辇院：宋代掌供奉乘舆、步辇、车乘的机构。以诸司使、内侍充任监官。所属有供御指挥使、副兵马使、供御辇官、次供御辇官、下都军使、下都辇官等，分掌轮直御辇、车舆，以供所需。

㉝喝赐：因喝“随竿媚来”而得到赏赐。

译文

正月十四日，天子亲临五岳观迎祥池。此日，天子赐群臣宴。到晚上天子方回宫。负责警卫的围子、亲从官，全都头戴毬头大帽，上面插花，身穿红锦团答戏狮子衫，束镀金天王腰带，持数重骨朵以为仪仗。天武军官员皆头戴后面双卷脚的幞头，身穿紫色上大搭天鹅结带宽衫。殿前诸班头戴两脚屈曲向后的花装幞头，身穿红、青、紫三种颜色镶有撚金线的结带望仙花袍，身佩弓箭，骑马，一式的鞍辔，以缨绋为前导。御龙直军士头戴一脚指天、一脚圈曲的幞头，身穿有红色方胜图形的锦襖子，看带束带，手执天子的随身用具，如金交椅、唾盂、水罐、果垒、掌扇、缨绋之类的东西。天子的御用椅子全由黄罗绣着匀贴的珍珠，背座则有亲从官拿着。诸班直军士全都戴幞头，穿锦袄，束腰带。平时天子车驾出行，有红纱帖金灯笼二百对，元宵节增加琉璃玉柱掌扇灯。快行家手执缀有珍珠的红纱灯笼。车驾将至，则除围子数重外，有一人手捧月状的兀子，用锦锻覆盖在马上，天武军官员十余人簇拥扶持，大声喝叫“看驾头”。接着有吏部小使臣百余人，皆穿公服，手执缀有珍珠的毬杖，乘在马上，听候使唤。近侍和其余官员皆穿紫、红、绿公服，三衙的长官、太尉、知阁门事、御带排列为前导。两边全是内等子，选诸军中有力者，穿锦袄、带帽，握着拳四下看望，有高声喧哗的，拳打脚踏直至流血。教坊、钧容直的乐队为前导，天子车驾后的诸班直乐队奏乐，车驾后面围子外，左面是宰执、侍从，右面是亲王、宗室、南班官。车驾将近，则列成横门，十余人击鞭壮威，车驾后有曲柄的小红绣伞，也由殿侍手持，骑马紧随。车驾到灯山，御辇院人员在辇前呼喝“随竿媚来”。御辇围绕灯山转一圈，倒行着看灯山，叫作“鹁鸽旋”，又叫做“踏五花儿”，辇官即能因呼喝得到赏赐。天子登上宣德楼，游人则奔赴露台之下观看演出。

十五日驾诣上清宫

原文 十五日，诣上清宫，亦有对御[①]。至晚回内。

注释 ①对御：谓皇帝赐宴，与群臣共饮。

译文 正月十五日，天子车驾前往上清宫，天子亦赐宴，与群臣共饮。到晚上回宫。

十六日

原文

十六日，车驾不出，自进早膳讫，登门[①]，乐作卷帘，御座临轩宣万姓[②]。先到门下者，犹得瞻见天表[③]，小帽红袍，独卓子[④]。左右近侍，帘外伞扇执事之人[⑤]。须臾下帘则乐作[⑥]，纵万姓游赏[⑦]。两朵楼相对，左楼相对郓王以次綵棚幕次[⑧]，右楼相对蔡太师以次执政戚里幕次[⑨]。时复自楼上有金凤飞下诸幕次[⑩]，宣赐不辍[⑪]。诸幕次中家妓[⑫]，竞奏新声，与山棚露台上下，乐声鼎沸。西朵楼下，开封尹弹压[⑬]，幕次罗列罪人满前，时复决遣[⑭]，以警愚民。楼上时传口敕[⑮]，特令放罪[⑯]。于是华灯宝炬[⑰]，月色花光，霏雾融融[⑱]，动烛远近。至三鼓，楼上以小红纱灯毬缘索而至半空[⑲]，都人皆知车驾还内矣。须臾间楼外击鞭之声，则山楼上下灯烛数十万盏，一时灭矣。于是贵家车马，自内前鳞切，悉南去游相国寺。寺之大殿前设乐棚，诸军作乐。两廊有诗牌灯云："天碧银河欲下来，月华如水照楼台"，并"火树银花合，星桥铁锁开"之诗。其灯以木牌为之，雕镂成字，以纱绢幂之[⑳]，于内密燃其灯，相次排定，亦可爱赏。资圣阁前，安顿佛牙[21]，设以水灯[22]，皆系宰执戚里贵近占设看位[23]。最要闹九子母殿，及东西塔院惠林、智海、宝梵，竞陈灯烛，光彩争华，直至达旦。其余宫观寺院[24]，皆放万姓烧香。如开宝、景德、大佛寺等处，皆有乐棚，作乐燃灯。惟禁宫观寺院，不设灯烛矣。次则葆真宫，有玉柱玉帘窗隔灯。诸坊巷、马行，诸香药铺席、茶坊、酒肆灯烛，各出新奇。就中莲华王家香铺灯火出群，而又命僧道场打花钹、弄椎鼓[25]，游人无不驻足。诸门皆有官中乐棚。万街千巷，尽皆繁盛浩闹[26]。每一坊巷口，无乐棚去处，多设小影戏棚子[27]，以防本坊游人小儿相失，以引聚之[28]。殿前班在禁中右掖门里[29]，则相对右掖门设一乐棚，放本班家口登皇城观看[30]。官中有宣赐茶酒妆粉钱之类[31]。诸营班院[32]，于法不得夜游，各以竹竿出灯毬于半空，远近高低，若飞星然。阡陌纵横[33]，城闉不禁[34]。别有深坊小巷[35]，绣额珠帘，巧制新妆，竞夸华丽。春情荡飏[36]，酒兴融怡[37]，雅会幽欢[38]，寸阴可惜[39]，景色浩闹，不觉更阑[40]。宝骑骎骎[41]，香轮辘辘[42]，五陵年少[43]，满路行歌[44]，万户千门，笙簧未彻[45]。市人卖玉梅、夜蛾、蜂儿、雪柳、菩提叶、科头圆子、拍头焦缒[46]。唯焦缒以竹架子出青伞上，装缀梅红缕金小灯笼子[47]，架子前后，亦设灯笼，敲鼓应拍，团团转走，谓之“打旋罗”，街巷处处有之。至十九日收灯[48]，五夜城闉不禁，尝有旨展日[49]。宣和年间，自十二月于酸枣门二名景龙门上，如宣德门元夜点照[50]，门下亦置露台，南至宝箓宫，两边关扑买卖[51]。晨晖门外设看位一所，前以荆棘围绕，周回约五七十步[52]，都下卖鹌鹑骨饳儿、圆子、䭔拍、白肠、水晶鲙、科头细粉、旋炒栗子银杏、盐豉汤、鸡段、金桔、橄榄、龙眼、荔枝诸般市合[53]，团团密摆，准备御前索唤[54]。以至尊有时在看位内[55]，门司[56]、御药、知省、太尉悉在帘前，用三五人弟子祗应[57]。籸盆照耀[58]，有同白日。仕女观者[59]，中贵邀住[60]，劝酒一金盃令退。直至上元，谓之“预赏”。惟周待诏瓠羹贡余者，一百二十文足一个，其精细果别如市店十文者。

注释

①登门：当指宣德楼城楼。

②御座：亦作“御坐”。本指皇帝的宝座，此当指皇帝。轩：本指栏杆，此指城楼。宣：宣召。

③瞻见：瞻仰到，见到。天表：天子的仪容。

④卓子：几案。

⑤执事：供役使之人。

⑥须臾：片刻。

⑦纵：此有“听凭”“听任”之意。游赏：游览观赏。

⑧朵楼：宣德楼之东西楼。郓王：宋徽宗第三子赵楷。以次：本指以次序，还含有按地位尊贵高低排列之意。幕次：临时搭的帐幕。

⑨蔡太师：蔡京。戚里：帝王外戚聚居之处。后因借指外戚。

⑩时复：时常，不时。金凤：当指金色的凤凰状的物件。据上下文意，可能是，由城楼飞下金凤，飞到谁的幕帐，谁就能得到天子赏赐。

⑪宣赐：谓帝王赏赐。辍（chuò）：停，中止。

⑫家妓：豪门贵族家中的歌舞女伎。

⑬开封尹：开封府尹，开封府的长官。不常设。宋时选差亲王担任，兼功德使，主管京城民政、狱讼、捕除寇盗。弹压：控制；制服；镇压。此有“戒备控制”之意。

⑭决遣：审判发落。

⑮口勅：亦作“口敕”，帝王的口谕。

⑯放罪：赦罪开释。

⑰炬：烛。

⑱霏雾：飘拂的云雾。融融：和乐的样子。

⑲灯毬：灯球。球形的彩灯。缘索：沿着悬挂彩灯的绳索。

⑳幂：覆盖，遮掩。

㉑佛牙：相传释迦牟尼死后，留下四颗牙齿，佛教徒奉为珍宝，特予供奉，称佛牙。

㉒水灯：浮于水面的灯。

㉓贵近：显贵的近臣。

㉔宫观寺院：此指佛、道教的庙宇。

㉕僧道场：此指做道场。道场：请和尚或道士做法事。钹（bó）：乐器。二圆铜片，中部隆起为半球形，穿孔以革贯之，两片合击发声。其大者谓之铙，亦统称为铙钹。椎鼓：击鼓。

㉖浩闹：繁盛热闹。

㉗影戏：宋代伎艺，即现代的皮影戏、纸影戏。

㉘引聚：领路团聚。

㉙殿前班：在殿前侍值的诸班直。

㉚家口：家中人口。引申为家人。

㉛粧粉钱：指赏赐给女眷的钱。

㉜诸营班院：指各有关官署。营指各军营，班指诸班直，院指为帝王服务的机构，如御辇院等。

㉝阡（qiān）陌：本指田界、田间小路，此指街道，道路。

㉞城闉（yīn）：古代城门外的瓮城，也泛指城郭。此指城门。

㉟深坊：此指离闹市较远的街坊。

㊱荡飏：荡漾。

㊲融怡：融洽，和乐。

㊳雅会：风雅的集会。幽欢：幽会的欢乐。

㊴可惜：值得珍惜。

㊵更阑：更深夜残。

㊶骎骎（qīnqīn）：马疾速奔驰的样子。

㊷香轮：指贵妇乘坐的车子。辘辘：形容车行声。

㊸五陵年少：指京都富豪子弟。典出白居易《琵琶行》。

㊹行歌：边走路边唱歌。

㊺笙簧：指笙。簧，笙中簧片。彻：尽，完。

㊻玉梅：宋时元宵节用绢或纸做的假花，为妇女首饰之一。夜蛾：未详。蜂儿：蜂。夜蛾、蜂儿当均为当时妇女的头饰。雪柳：宋代妇女在立春日和元宵节时插戴的一种绢或纸制成的头花。《宣和遗事》前集："少刻，京师民有似雪浪，尽头上戴着玉梅、雪柳、闹娥儿。"菩提叶：当指菩提叶状的饰物。科头圆子：纸或丝织品制成的无盖布的圆形花灯。焦䭔：蒸饼、烧饼一类的食品。

㊼梅红：像红梅那样的颜色。缕金：以金丝为饰。

㊽收灯：指灯节结束。

㊾展日：延长日子，延期。

㊿点照：点灯照明。

51关扑：以商品为诱饵赌掷财物的博戏。

㊷周回：周围。步：长度单位。其制历代不一。旧时营造尺以五尺为步。

㊸骨蚀儿：未详。鎚拍：亦作“鎚饳”，饼类食物。水晶脍：亦作“水晶鲙”。将切细的鱼、肉碎片配以佐料，经烹饪、冷冻后而成的半透明块状食品。银杏：白果。科头细粉：以淀粉为原料制成的一种食品名。市合：见卷二“东角楼街巷”注⑩。

㊹御前：皇帝座位之前，因指帝王所在之处。

㊺至尊：最为尊贵。后多指代帝王。

㊻门司：守门的小吏。御药：当指御药院官员。御药院，至道三年（997）置，掌按验秘方，调制药品供皇帝及宫廷用。勾当官无常员，以入内内侍省宦官充任。知省：宫廷的内侍官。省，指内侍省。据《武林旧事》卷七载，“（淳熙三年五月二十一日天申圣节，太上宣谕知省云）：‘官家已醉，可一路小心照管。’知省等领圣旨还内。”

㊼人：个，名。祗应：恭敬地伺候。

㊽籸（shēn）盆：指以麻籸为燃料的照明火盆。宋程大昌《演繁露·镣炉》：“本为此灶，止以燃火照物，若今之生麻籸盆也。”又旧俗，岁时送神或祠祭、燕设，燃火于门外以祀神，兼取旺盛之相，亦谓之籸盆，燃料不限于麻籸。

㊾仕女：指官宦人家的女子。

⑩中贵：显贵的侍从宦官。

译文

正月十六日，天子不出宫。从用早膳毕，登宣德楼城楼。待乐声起，卷起垂挂的帘子，天子亲临城墙宣谕百姓。先赶到城楼下的，还能瞻仰到天子的仪容。天子头戴小帽，身穿红袍，单独一几案。两旁近侍拱立，帘外是撑盖伞、持掌扇及供役使之人。片刻，放下帘子，乐声大作，听任百姓游览观赏。两朵搂遥遥相对，左楼相对着郓王以下依次排列的綵棚、帐幕；右楼相对着太师蔡京以下依次排列的执政、外戚的綵棚、帐幕。不时从城楼上有“金凤”飞下，落在各个帐幕，天子的赏赐不停。各帐幕中的歌舞女伎，竞相演奏新制的乐曲，与山棚、露台上下交融，乐声鼎沸。西朵楼下面，开封府尹派军士戒备控制，帐幕前排列的罪犯站得满满的，并不断地审判发落，以儆戒百姓。城楼上不时传下天子的口谕，特令赦罪开释。此时，华美的灯笼、贵重的巨烛，以及月色花光，在飘拂的轻雾中洋溢着和乐的气氛，晃动的烛光远近都是。至三更时，城楼上用小红纱灯球沿绳索悬挂在半空，京城中人都知道天子已经回宫了。片刻，听到城楼外击鞭之声，于是山棚、城楼上下的灯烛数十万盏，一时全都熄灭。此时，富贵人家的车马，从皇宫前鳞次栉比，挤擦着全都朝南去游览相国寺。相国寺大殿前设乐棚，诸军奏乐。大殿两廊有诗牌灯，上面写有“天碧银河欲下来，月华如水照楼台”和“火树银花合，星桥铁锁开”等诗句。那些灯用木牌做成，木牌雕镂成字，用纱绢遮覆在木牌上，在其中密集地点上灯烛，并按次序排列，也颇值赏玩。资圣阁前面，安顿佛牙，又设置水灯，全是宰执、外戚、近臣占据安放观看的座位。寺中最热闹的是九子母殿，及东西塔院的惠林、智海、宝梵等院，竞相陈列各种灯烛，光彩夺目，争奇斗艳，直至天明。其余的宫观寺院，都放百姓入内烧香。而如开宝寺、景德寺、大佛寺等处，都设有乐棚，奏乐点灯。只是禁止各宫观寺院内设灯点烛。其次是葆真宫，有玉柱玉帘窗隔灯，最为著名。城中各坊巷及马行街上的各家香药店铺、茶坊、酒肆的灯烛，各自拿出新奇的样式。其中莲华王家香铺的灯火最为出众，而且又请和尚道士做道场，打花钹、弄椎鼓，经过的游人无不驻足观看。京城各门都有官府设置的乐棚。城中万街千巷，到处繁华热闹。每一坊巷口，没有乐棚之处，大多设有小影戏棚子，以防备本街坊游人的小孩走失后安顿，且引路寻访使和家人团聚。殿前诸班直在宫内右掖门里，在相对右掖门处设一乐棚，安排本班家人登上皇城观灯。宫中也有天子赏赐的茶钱、酒钱、妆粉钱之类。各营、班、院，按法规定不得夜游，各在驻地用竹竿挂出灯球在半空，远近高低，随风摇曳，犹如天上的飞星一样。城内外的道路纵横交错，节日期间出入京城不加禁止。城内那些深坊小巷，人们也都在门上挂上绣额珠帘，且都制作精巧，妆点新奇，竞相夸耀华丽。春情荡漾，酒兴融融，风雅的聚会、幽会的欢乐，每一刻时光都分外令人珍惜，景色诱人、热闹繁华，游人不觉更深夜残。名贵的宝马疾速奔驰，贵妇的香车车轮辘辘，富家子弟，满街边走边唱，千家万户，乐声整夜不绝。市井之人出售玉梅、夜蛾、蜂儿、雪柳、菩提叶等饰物，科头圆子这类彩灯及拍头焦䭔等食品。只有焦䭔用竹架子置于青伞之上，并装缀梅红色以金丝为饰的小灯笼，架子前后，也设有灯笼，敲着鼓应着节拍，围着架子团团转走，叫作“打旋罗”，街巷中处处可见。自元宵至十九日收灯，五天夜晚城门不加禁止，而且，天子曾有圣旨灯节延期。徽宗宣和年间，从十二月起在酸枣门又叫景龙门上，像宣德门元宵节夜晚点灯照明那样，门下也设置露台，往南一直到宝箓宫，两边都是各类关朴、买卖。晨晖门外设有看位一所，看位前用荆棘围绕，周围约有五七十步。京城中卖鹌鹑骨饳儿、圆子、䭔拍、白肠、水晶鲙、科头细粉、现炒的栗子白果、盐豉汤、鸡段、金桔、橄榄、龙眼、荔枝等各种物品纷纷上市，团团地密密摆放，准备宫中随时索要。因天子有时在看位内，门司、御药、知省、太尉等全在帘外站立，由三五个教坊弟子小心伺候。粆盆中火光照耀，有如白天一般。官宦人家的女子前来观看，天子身边的显贵宦官邀住，劝酒一金杯，然后命其退下。这样一直延续到元宵节，叫作“预赏”。惟有周待诏瓠羹店的瓠羹，在送入宫中余下以后，一百二十文足足的一个，那精细果然有别于像在集市店铺中十文买一个的那种瓠羹。

收灯都人出城探春

原文 收灯毕，都人争先出城探春。州南则玉津园外、学方池亭榭、玉仙观，转龙弯西去，一丈佛园子、王太尉园，奉圣寺前孟景初园，四里桥望牛冈、剑客庙。自转龙弯东去陈州门外，园馆尤多[①]。州东宋门外快活林、勃脐陂[②]、独乐冈、砚台、蜘蛛楼、麦家园、虹桥、王家园。曹、宋门之间东御苑、乾明崇夏尼寺[③]。州北李驸马园。州西新郑门大路，直过金明池西，道者院[④]，院前皆妓馆。以西宴宾楼，有亭榭、曲折池塘、鞦韆画舫，酒客税小舟帐设游赏[⑤]。相对祥祺观，直至板桥，有集贤楼、莲花楼，乃之官河东、陕西五路之别馆[⑥]，寻常饯送置酒于此。过板桥，有下松园、王太宰园、杏花冈，金明池角南去水虎翼巷，水磨下蔡太师园[⑦]。南洗马桥西巷内，华严尼寺、王小姑酒店。北金水河两浙尼寺、巴娄寺，养种园，四时花木，繁盛可观。南去药梁园、童太师园[⑧]。南去铁佛寺、鸿福寺、东西栢榆村。州北模天坡角桥，至仓王庙、十八寿圣尼寺、孟四翁酒店。州西北元有庶人园[⑨]，有创台、流盃亭榭数处，放人春赏。大抵都城左近[10]，皆是园圃[11]，百里之内，并无闲地[12]。次第春容满野[13]，暖律暄晴[14]，万花争出。粉墙细柳斜笼[15]，绮陌香轮暖辗[16]。芳草如茵[17]，骏骑骄嘶，香花如绣，莺啼芳树，燕舞晴空。红粧按乐于宝榭层楼[18]，白面行歌近画桥流水[19]。举目则鞦韆巧笑[20]，触处则蹴踘疎狂[21]。寻芳选胜，花絮时坠金樽；折翠簪红，蜂蝶暗随归骑。于是相继清明节矣。

注释

①园馆：园林楼馆。

②陂（bēi）：山坡。

③尼寺：尼姑居住的寺院。

④道者院：道士居住的寺院。

⑤税：租借、租赁。帐设：犹帐具。

⑥之官：上任，前往任所。河东：河东路，北宋至道三年（997）所设十五路之一，治并州（嘉祐四年升为太原府，今山西太原）。辖境相当今山西芦芽山、管涔山和内长城以南，龙门山、稷王山、中条山东北，陕西吴堡、佳县以北地区。陕西：陕西路。北宋至道三年（997）所设十五路之一。治京兆府（今陕西西安）。熙宁五年（1072）分为永兴军、秦凤二路，元丰元年（1078）仍并为陕西路。元丰四年又分为鄜延、泾原、环庆、熙河四路，因有“河东、陕西五路”之说。

次年又并为陕西路，八年，又分为永兴军、秦凤二路。别馆：别墅、客馆。

⑦下：指下首。

⑧童太师：童贯（1054—1126），宋开封人，字道夫（一作道辅），宦官。因善迎合徽宗意图而获宠，与蔡京相勾结。京为相，他被荐监西北边军，积军功迁武康军节度使。使契丹还，开府仪同三司，领枢密院事，权比宰相，握兵权二十年，骄恣专横，势倾一时，为"六贼"之一。钦宗时，贬窜英州（今广东英德），后处死于南雄州。

⑨元：原。

⑩左近：邻近、附近。

⑪园圃：种植瓜果蔬菜的场地。

⑫阒：阒的俗字，空也。《易·丰》："阒其无人。"《注》："阒，空也。"

⑬次第：转眼、顷刻。

⑭暖律：古代以时令合乐律，温暖的节候称"暖律"。春天已转暖，故称暖律。暄晴：温暖晴朗。

⑮斜笼：委婉地收笼。

⑯绮陌：繁华的街道，亦指风景美丽的郊野道路。

⑰茵：衬垫，褥子。

⑱红粧：亦作"红妆"，指美女。按乐：奏乐。

⑲白面：少年。高适《送郭处士》：“少年词赋皆可听，秀眉白面风清冷。”

⑳巧笑：美好的笑容。

㉑蹴踘：古代军中习武之戏，类似今之足球。踈狂：疏狂，狂放不羁的样子。

译文

元宵节收灯后，京城中人纷纷争先出城探春。州城南面除玉津园外，有学方池亭榭、玉仙观，由转龙弯向西去，有一丈佛园子、王太尉园，奉圣寺前有孟景初园，以及四里桥望牛冈、剑客庙。从转龙弯向东去陈州门外，园林楼馆特多。州城东宋门外有快活林、勃脐陂、独乐冈、砚台、蜘蛛楼、麦家园、虹桥、王家园。在曹门和宋门之间有东御苑、尼姑寺院乾明崇夏寺。州城北面有李驸马园。州西的新郑门大路，一直过金明池西，是道观，院前全是妓院。再向西是宴宾楼，有亭榭、曲折的池塘、鞦韆、画舫，酒客可租赁小舟、帐具在其中游玩观赏。和宴宾楼相对的是祥祺观，一直到板桥，有集贤楼、莲花楼，乃是到河东、陕西五路上任官员的客馆。平常饯别送行都在此两楼设置酒宴。过板桥，有下松园、王太宰园、杏花冈，从金明池角上向南去是水虎翼巷，水磨的下首是蔡太师园。南洗马桥西巷内，是华严尼寺、王小姑酒店。北金水河有两浙尼寺、巴娄寺，养种园内，四时花木，繁茂兴盛颇值得观赏。向南去是药梁园、童太师园。再往南去是铁佛寺、鸿福寺、东西栢榆村。州北有模天坡角桥，可到仓王庙、十八寿圣尼寺、孟四翁酒店。州城西北原有庶人园，有创台、流杯台榭等数处，可让人入内赏春。大致在京城附近，皆是种植瓜果蔬菜之地，京城郊外百里之内，并无闲置之地。转眼间，春意充满原野，气候温暖晴朗，万花争相开放。白色的围墙上细嫩的柳枝委婉地聚拢，郊外的道路上香车的车轮轻暖地辗过。芳草如轻软的褥子，骏马在欢快地嘶叫。香花犹如锦绣，黄莺在芳树鸣啼，燕子在晴空飞舞。红妆美女在宝榭层楼奏乐，白面书生于画桥流水行歌。举目所见，是鞦韆上倩女美好的笑容，所到之处，是蹴鞠场上少年男儿狂放不羁的身影。探寻春意，选取胜景，花絮不时坠入金樽；折来翠枝，插上红妆，蜂蝶暗中追随归骑。于是，接着就是清明节了。

卷第七

清明节

原文 清明节[①]，寻常京师以冬至后一百五日为大寒食[②]。前一日谓之“炊熟”，用面造枣餬飞燕[③]，柳条串之，插于门楣[④]，谓之“子推燕”[⑤]。子女及笄者[⑥]，多以是日上头[⑦]。寒食第三节，即清明日矣[⑧]。凡新坟皆用此日拜扫。都城人出郊。禁中前半月，发宫人车马朝陵[⑨]，宗室南班近亲[⑩]，亦分遣诣诸陵坟享祀[⑪]，从人皆紫衫、白绢三角子、青行缠[⑫]，皆系官给。节日，亦禁中出车马，诣奉先寺道者院，祀诸宫人坟[⑬]，莫非金装绀幰[⑭]，锦额珠帘[⑮]，绣扇双遮，纱笼前导，士庶阗塞[⑯]。诸门纸马铺[⑰]，皆于当街用纸究迭成楼阁之状[⑱]。四野如市，往往就芳树之下[⑲]，或园囿之间[⑳]，罗列杯盘，互相劝酬。都城之歌儿舞女，遍满园亭，抵暮而归。各携枣餬、炊饼、黄胖、掉刀[㉑]，名花、异果，山亭、戏具[㉒]，鸭卵鸡雏[㉓]，谓之“门外土仪”。轿子即以杨柳杂花装簇顶上，四垂遮映。自此三日，皆出城上坟，但一百五日最盛。节日，坊市卖稠饧、麦糕、乳酪、乳饼之类[㉔]。缓入都门，斜阳御柳；醉归院落，明月梨花。诸军禁卫[㉕]，各成队伍，跨马作乐四出，谓之“摔脚”。其旌旄鲜明㉖，军容雄壮，人马精锐，又别为一景也。

注释

①清明节：“清明”。本为节气名，此日有踏青扫墓之俗，遂成风俗节日。又称“三月节”“踏青节”。此节，人们有禁火寒食，上坟扫墓之俗。

②冬至：见卷六“正月”条注。大寒食：寒食节。据《岁时广记》十五载：“民间以冬至后一百四日始禁火，谓之私寒食。又谓之大寒食。”与此似略有不同。寒食：见卷六“正月”条注⑪。

③枣錮：嵌有枣子的馒头，北方称为枣馍。

④门楣：门上横梁；门框上的横木。

⑤子推燕：寒食节本来就是纪念介子推，因有“子推燕”之说。

⑥子女：指女孩子。及笄（jī）：据《礼记·内则》载，“（女子）十有五年而笄。”郑玄注：“谓应年许嫁者。女子许嫁，笄而字之，其未许嫁，二十则笄。”笄，发簪。后因称女子年满十五为及笄。

⑦上头：指女子束发插笄，为成年的象征。

⑧此两句“第三节”“清明日”中“节”“日”两字似当互易。

⑨发：出发、启程。此指派遣。官人：官名，负责君王的日常生活事务。

⑩宗室、南班：见卷六“十四日车驾幸五岳观”条注㉚。

⑪陵坟：指皇帝的陵墓和皇族的坟墓。

⑫三角子：似指有三个角的头巾之类的东西。行缠：裹足布、绑腿布。古时男女都用，后惟兵士或远行者用。

⑬宫人：此指妃嫔。

⑭绀幰（gàn xiǎn）：天青色车幔。绀，天青色。幰，车帷。

⑮额：横挂在门上的牌匾。

⑯阗（tián）塞：拥挤堵塞。阗，盛，满。

⑰纸马铺：旧时经营香烛纸马的店铺。

⑱衮迭：卷曲折叠。

⑲芳树：泛指佳木，花木。

⑳园囿：养育花木、鸟兽之地。

㉑炊饼：蒸饼。据宋吴处厚《青箱杂记》载，为避宋仁宗赵贞讳，称炊饼。黄胖：土偶，儿童玩具。掉刀：古代战刀的一种。此指玩具刀。

㉒山亭：泥制风景建筑人物等小玩具的统称。戏具：赌具和游戏用具的统称。

㉓鸭卵：鸭蛋。鸡雏：小鸡。

㉔稠饧（xíng）：一种厚的饴糖。乳酪：食品，用牛、羊等动物乳汁提炼而成。乳饼：乳制食品名。

㉕军：为宋代的军事单位。注见前。禁卫：指禁卫军，即

禁军。

㉖旌旄：军中用以指挥的旗帜。

译文

清明节，平常京城以冬至后一百零五日为大寒食。大寒食前一日叫作“炊熟”，用面粉蒸制飞燕状的枣馅，用柳条串起来，插在门楣上，叫作“子推燕”。女孩子年满十五，大都在这一天束发插簪，以示成年。寒食第三天，就是清明节了。大抵新坟都在此日拜奠祭扫，因而京城中人纷纷前往郊外扫墓。而宫中在清明节前半个月，即派宫人乘坐车马去朝谒历代皇帝的陵墓。宗室、南班官等皇室近亲，也分别派人前往各陵墓坟茔祭祀。随从之人全都身穿紫衫，戴白绢三角子，腿裹青色绑腿，全由官家供给。清明节那天，宫中也派出车马，前往奉先寺道者院，祭祀诸妃嫔坟墓。宫中派出的车马，没有一辆不用金饰装点天青色的车幔，且有锦缎的车额、珍珠的门帘，两边由掌扇遮挡，又有绢纱灯笼为前导，士人庶民堵塞街道，驻足观看。京城各门的纸马铺，都在当街用纸卷曲折叠成楼阁的形状，供人观赏。郊外四野如集市一般，热闹异常。踏青扫墓之人，往往就在佳树之下，或园囿之间，摆列杯盘，相互敬酒。京城中男男女女的歌舞艺人，遍布各处亭园，到日暮方归。出城的人们各携枣䭉、炊饼、黄胖、掉刀，名花、异果，山亭、戏具，鸭蛋、雏鸡等各式物品，叫作“门外土仪”。而轿子就用杨柳枝条、各种杂花装点、堆簇在轿顶上，四面垂挂下来，将轿遮映起来。自大寒食起的三天中，京城中人都出城上坟，但以冬至后一百零五日最为繁盛。节日中，街坊集市中有卖稠饧、麦糕、乳酪、乳饼之类的食品。傍晚，人们缓缓进入城门，斜阳的余辉映照在御道的柳树上；微醉回到院落，明月的清光挥洒在洁白的梨花间。诸军及禁兵，各自排成队伍，骑马作乐，四出踏青，叫作“摔脚”。所有队伍，都旗帜鲜明，军容雄壮，人马精锐，又别为一种景观了。

三月一日开金明池琼林苑

原文

三月一日，州西顺天门外，开金明池琼林苑[①]，每日教习车驾上池仪范[②]。虽禁从士庶许纵赏[③]，御史台有榜不得弹劾[④]。池在顺天门外街北，周围约九里三十步，池西直径七里许[⑤]。入池门内南岸西去百余步，有面北临水殿，车驾临幸，观争标、锡宴于此[⑥]。往日旋以綵幄[⑦]，政和间用土木工造成矣[⑧]。又西去数百步，乃仙桥，南北约数百步，桥面三虹[⑨]，朱漆阑楯[⑩]，下排雁柱[⑪]，中央隆起，谓之“骆驼虹”[⑫]，若飞虹之状。桥尽处，五殿正在池之中心。四岸石甃向背[⑬]，大殿中坐，各设御幄，朱漆明金龙床[⑭]，河间云水戏龙屏风，不禁游人。殿上下回廊，皆关扑钱物、饮食，伎艺人作场、勾肆，罗列左右[⑮]。桥上两边，用瓦盆内掷头钱[⑯]，关扑钱物、衣服、动使。游人还往，荷盖相望[⑰]。桥之南立櫺星门[⑱]，门里对立綵楼[⑲]。每争标作乐，列妓女于其上。门相对街南有砖石甃砌高台[⑳]，上有楼观[㉑]，广百丈许，曰宝津楼。前至池门，阔百余丈，下阚仙桥水殿[㉒]。车驾临幸，观骑射百戏于此[㉓]。池之东岸，临水近墙皆垂杨，两边皆綵棚幕次，临水假赁[24]，观看争标。街东皆酒食店舍，博易场户[25]，艺人勾肆；质库[26]，不以几日解下[27]，只至闭池，便典没出卖[28]。北去直至池后门，乃汴河西水门也。其池之西岸，亦无屋宇，但垂杨蘸水，烟草铺堤，游人稀少，多垂钓之士，必于池苑所买牌子[29]，方许捕鱼。游人得鱼，倍其价买之，临水斫脍[30]，以荐芳樽[31]，乃一时佳味也。习水教罢[32]，系小龙船于此。池岸正北对五殿起大屋，盛大舟船，谓之“奥屋”。车驾临幸，往往取二十日。诸禁卫班直簪花，披锦绣，撚金线衫袍，金带勒帛之类[33]，结束竞逞鲜新[34]。出内府金枪[35]，宝装弓剑，龙凤绣旗，红缨锦辔[36]，万骑争驰，铎声震地[37]。

注释

①琼林苑：皇家苑囿。

②教习：教练，训练。仪范：礼法，礼仪。

③禁从：帝王侍从，特指翰林学士之类的文学侍从官。纵赏：听任观赏。

④御史台：官署名。宋承唐制，置御史台为监察机关，以御史中丞为长官。所属有三院，台院有侍御史，殿院有殿中侍御史，察院有监察御史。至元丰改制，始正官名，尽废诸使，御史台掌纠察官邪，肃正纲纪，大事廷辩，小事弹奏。榜：

公开张贴文书、告示。弹劾：由国家的专门机关对违法失职或职务上犯罪的官吏采取揭发和追究法律责任的行为。

⑤直径：此指直的距离。

⑥争标：争夺优胜。标，锦标。锡：赐。

⑦綵幄：彩绸制的幕帐。

⑧政和（1111—1116）：宋徽宗年号。

⑨虹：本指彩虹，此当指桥拱。因彩虹系圆弧形彩带，而桥拱亦为略呈弧形，故以“虹”借指“拱”。三虹，指桥有三拱。

⑩阑楯（shǔn）：栏杆。

⑪雁柱：拱柱斜排如雁行，故名雁柱。

⑫骆驼：骆驼。

⑬石甃（zhòu）：石砌的池壁。

⑭明金：明亮的金色。

⑮伎艺人：有技艺之人。作场：民间艺人在空地上表演献艺。勾肆：古时伎人俳优的卖艺场所。

⑯头钱：一种博具。共用钱六枚，博者掷下去，看“字”（正面）和“镘”（背面）的多少，决定胜负。

⑰荷盖：本指传说中用荷叶做的车盖。此指车盖，指车辆来往之多。

⑱櫺星门：旧时学宫孔庙的外门，原名灵星门，灵星即天田星后稷的代名。汉高祖命祭天先祀灵星，至宋仁宗天圣六年，

筑郊台外垣，置灵星门，象天之体。后因见门形如窗櫺，遂改为櫺星门。

⑲綵楼：用彩色绸帛结扎的棚架。一般用于祝贺节日盛典喜庆之事。

⑳甃砌：垒砌。

㉑楼观：泛指楼殿之类的高大建筑物。

㉒阚（kàn）：望，远看。

㉓骑射：骑马射箭。

㉔假赁：租借，租赁。

㉕博易：交易、贸易。场户：此指店家。

㉖质库：当铺。

㉗解下：指将物品送入当铺抵押。

㉘典没：谓没收典押物品。

㉙池苑所：指金明池、琼林苑的管理机关。

㉚斫（zhuó）脍：亦作斫鲙，薄切鱼片。此指烹饪所买之鱼。

㉛荐：佐食。芳樽：酒杯，此指代酒。

㉜水教：在水上操练。

㉝勒帛：丝织腰带。

㉞结束：装束、打扮。

㉟内府：皇室府库。

㊱锦辔：锦制的马缰绳。

㊲铎：铃铛，悬挂在牛马的颈项。

译文

三月一日，州城西顺天门外，开放金明池、琼林苑，每天操练天子车驾来金明池的仪规。即使是天子的文学侍从、士人庶民都准许观看，御史台也有文告，对此不准弹劾。金明池在顺天门外街的北面，周围约九里三十步，池向西面直径大约有七里多。进入金明池门内池的南岸向西去百余步，有朝北的临水大殿，天子亲临金明池，观看争夺锦标、赐宴都在此殿。以往天子驾临，只是临时搭建彩色幕帐，到政和年间，则用土木由工匠建造成大殿了。再向西去数百步，是仙桥，桥自南到北长约数百步，桥面有三拱，犹如三条彩虹，朱红色油漆的栏杆，下面桥柱排列如雁行，桥的中央隆起，叫作“骆驼虹”，远远看去，犹如飞虹之状。桥的北面尽头，五殿恰在金明池的中心。金明池四岸石砌的池壁相对相背，大殿中所设座席，各自设置御用帷幄，还有朱漆明金龙床，河间云水戏龙屏风，也不禁止游人观赏。大殿上下回廊，都是赌掷钱物、饮食的博戏场所，艺人卖艺的作场、勾肆，也分列左右。桥上及桥的两边，用瓦盆在盆中掷头钱，以赌博钱物、衣服及各种器具。游人来往，车盖相望，颇为热闹。桥的南面立櫺星门，门里面相对设立两座彩楼。每当争夺锦标时奏乐，彩楼上站列许多妓女。和櫺星门相对，在街南有砖石垒砌的高台，台上有楼殿，广百丈有余，叫宝津楼，前面一直到金明池大门，阔有百余丈，向下可俯瞰仙桥、水殿。天子亲临，在此观看骑射、百戏。金明池东岸，临水和靠近围墙处都是垂杨，两边都是彩棚、幕帐，临水的彩棚幕帐可以租赁，在内观看争夺锦标。街的东面都是酒食店铺、交易店家及艺人演艺的场所。街上的当铺，不论抵押的物品有几日，一至金明池关闭，便将典押物品没收出卖。向北去一直到金明池后门。是连通汴河的西水门。金明池西岸，亦无房屋，但见垂杨点醮水面，烟草铺满堤岸，游人稀少，大多是垂钓之人。垂钓者必须到池苑所买牌子，才许入池捕鱼。游池之人若想得到鱼，要出成倍的价格买下，临水烹脍，用以佐酒，实在可说是此时的美味佳肴。水上操练的训练结束，将小龙舟系在此处。池岸正北对着五殿盖起高大的屋子，用以放置大的舟船，叫作“奥屋”。天子亲临金明池，往往选取三月二十日。此日，诸禁卫班直军士头上插花，身披锦绣披肩，穿镶嵌金钱的衫袍，束金带或丝织腰带等等，装束竞相显示鲜明新奇。此日还取出皇家府库中的金枪，宝装弓箭，龙凤绣旗，系着红缨的锦制缰绳，万马奔腾，铃声震动大地。

驾幸临水殿观争标锡宴

原文 驾先幸池之临水殿，锡燕群臣[①]。殿前出水棚，排立仪卫[②]。近殿水中，横列四綵舟[③]，上有诸军百戏，如大旗、狮豹、棹刀、蛮牌、神鬼、杂剧之类[④]。又列两船，皆乐部[⑤]。又有一小船，上结小綵楼，下有三小门，如傀儡棚[⑥]，正对水中乐船。上参军色进致语[⑦]，乐作，綵棚中门开，出小木偶人，小船子上有一白衣垂钓，后有小童举棹划船，辽遶数回[⑧]，作语[⑨]，乐作，钓出活小鱼一枚，又作乐，小船入棚。继有木偶筑毬舞旋之类[⑩]，亦各念致语，唱和、乐作而已，谓之“水傀儡”。又有两画船，上立鞦韆，船尾百戏人上竿，左右军院虞候监教[⑪]，鼓笛相和；又一人上蹴鞦韆[⑫]，将平架，筋斗掷身入水，谓之“水鞦韆”。水戏呈毕，百戏乐船并各鸣锣鼓，动乐舞旗，与水傀儡船分两壁退去。有小龙船二十只，上有绯衣军士各五十余人，各设旗鼓铜锣，船头有一军校，舞旗招引，乃虎翼指挥兵级也[⑬]。又有虎头船十只，上有一锦衣人，执小旗立船头上，余皆著青短衣长顶头巾，齐舞棹，乃百姓卸在行人也[⑭]。又有飞鱼船二只，綵画间金，最为精巧，上有杂綵戏衫五十余人[15]，间列杂色小旗绯伞，左右招舞，鸣小锣鼓铙铎之类。又有鳅鱼船二只[16]，止容一人撑划，乃独木为之也。皆进花石朱缅所进[17]。诸小船竞诣奥屋[18]，牵拽大龙船出诣水殿，其小龙船争先团转翔舞[19]，迎导于前。其虎头船以绳索引龙舟。大龙船约长三四十丈，阔三四丈，头尾鳞鬣[20]，皆雕镂金饰，楻板皆退光[21]，两边列十阁子[22]，充阁分歇泊[23]，中设御座龙水屏风。楻板到底深数尺，底上密排铁铸大银样如卓面大者压重[24]，庶不欹侧也[25]。上有层楼台观槛曲[26]，安设御座。龙头上人舞旗，左右水棚排列六桨，宛若飞腾。至水殿，舣之一边[27]。水殿前至仙桥，预以红旗插于水中，标识地分远近。所谓小龙船，列于水殿前，东西相向；虎头、飞鱼等船，布在其后，如两阵之势。须臾，水殿前水棚上一军校以红旗招之，龙船各鸣锣鼓出阵，划棹旋转，共为圆阵，谓之“旋罗”。水殿前又以旗招之，其船分而为二，各圆阵，谓之“海眼”。又以旗招之，两队船相交互[28]，谓之“交头”。又以旗招之，则诸船皆列五殿之东面，对水殿排成行列，则有小舟一军校执一竿，上挂以锦綵银盌之类[29]，谓之“标竿”，插在近殿水中。又见旗招之，则两行舟鸣鼓并进，捷者得标，则山呼拜舞[30]。并虎头船之类，各三次争标而止。其小船复引大龙船入奥屋内矣。

注释

①锡燕：赐宴。

②仪卫：仪仗与卫士的统称。

③綵舟：装饰华丽的船。

④棹刀：当为掉刀。掉刀，古代的一种战刀。《三才图会·器用六》："掉刀，刃首上阔长柄施镈。"蛮牌：用南方产的粗藤做的盾牌。

⑤乐部：乐队。

⑥傀儡棚：演傀儡戏搭的棚架。此系指木偶戏，能表演各种技艺。

⑦参军色：宋代宫廷乐舞的引舞人，指挥舞队进出场的人。因手执竹竿，也称为"竹竿子"。与参军戏中的参军不同。进：向前。致语：古代宫廷艺人在演出开始时说唱的颂辞。

⑧辽遶：辽绕，回环旋转。

⑨作语：当即为致语。

⑩筑毬：古时以杖击或以足踢球。舞旋：古代一种回旋的舞蹈。

⑪虞候：五代时，侍卫亲军中置都虞候，为高级军官，宋沿置，凡殿前司、侍卫马军司、步军司，各置都虞候，位仅次

于都指挥使和副都指挥使。又有将虞候、院虞候等低级武官。又宋代虞候也有作为官僚随从人员之称，此指将虞候、院虞候之类。监教：似指军中的都监、教头之类的军官。都监，官名，位钤辖下。官高资深者为都监，或称兵马都监；官低资浅者为监押，或称兵马监押。教头，宋代军中教习武技的小吏。

⑫蹴（cù）：踩，踏。蹴鞦韆：此指荡鞦韆。

⑬虎翼指挥：属侍卫亲军步军司。《宋史·兵志》一之“虎翼”下原注：“大中祥符五年，择本军善水战者为上虎翼，六年又选江、淮习水卒于金明池，按试战棹，立为虎翼军。……”可知虎翼军乃水军。兵级：宋代对兵丁和级节的合称。此指军士。

⑭卸在：卸任。行人：小吏差役。

⑮杂綵：杂彩，杂色丝织品。戏衫：戏衣，戏曲演员演戏时穿的服装。

⑯鳅鱼：亦作“鳝鱼”，即泥鳅。

⑰花石：花石纲。宋徽宗在蔡京等怂恿下，竭天下以自奉。崇宁元年（1102），命宦官童贯置苏杭造作局，役工匠数千人，制作宫廷器用，材料悉于民间科配。四年，又以朱勔领苏杭应奉局，搜刮民间奇花异石，以纲船运至开封，建造园林，以供游乐。运送花石之纲船往返淮、汴，号花石纲。苏

杭应奉局官吏巧取豪夺，驱迫人民服重役苦役，东南地区及运河沿岸人民深受其害。方腊起义时，罢花石纲，起义失败，复置。宣和七年（1125），金军南下，徽宗始下罪己诏，再罢。朱缅：当为朱勔。朱勔（1075—1126），宋苏州人。因父冲谄事蔡京、童贯，父子均得官。时徽宗垂意花石，朱勔取浙中奇石异卉进献。政和中，设置应奉局于苏州，勒取花石，声势煊赫，谄事之人即得官，不附己者辄罢去，时称东南小朝廷。为"六贼"之一。豪夺渔取，凌虐百姓达二十年。方腊起义，即以诛勔为名。钦宗即位，削官放归田里，后编管循州，遣使杀之。

⑱奥屋：指深广的屋宅。详见本卷前条。

⑲翔舞：亦作"翔儛"，飞舞。

⑳鳞鬣：指龙的鳞片和鬣毛。

㉑樘板：不详。似为舱板或船舱面板。

㉒阁子：小屋；屋里（包括船屋）的一间。

㉓阁分：宋代对妃嫔的称呼。

㉔大银：大钱。

㉕庶：几乎，差不多。此有方、才之意。攲（qī）侧：倾斜、歪斜。

㉖台观：泛指楼台馆阁等高大建筑物。槛曲：栏杆。

㉗舣：使船靠岸。

㉘交互：交叉错综。

㉙锦綵：华美的丝织品。盌（wǎn）：通作“椀”，也作“碗”。

㉚山呼：封建时代对皇帝的祝颂仪式，叩头高呼“万岁”三次。拜舞：跪拜与舞蹈。

译文

天子车驾先到金明池的临水殿，赐群臣宴。临水殿前搭出水棚，在此排列仪仗与卫士。近临水殿的水中，一字排开四条结彩的船，上面由诸军演出百戏，如舞大旗、扮狮豹、舞弄掉刀、蛮牌、装鬼神、演杂剧等等。另外排列的两条船，都是乐队。又看一条小船，船上扎起了小彩楼，下面有三扇小门，如演傀儡戏的戏棚，正对着水中的乐队船，乐船上来一参军色，向前说唱颂辞，然后乐声奏起，小船彩棚的中门开了，有小木偶人从门中出来，小船子上有一穿白衣的人在水中垂钓，身后有小童子举桨划船，小船子回环旋转数圈，并上前说唱颂辞，奏乐，小船子上的白衣人竟钓出活的小鱼一条，又奏乐，小船子回到了彩棚中去。继而有木偶出来表演筑毬旋舞等节目，也各自说唱颂辞，且相互应和，奏乐等等，这叫作“水傀儡”。又有两条装饰华美的船，船上树着鞦韆，船尾上杂技演员正在表演爬竿，左右军院的虞候、监押、教头等，擂鼓吹笛相和。又有一人在表演荡鞦韆，当鞦韆荡起，和鞦韆架将要一样高时，翻着筋斗纵身跃入水中，叫作“水鞦韆”。水戏献演完毕，百戏船、乐船均各自敲起锣鼓，奏着乐曲，挥舞旗帜，与水傀儡船一起分两边退去。此时有小龙船二十条，每条船上各有穿红衣军士五十余人，且各设置旗鼓铜锣，船头站有一名军校，舞动旗帜招呼引领，这些人是虎翼指挥的军士。又有虎头船十条，每条船上有一名身穿锦衣的人，手执小旗立在船头，其余人都穿青色短衣，头裹长顶头巾，整齐地划着船桨，这是百姓和卸任的小吏差役组成。又有飞鱼船二条，船上画着鲜艳的图画，其间配有金色，制作特别精巧，船上有穿杂色戏装的五十余人，他们中间或列有杂色小旗和红色的伞，并左右挥舞，敲响小锣、鼓、铙、铎之类的东西。又有鳅鱼船两条，只能容下一人撑划，是用一根大木制成的，都是送花石纲时由朱勔进献。诸多小船竞争着赶往奥屋，牵引拉拽大龙船出奥屋前往临水殿，那些小龙船争先围着大龙船划行飞舞，在前迎导。那些虎头船用绳索牵引大龙船。大龙船约长三四十丈，阔三四丈，船头至船尾的龙鳞和鬣毛，都是经过雕镂并配以金饰，楻板都退去，在船的两边排列十间阁子，供妃嫔休息，中间设有天子御座且安有龙水屏风。楻板到底深达数尺，船底上密密地排列着铁铸的大钱，样子就像桌面那么大，以此来压重，这样才能使大龙船不发生倾斜。大龙船上有层楼、馆阁和曲折的栏杆，上面也安设了御座。龙头上有人在挥舞旗帜，龙船两边水棚各排列的六支船桨随着旗帜的指挥整齐地划行，大龙船疾速前进，宛如在水面飞腾。大龙船到达临水殿，停靠在一边。从临水殿向前一直到仙桥，预先将红旗插在水中，以标志地域的远近。前面所讲的那些小龙船，排列在临水殿前面，东西两排，头对着头；虎头、飞鱼等船，分布在小龙船的后面，就像两军对阵之势。片刻，临水殿前水棚上一名军校用红旗发出号令，小龙船各自鸣锣击鼓出阵，划桨转向，共同组成一个圆阵，叫作“旋罗”。临水殿前又用红旗发令，那些船分为二队，各自组成圆阵，叫作“海眼”。又用旗发令，两队船相互交叉错综，叫作“交头”。又见红旗发令，则见所有船全都排列在五殿的东面，面对临水殿排成行列，此时有一条小舟，舟上一名军校手执一竿，上面挂着织锦、银碗之类的物品，叫作“标竿”，插在靠近临水殿的水中，又见红旗一招，只见两行船敲着鼓一齐进发，捷足先登者抢得标竿，就三呼“万岁”，并跪拜、舞蹈。连同虎头船等，各进行三次争夺锦标，便告结束，那些小船重新牵引大龙船到奥屋中去。

驾幸琼林苑

原文

驾方幸琼林苑①，在顺天门大街面北，与金明池相对。大门牙道皆古松怪柏②，两傍有石榴园、樱桃园之类，各有亭榭③，多是酒家所占。苑之东南隅，政和间，剏筑华觜冈④，高数十丈，上有横观层楼⑤，金碧相射，下有锦石缠道⑥，宝砌池塘⑦，柳锁虹桥⑧，花萦凤舸⑨，其花皆素馨、末莉、山丹、瑞香、含笑、射香等闽、广、二浙所进南花⑩。有月池、梅亭、牡丹之类，诸亭不可悉数。

注释

①方：此有“将”之意。

②牙道：官道。

③亭榭：亭阁台榭。

④剏：同“创”。

⑤横观：宽广的楼观。横，广，宽广。

⑥锦石：有美丽花纹的石头。

⑦宝砌：名贵的石料砌就。

⑧虹桥：见本卷“三月一日开金明池琼林苑”条中的“仙桥”。

⑨凤舸（gě）：雕绘华美的大船。

⑩素馨：植物名，又称耶悉茗。佛书中称曼华，为梵文苏摩那的省译。花白色，香气芳冽，畏寒，养于温室中，供观赏。末莉：又作“茉莉”“末丽”，花名。花白色，芬香，夏季盛开。晋嵇含《南方草木状》上：“耶悉茗花、末莉花，皆胡人自西国移植于南海，南人怜其芳香，竞植之。”山丹：草名，一名山大丹。四月开红花，似百合花。有红百合、连珠、红花菜、不夜花等名。根入药能治疮肿，花能活血。瑞香：植物名，也称睡香。常绿灌木，春季开花，花集生顶端，有红紫色或白色等，有浓香。含笑：花名。木兰科，常绿灌木，初夏开花，色象牙黄，染红紫晕，开时常不满，如含笑状，有香蕉气味。产于我国南部。射香：香草名。闽：大体指今福建。广：指今广东、广西。二浙：宋代有浙江东路、浙江西路两路，因称“二浙”。

译文

天子将临幸的琼林苑，在顺天门大街面朝北，与金明池相对。通向琼林苑大门的官道两边，全是古松怪柏。道路两旁有石榴园、樱桃园之类的园池，园中各有亭阁台榭，大多为酒家所有。琼林苑的东南角，政和年间，创筑了华觜冈，高达数十丈，上有宽广的台观层楼，金碧辉煌，相互映照。冈下有美丽的石头铺成的曲折环绕的小道，有名贵石料砌成的池塘，柳枝锁住了飞架池面的虹桥，鲜花环绕着雕绘华美的大船。那些花都是素馨、茉莉、山丹、瑞香、含笑、射香等由闽、广、两浙所进献的南方的花木。冈上有月池、梅亭、牡丹亭之类的亭台，诸多亭台无法全都记下。

驾幸宝津楼宴殿

原文 宝津楼之南①，有宴殿，驾临幸，嫔御车马在此②。寻常亦禁人出入，有官监之。殿之西有射殿③，殿之南有横街，牙道柳径④，乃都人击毬之所⑤。西去苑西门，水虎翼巷；横道之南，有古桐牙道，两傍亦有小园圃台榭。南过画桥⑥，水心有大撮焦亭子⑦，方池柳步围绕⑧，谓之“虾蟆亭”⑨，亦是酒家占。寻常驾未幸，习旱教于苑大门⑩。御马立于门上。门之两壁，皆高设綵棚，许士庶观赏，呈引百戏⑪。御马上池⑫，则张黄蓋，击鞭如仪⑬。每遇大龙船出，及御马上池，则游人增倍矣。

注释 ①宝津楼：见本卷“三月一日开金明池琼林苑”条。宝津楼在檽星门街南。

②嫔御：古代帝王、诸侯的侍妾与宫女。

③射殿：供皇帝射箭之所。

④柳径：两边栽种柳树的道路。径，步道，小路。此指前者。

⑤击毬：亦作“击踘”“击鞠”。我国古代一种在马上打球的运动，盛行于唐宋。

⑥画桥：雕饰华丽的小桥。

⑦撮焦亭子：当为“撮角亭子”，即四檐有尖角而上翘的亭子。

⑧柳步：每隔一步栽有一棵柳树。

⑨虾蟆：亦作“虾蟆”“蛤蟆”。

⑩旱教：在陆上的科目。

⑪呈引：献演。

⑫上池：到金明池。

⑬如仪：按照礼制。

译文 宝津楼的南面，有举行宴会的大殿，天子驾临，宫女的车马停在此处。平时也禁止游人出入，有官员监管此事。宴殿的西面有天子射箭之殿，宴殿的南面有横街，官道柳径，是京城中人打马球的所在。向西去是琼林苑西门，水虎翼巷；横道南面，有古桐官道，两旁也有小巧的园圃、台阁亭榭。向南过了一座精致的桥，水中心有大撮角亭子，环池被柳树围绕，叫作“蛤蟆亭”。也为酒家占有。平时，天子未来之时，即在琼林苑大门操练陆上科目。天子来时，御马立于琼林苑大门，大门两边围墙处，全设立高高的彩棚，准许士人庶民观赏，献演百戏。天子乘御马前往金明池，则张起黄罗盖伞，军士击鞭，都按照礼制进行。每当遇到大龙船出来，及天子乘马到金明池，游人便会成倍增加。

驾登宝津楼诸军呈百戏

原文 驾登宝津楼，诸军百戏[1]，呈于楼下[2]。先列鼓子十数辈[3]，一人摇双鼓子[4]，近前进致语，多唱“青春三月蓦山溪”也[5]，唱讫，鼓笛举，一红巾者弄大旗，次狮豹入场，坐作进退[6]，奋迅举止毕[7]。次一红巾者手执两白旗子，跳跃旋风而舞，谓之“扑旗子”。及上竿、打筋斗之类讫，乐部举动[8]，琴家弄令[9]，有花粧轻健军士百余[10]，前列旗帜，各执雉尾、蛮牌、木刀[11]，初成行列拜舞[12]，互变开门夺桥等阵[13]，然后列成偃月阵。乐部复动蛮牌令[14]，数内两人出阵对舞，如击刺之状[15]，一人作奋击之势[16]，一人作僵仆[17]。出场凡五七对，或以枪对牌、剑对牌之类[18]。忽作一声如霹雳，谓之“爆仗[19]”，则蛮牌者引退，烟火大起，有假面披发，口吐狼牙烟火，如鬼神状者上场。着青帖金花短后之衣[20]，帖金皂袴[21]，跣足[22]，携大铜锣，随身步舞而进退，谓之“抱锣”。绕场数遭[23]，或就地放烟火之类。又一声爆仗，乐部动拜新月慢曲[24]，有面涂青碌[25]，戴面具金睛，饰以豹皮锦绣看带之类[26]，谓之“硬鬼”。或执刀斧，或执杵棒之类[27]，作脚步蘸立[28]，为驱捉视听之状。又爆仗一声，有假面长髯展裹绿袍靴简如钟馗像者[29]，傍一人以小锣相招和舞步[30]，谓之“舞判”。继有二三瘦瘠，以粉涂身，金睛白面，如髑髅状[31]，系锦绣围肚看带，手执软杖[32]，各作魁谐趋跄举止[33]，若排戏[34]，谓之“哑杂剧”。又爆仗响，有烟火就涌出，人面不相覩[35]，烟中有七人，皆披发文身[36]，着青纱短后之衣，锦绣围肚看带，内一人金花小帽，执白旗，余皆头巾，执真刀，互相格斗击刺，作破面剖心之势，谓之“七圣刀”。忽有爆仗响，又复烟火出，散处以青幕围绕，列数十辈，皆假面异服，如祠庙中神鬼塑像，谓之“歇帐”。又爆仗响，卷退。次有一击小铜锣，引百余人，或巾裹，或双髻，各着杂色半臂[37]，围肚看带，以黄白粉涂其面，谓之“抹跄”。各执木棹刀一口[38]，成行列，击锣者指呼各拜舞起居毕[39]，喝喊变阵子数次[40]，成一字阵，两两出阵格斗，作夺刀击刺之态百端讫[41]，一人弃刀在地，就地掷身[42]，背著地有声，谓之“扳落”。如是数十对讫，复有一装田舍儿者入场[43]，念诵言语讫[44]，有一装村妇者入场，与村夫相值[45]，各持棒杖，互相击触[46]，如相殴态[47]，其村夫者以杖背村妇出场毕，后部乐作，诸军缴队杂剧一段[48]，继而露台弟子杂剧一段[49]，是时弟子萧住儿、丁都赛、薛子大、薛子小、杨总惜、崔上寿之辈，后来者不足数[50]。合曲舞旋讫，诸班直常入祗候子弟所呈马骑[51]，先一人空手出马，谓之“引马”。次一人磨旗出马[52]，谓之“开道旗”。次有马上抱红绣之毬，系以红锦索，掷下于地上，数骑追逐射之，左曰“仰手射”，右曰“合手射”，谓之“拖绣球”。又以柳枝插于地，数骑以剗子箭[53]，或弓或弩射之[54]，谓之“褙柳枝[55]”。又有以十余小旗，遍装轮上而背之出马[56]，谓之“旋风旗”。又有执旗挺立鞍上，谓之“立马”。或以身下马，以手攀鞍而复上，谓之“騗马[57]”。或用手握定镫袴[58]，以身从后鞦来往[59]，谓之“跳马”。忽以身离鞍，屈右脚挂马鬃，左脚在镫，左手把鬃，谓之“献鞍”，又曰“弃鬃背坐”。或以两手握镫袴，以肩著鞍桥[60]，双脚直上，谓之“倒立”。忽掷脚著地，倒拖顺马而走，复跳上马，谓之“拖马”。或留左脚著镫，右脚出镫离鞍，横身在鞍一边，右手捉鞍，左手把鬃，存身直一脚顺马而走[61]，谓之“飞仙膊马”。又存身拳曲在鞍一边，谓之“镫里藏身”。或右臂挟鞍，足著地顺马而走，谓之“赶马”。或出一镫，坠身著鞦，以手向下绰地[62]，谓之“绰尘”。

或放令马先走，以身追及，握马尾而上，谓之“豹子马”。或横身鞍上，或轮弄利刃，或重物大刀双刀百端讫，有黄衣老兵，谓之“黄院子”，数辈执小绣龙旗前导；宫监马骑百余[63]，谓之“妙法院女童”，皆妙龄翘楚[64]，结束如男子[65]，短顶头巾，各着杂色锦绣撚金丝番段窄袍[66]，红绿吊敦束带[67]，莫非玉羁金勒[68]，宝鞍花鞯[69]，艳色耀日，香风袭人，驰骤至楼前[70]，团转数遭[71]，轻帘鼓声[72]，马上亦有呈骁艺者[73]。中贵人许畋押队招呼成列[74]，鼓声，一齐掷身下马，一手执弓箭，揽韁子就地[75]，如男子仪，拜舞山呼讫，复听鼓声，駶马而上。大抵禁庭如男子装者[76]，便随男子礼起居[77]。复驰骤团旋、分合阵子讫[78]，分两阵，两两出阵，左右使马，直背射弓，使番枪或草棒交马野战[79]。呈骁骑讫[80]，引退，又作乐。先设綵结小毬门于殿前，有花装男子百余人，皆裹角子向后拳曲花幞头，半着红，半着青锦袄子，义襕束带[81]，丝鞋，各跨雕鞍花鞔驴子[82]，分为两队，各有朋头一名[83]，各执綵画毬杖，谓之“小打”。一朋头用杖击弄毬子如缀[84]，毬子方坠地，两朋争占[85]，供与朋头。左朋击毬子过门入孟为胜[86]，右朋向前争占，不令入孟，互相追逐，得筹谢恩而退[87]。续有黄院子引出宫监百余，亦如小打者，但加之珠翠装饰，玉带红靴，各跨小马，谓之“大打”。人人乘骑精熟，驰骤如神，雅态轻盈，妍姿绰约[88]，人间但见其图画矣。呈讫[89]。

注释

①诸军百戏：据马端临《文献通考·乐考》（卷一百四十七）载，宋朝杂乐百戏，有踏球、蹴球、踏跻、藏挟、杂旋、弄枪鋺瓶、龊剑、踏索、寻橦、筋斗、拗腰、透剑门、飞弹丸、女伎、百戏之类，皆隶左右军而散居。每大饗燕，宣徽院按籍召之。

②呈：献，献演。

③鼓子：古时军中乐器，此用以指代敲鼓子之人。

④双鼓子：体制未详。从“摇”字看，或指双面鼓。

⑤蓦（mù）山溪：词牌名，又名《上阳春》。

⑥坐作：坐与起，止与行。本指古代练兵的科目之一，多与“进退”连用。

⑦奋迅：形容鸟飞或兽跑迅疾而有气势。

⑧举动：演奏音乐。

⑨琴家：指琴师。弄令：指弹奏令曲。令，唐宋杂曲的一种。

⑩花粧：花装，彩色的服装。轻健：亦作“轻徤”，轻捷强健。

⑪雉（zhì）尾：雉尾部之长羽。蛮牌：注见前。

⑫初：开始，起初。

⑬互变：交互变换。

⑭蛮牌令：当指一种令曲。

⑮击刺：劈刺。

⑯奋击：奋力攻击，奋力搏击。势：姿势，姿态。

⑰僵仆：倒下。

⑱枪：古时一种尖头有柄的刺击兵器。

⑲爆仗：爆竹。

⑳帖：通“贴”。短后之衣：后幅较短的上衣，便于活动，多为武士之衣。

㉑皂袴：黑色裤子。袴，裤。

㉒跣（xiǎn）足：光着脚。

㉓遶：绕。遭：次。俗称几次曰几遭。

㉔拜新月慢：同“拜星月慢”。唐教坊曲名，后用为词牌，亦名《拜星月》。

㉕青碌：青绿。“碌”字似误。

㉖看带：当为腰带之类的带子。其体制未详。

㉗杵（chǔ）棒：棍棒。

㉘蘸（zhàn）立：踮起脚跟站立。

㉙展裹：辽金职官公服。鞾：同“靴”。简：笏，手版。钟馗：传说人物。唐人题吴道子画钟馗像，略云：明皇梦二鬼，一大一小。小者窃太真紫香囊及明皇玉笛，绕殿而奔；大者捉

其小者，擘而啖之。上问何人，对曰："臣钟馗，即武举不捷之士也。誓与陛下除天下之妖孽。"后世图其形以除邪驱祟。像：模样。

㉚相招：相呼应。和：配合。

㉛髑髅（dú lóu）：头骨，多指死人头骨。

㉜软杖：柔软的棍棒。

㉝魁谐：似当作"诙谐"。趋跄：形容步趋中节。古时朝拜晋谒须依一定的节奏和规则行步。

㉞排戏：似为"俳戏"。俳戏，指杂戏，滑稽戏。

㉟覩：同"睹"，看见。

㊱文身：在身体上刺画有色的花纹或图案。

㊲半臂：短袖或无袖上衣。

㊳棹刀：当为"掉刀"。注见前。

㊴指呼：指挥，使唤。起居：问安，问好。

㊵喝喊：呼喊。

㊶百端：百般；多种多样。

㊷掷身：犹纵身、摔身。

㊸田舍儿：农家子弟。

㊹念诵：原为佛教语，谓心念口诵佛名及经咒。此似为念诵表演的内容。

㊺相值：犹相遇。

㊻击触：相打；碰撞。

㊼敺：通“殴”。

㊽缴队：似有“联合组队”“结队”之意。

㊾露台弟子：宋元时称民间剧团的艺人。

㊿后来者：指“以下”，即前述著名艺人以下。不足数：不足以一一遍数。

51常入祇候：在内宫当值的官。祇候，宋代阁门使的属官，协助阁门舍人，掌朝会宴享赞相礼仪之事。马骑：此似有“骑马之术”意。

52磨旗：摇旗，挥动旗帜。

53剗（chǎn）子箭：箭头如铲形的箭。剗，同“铲”。

54弩：用机械发射的弓。

55褚（zhà）：古代年终祭祀名。与“蜡”同。

56轮：当指风轮。

57鶣：同“骗”，侧身抬起一条腿跨上。

58镫（dèng）袴：当指镫圈。袴，同“胯”。

59鞦：指络在牲口股后尾间的绊带。

60鞍桥：亦作“鞍鞒”，马鞍。其拱起处形似桥，故称。

61存身：安身。此为“稳住身子”之意。

62绰（chuò）地：擦地。绰：拂拭。

63宫监：宫禁，此借指宫女。马骑：骑兵。

㊿64妙龄：青春年少。翘楚：语本《诗·周南·汉广》之“翘翘错薪，言刈其楚。”郑玄笺：“楚，杂薪之中尤翘翘者。”本指高出杂树丛的荆树，后用以比喻杰出的人才或突出的事物。

65结束：装束，打扮。

66番段：或当为番缎，指外国绸缎。窄袍：整齐漂亮的袍服。窄，整齐，漂亮。

67吊敦束带：腰束厚重的腰带。吊，悬挂。此有“垂挂”“腰束”之意。

68莫非：没有一样不是，全都是。玉羁：玉的马络头。金勒：金的带嚼子的马络头。

69鐙：同“镫”。马鞍两边的脚踏。韀（jiān）：马鞍下的垫子。

70驰骤：驰骋，疾奔。

71团转：绕着周围转。遭：次。

72轻帘：殊不可解。

73骁（xiāo）艺：犹马戏。

74中贵人：皇帝宠信的宦官。

75韁子：缰绳，系马的绳索。

76禁庭：亦作“禁廷”。即宫廷。

77起居：举动，行动。此有“行事”之意。

78团旋：团转。

79番枪：可能较为短小。草棒：可能也指较为短小的棍棒。

交马：指马上交锋。野战：交战于旷野。此指在宝津楼前的空旷场地。

⑧⓪骁骑：勇猛的骑兵。此指骁勇的骑术。

⑧①乂襕：长大的襕衫。乂，通“峨”。襕，襕衫，襕袍。

⑧②雕鞍：华美的马鞍。韂（zhàn）：衬垫鞍鞯之物。

⑧③朋头：游戏、竞赛中相对抗两队的首领。

⑧④缀（zhuì）：连缀。

⑧⑤朋：帮，亦即两队。

⑧⑥盂：网。

⑧⑦得筹：指博局中获得筹码，以所得筹码多少定胜负。

⑧⑧妍姿：美好的姿态。绰约：柔婉美好貌。

⑧⑨呈讫：此处句意未完，当紧接下条。

译文 天子登上宝津楼，诸军百戏，即在楼下献演。最先列队而出的是十余个敲鼓人，其中一人摇着双面鼓，走上前去说唱颂辞，大多唱“青春三月蓦山溪”之曲。唱毕，鼓笛齐鸣，一头裹红巾者舞弄大旗入场，接着舞狮豹的入场，坐起行止，进退纵横，迅疾威猛，舞毕退场，又有一头裹红巾者手执两面白旗子，跳跃着打着旋子，像旋风似地舞动，叫作“扑旗子”。等爬竿、翻筋斗之类的表演结束，乐队奏乐，琴师弹奏令曲，此时有身穿彩色服装、身体轻捷强健的军士百余人，前面排列旗帜为前导，其余人各执雉尾、蛮牌、木刀，开始排成行列跪拜舞蹈，接着交互变换开门夺桥等阵，然后又列成偃月阵。乐队重又奏起“蛮牌令”，阵中有两人出阵对舞，就如劈刺的样子，一人做奋力搏击之势，另一人则倒下跌出场外。这样，共有五七对，有的用枪对蛮牌，有的用剑对蛮牌表演劈刺。忽然，一声如霹雳的巨响乍起，这就是“爆仗”。响声一起，持蛮牌的人引退，随即烟火大起，有戴着假面具、披散头发，口吐狼牙烟火，装扮成鬼神模样的人上场。身穿青色贴有金花的后幅短的上衣，贴金的黑色裤子，赤着脚，携带着大铜锣，随着身形步伐的舞动而进退，叫作“抱锣”。绕场数次，也有的就地放烟火等等。又一声爆仗响，乐队奏起了“拜新月慢”乐曲，此时有将脸涂成青绿色，有的戴假面具且将眼睛涂抹为金色的人上场，以豹皮、锦绣看带之类作为装饰物，叫作“硬鬼”。有的手持刀斧，有的手执棍棒之类的东西，踮起脚跟站立，做出驱赶、捉拿、察看、倾听的样子。又听得一声爆仗响，有戴着假面具、长胡子，身穿官服，脚蹬靴子，拿着手版装成钟馗模样的人登场，旁有一人敲着小锣相呼应以配合舞蹈，叫作“舞判”，接着有几个很瘦的人，用粉涂抹身体，涂成金睛白脸，犹如髑髅之状，系着锦绣围肚看带，手执软棒，各自做出诙谐、步趋中节的行动举止，就像在演俳戏，叫作“哑杂剧”。又听爆仗响，有烟火就地湧出，近在咫尺，也看不清对方面目，只见烟中有七个人，全都披发文身，穿着青色纱质后幅短的上衣，腰系锦绣围肚看带，其中一人头戴金花小帽，手执白旗，其余都裹头巾，拿着真刀，互相格斗劈刺，做出破面剖心的样子，叫作“七圣刀”。忽然又听爆仗响，又见烟火涌出，烟火散处见用青色的帷幕围绕，周围站立数十人，全都头戴面具，身穿异服，犹如寺庙中的神鬼塑像，叫作“歇帐”。又听爆竹响，帷幕卷退，接着有一人敲打小铜锣，引领着百余人登场，有的裹着头巾，有的梳着双髻，各穿杂色半袖上衣，系着围肚看带，用黄、白粉涂在脸上，叫做“抹跄”。他们各执木掉刀一口，排成行列，敲锣者指挥诸人跪拜舞蹈，向天子请安毕，随着敲锣者的呼喊变换阵形数次，然后列成一字阵，于是两两出阵格斗，表演各种各样夺刀劈刺之术毕，只见一人弃刀在地，就地摔身，后背着地有声，叫作“扳落”。像这样数十对演毕，又有一个装扮成农家子弟的人入场，念诵祝颂之辞毕，有一个装扮成村妇者入场，与村夫相遇，各持棍棒，互相击打碰撞，如相互殴打之状。后以扮村夫者用棒背“村妇”出场演毕。此时，后部乐声起，诸军联袂演出杂剧一段，继而露台弟子演出杂剧一段，其时著名艺人有萧住儿、丁都赛、薛子大、薛子小、杨总惜、崔上寿之辈，以下艺人不足一一遍数。合着乐曲歌舞毕，诸班直常入祇候的子弟献演骑术，先由一人空手骑马而出，叫作“引马”。接着一人挥舞旗帜骑马出场，叫作“开道旗”。接着有人骑着马，怀抱红绣球，系着红色绵绳，抛在地上，由飞奔的马拖着前行，后有数骑追逐，用箭射球，用左手的叫“仰手射”，用右手的叫“合手射”，这叫作“拖绣球”。又用柳枝插在地上，有数骑将铲子箭，或用弓，或用弩射向柳枝，叫作“襐柳枝”。又有人用十余面小旗，团团插在风轮上并背着风轮出马，叫作“旋风旗”。又有人手执旗帜挺立马鞍之上，叫作“立马”。有的人以身下马，又用手攀住马鞍重新上马，叫作“骗马”。有人用手抓住镫圈，将身体从马后的绊带处上下，叫作“跳马”。而忽然间使身体离开马鞍，屈起右脚挂在马鬃处，左脚仍在镫里，左手抓住马鬃，叫作“献鞍”，又叫“弃鬃背坐”。有人用两手握着镫圈，以肩贴着马鞍，双脚朝上伸直，叫作“倒立”。突然间伸脚着地，人被倒拖着随马而走，复又跳上马背，叫作“拖马”。有人留左脚踩着马镫，右脚从马镫中取出，人离马鞍，将身体横在马鞍的一边，右手抓住马鞍，左手抓住马鬃，稳住身子伸直一条腿，随马而走，叫作“飞仙膊马”。又将身子蜷曲在马鞍的一侧，叫作“镫里藏身”。有人用右臂挟住马鞍，脚着地随马而走，叫作“赶马”。有人一脚离镫，坠下身子靠着绊带，用手向下触地，叫作“绰尘”。有人放开马并让马先跑，自己在后追上，抓住马尾纵身上马，叫作“豹子马”。有的横身在马鞍上，有人轮动舞弄锋利的刃剑，有人或耍重物；或舞大刀，或舞双刀等各种各样的表演毕，有身穿黄衣的老兵，叫作“黄院子”的数人，手执绣有龙的小旗在前引导由宫女组成的骑兵百余人，叫作“妙法院女童”。全都是青春年少的俊美女子，然而装束却如同男子。头裹短顶头巾，身着各色锦绣镶嵌金丝的番锻窄袍，腰束厚实的腰带，全都是美玉的络头，金制的嚼子，名贵的马鞯，华美的鞍垫，艳色耀日，香风袭人，疾驰至宝津楼前，然后绕场数次，随着轻灵的鼓声，马上之人中也有献演马戏的。宦官许畋押队，指挥女兵组成队列，听到鼓声，一齐纵身下马，一手执弓箭，一手揽住缰绳，即在原地如男子礼仪，向天子跪拜、三呼“万岁”。礼毕，重又听鼓声，跨马而上。大抵宫廷中的宫女如男子装束者，就随同男子礼仪行事。女兵重又疾驰旋转，分、合阵形毕，分为两部分，于是两两出阵，左右两边放开战马，在马上挺直脊背射弓箭，用番枪或棍棒骑在马上在宝津楼前的旷地上交锋。献演骁勇的骑术毕，女兵引退，乐队又奏乐。先在楼前空地上设置用彩缎扎成的小球门，然后，有身穿彩色服装的男子百余人，全都裹着角子向后拳曲的花幞头，一半人穿红色、一半人穿青色的锦襖子，长大的襕衫，束着腰带，脚穿丝鞋，各自骑着配有华美的鞍子、精美的鞍垫的驴子，分为两队，各有头领一名，各自手持画有彩色图案的球杖，叫作“小打”。一方的头领用球杖击弄球儿，就如连缀着不落下来，球一旦坠落到地上，两队争相抢占，然后提供给头领。左边一队以击球过球门入网为胜，右边一队则向前争抢，不让对方将球射入网内。这样两队相互追逐，最终以所得筹码领取赏赐谢恩而退。接着，有黄院子引出宫女百余人，也如“小打”的形式，只是宫女都用珍珠翠玉装饰，腰束玉带，脚蹬红靴，各骑小马，叫作“大打”。宫女人人乘骑精熟，疾驰如神，神态优雅轻盈，风姿绰约柔美，人世间是只能在图画中才能见到这优美情景的。献演毕。

驾幸射殿射弓

原文 驾诣射殿射弓，垛子前列招箭班二十余人[1]，皆长脚幞头，紫绣抹额[2]，紫宽衫，黄义襕，雁翅排列[3]，御箭去则齐声招舞[4]，合而复开，箭中的矣[5]。又一人口衔一银盌，两肩两手共五只，箭来皆能承之[6]。射毕，驾归宴殿。

注释 ①垛子：墙上向上或向外突出的部分。招箭班：见卷六“元旦朝会”条注㊴。

②抹额：束在额上的头巾。

③雁翅排列：指雁飞行时排列，喻排列整齐。

④招舞：飘舞。此指呼喊舞蹈。

⑤的：箭靶。

⑥承：接，受。此指“接住”。

译文 天子前往射殿射弓，射殿垛子前站立招箭班军士二十余人，全都戴长脚幞头，头束紫色刺绣抹额，穿紫色宽衫，黄色长大襕袍，像大雁飞行那样整齐排列。御箭向前飞去，招箭班军士便齐声呼喊跳跃，他们聚合而后重又分开，此时箭已射中靶子。又有一人口中衔着一只银碗，两肩、两手共有五只银碗，箭射过来都能用碗接住。射箭毕，天子车驾又回到宴殿。

池苑内纵人关扑游戏

原文 池苑内，除酒家艺人占外，多以綵幕缴络①，铺设珍玉、奇玩、疋帛、动使、茶酒器物关扑②。有以一笏扑三十笏者③。以至车马、地宅、歌姬、舞女，皆约以价而扑之④。出九和合⑤，有名者任大头、快活三之类，余亦不数。池苑所进奉鱼藕果实⑥，宣赐有差⑦。后苑作进小龙船⑧，雕牙缕翠⑨，极尽精巧。随驾艺人池上作场者⑩，宣政间⑪，张艺多、浑身眼、宋寿香、尹士安小乐器⑫，李外宁水傀儡⑬，其余莫知其数。池上饮食：水饭、凉水菉豆、螺蛳肉、饶梅花酒、查片、杏片、梅子、香药脆梅、旋切鱼脍、青鱼、盐鸭卵、杂和辣菜之类⑭。池上水教罢⑮，贵家以双缆黑漆平船，紫帷帐，设列家乐游池⑯。宣政间亦有假赁大小船子，许士庶游赏，其价有差⑰。

注释 ①缴络：当作“结络”。结络，连接交错。

②珍玉：宝玉，美玉。奇玩：供玩赏的珍品。疋帛：泛指纺织品。动使：日常应用器具。关扑：以商品为诱饵赌掷财物的博戏。

③笏（hù）：本指手版，也可用作量词。扑：古代博戏名。盛行于宋元民间，以钱为博具，掷地视字幕决胜负。一笏扑三十笏，犹言以一赌三十。

④约以价：商定一个价格。

⑤出九和合：出九，亦作“出玖”，一种博戏。《唐律疏议·杂律十四·博戏赌财物》：“‘停止主人’，谓停止博戏赌物者主人；‘及出玖’之人，亦举玖为例，不限取利多少。若和合人令戏者，不得财，杖一百。”出玖，指提供赌具。玖，《玉篇》：“石次玉黑色者。”可作骰子等赌具。和合：聚众赌博。

⑥池苑所：管理琼林苑金明池的机构。

⑦宣赐：谓帝王赏赐。

⑧后苑作：指后苑造作所，官署名，分生色、缕金等七十四作，掌制造宫廷及皇属婚娶名物。监官三人，以内侍充任。

⑨雕牙缕翠：雕琢象牙，缕刻翠玉，以作装饰。

⑩随驾：跟随皇帝左右。作场：在空地上表演献艺。

⑪宣政间：宣和、政和年间。宋徽宗年号。

⑫小乐器：据耐得翁《都城纪胜·瓦舍众伎·小乐器》载，“小乐器只一二人合动也。如双韵合阮咸，稽琴合箫管……”可知小乐器为一二种乐器合奏。

⑬水傀儡：宋代傀儡戏。舞台设于船上，木偶表演钓鱼、划船、筑球（击球）、舞旋等技艺，李外宁为著名艺人。

⑭水饭：犹今之泡饭。饶梅花酒：似指浓醇的梅花酒。查片：山楂片。查，通“楂”。香药脆梅：用香料、药材腌制的梅子。鱼脍：亦作“鱼鲙”。生吃的鱼片。杂和辣菜：犹今之什锦辣菜。

⑮水教：水上操练，教阅。

⑯家乐：指富豪之家蓄养的歌妓。

⑰有差：不一，有区别。

译文

琼林苑金明池内，除酒家、艺人所占苑圃、场地外，大多用彩色幕帐交错连接，在此铺设各类珍玉、奇异的珍玩、丝织品、日常用具、茶酒器具等用作博戏的物品。甚至有赌博达一比三十的人。各种物品直至车马、田地房屋、歌姬、舞女，都可以商定价钱而用于赌博。提供赌具、聚众赌博，有名的有任大头、快活三等人，其余不一一列数。池苑所进献的鱼、藕及各类果实，天子赏赐给臣下不一。后苑造作所进献的小龙船，以雕琢的象牙、缕刻的翠玉作为装饰，极尽精巧。跟随在天子左右的艺人在金明池现场表演献艺的，宣和、政和年间，有张艺多，浑身眼、宋寿香、尹士安演奏小乐器，李外宁表演水傀儡，其余的不知其数。金明池出售的饮食有：水饭、凉水绿豆、螺蛳肉、饶梅花酒、山楂片、杏片、梅子、香药脆梅、旋切生鱼片、青鱼、盐鸭蛋、杂和辣菜之类的食品。金明池水上教阅结束，富贵之家用双缆黑漆平底船，上面安置紫色帷帐，带着家中的歌妓前来游池。宣和、政和年间也有租赁大小船只，准许士人庶民到金明池游览赏玩，然而租船的价格不一。

驾回仪卫

原文 驾回则御裹小帽簪花乘马[①]，前后从驾臣寮[②]，百司仪卫[③]，悉赐花。大观初[④]，乘骢马至太和宫前[⑤]，忽宣小乌，其马至御前，拒而不进，左右曰："此愿封官。"敕赐龙骧将军[⑥]，然后就辔[⑦]，盖小乌平日御爱之马也。莫非锦绣盈都，花光满目，御香拂路，广乐喧空[⑧]，宝骑交驰，綵棚夹路，绮罗珠翠[⑨]，户户神仙，画阁红楼[⑩]，家家洞府[⑪]。游人士庶，车马万数。妓女旧日多乘驴，宣政间惟乘马，披凉衫[⑫]，将蓋头背系冠子上[⑬]。少年狎客往往随后[⑭]，亦跨马，轻衫小帽[⑮]。有三五文身恶少年控马[⑯]，谓之"花褪马"。用短缰促马头刺地而行，谓之"鞅韁"。呵喝驰骤，竞逞骏逸[⑰]。游人往往以竹竿挑挂终日关扑所得之物而归。仍有贵家士女，小轿插花，不垂帘幙。自三月一日至四月八日闭池，虽风雨亦有游人，略无虚日矣[⑱]。

是月季春[⑲]，万花烂熳，牡丹、芍药、棣棠、木香[⑳]，种种上市，卖花者以马头竹篮铺排，歌叫之声，清奇可听。晴帘静院，晓幙高楼，宿酒未醒，好梦初觉，闻之莫不新愁易感，幽恨悬生㉑，最一时之佳况。诸军出郊，合教阵队㉒。

注释

①御裹：围裹。

②臣寮：百官，百吏。寮，后多作“僚”。

③百司：百官。

④大观（1107—1110）：宋徽宗年号。

⑤骢（cōng）马：青白色相杂的马。

⑥敕（chì）：自上命下之词。特指皇帝诏书。

⑦就辔：上马。就，谓搭乘某种交通工具。辔：驾驭马的缰绳，借指马。

⑧广乐：盛大之乐。

⑨绮（qí）罗：泛指华贵的丝织品。

⑩画阁：彩绘华丽的楼阁。

⑪洞府：道教称神仙所居的地方。

⑫凉衫：本指北宋士大夫的白色便服，此指妓女所穿服装。

⑬盖头：旧时妇女外出时，用以蔽尘的面巾披肩。冠子：指古代贵族妇女所戴的一种帽子。

⑭狎客：旧指嫖客。

⑮轻衫：似指轻薄的衣衫。小帽：便帽。

⑯恶少年：恶少，品行恶劣的年轻男子。控马：驾驭马匹，骑马。

⑰刺：插。此似为“擦”之意。

⑱逞：显示、夸耀。骏逸：疾速奔驰。

⑲略：全，皆。虚日：闲日。

⑳季春：农历三月。

㉑棣棠：蔷薇科，落叶灌木。暮春开花，金黄色，单生于短枝顶端。栽培供观赏。木香：荼蘼花的别名，观赏植物。蔓生，春末夏初开白色或黄色花，略有香气。

㉒悬生：凭空而生。

㉓合教：共同操练。

译文

天子车驾回宫，则围裹便帽，插花，乘马，车驾前后是随从的臣僚、百官及仪仗卫队，全都赐花。徽宗大观初年，乘骢马至太和宫前，忽然宣召小乌马，那马至天子面前，却拒不向前，左右侍从说：“这是希望能被封官。”于是徽宗特赐小乌马为龙骧将军，然后上马，因小乌乃徽宗平日心爱之马。那些日子，处处锦绣，充盈都城，花光耀日，满目皆是，御香掠过道路，音乐响彻天空，车骑交相往来，彩棚排满街道，绮罗珠翠，户户似天仙所居，画阁红楼，家家如神仙洞府。游人不论士庶，车马往来，数以万计。妓女往日大多乘驴，宣和、政和年间只乘马，身披凉衫，将披巾放在背后，系在冠子上。那些少年嫖客往往跟随在后，也骑着马，身穿轻衫，头戴便帽。有三五个纹身的轻浮少年骑着马，叫作“花褪马”。用短缰绳迫使马头擦地而行，叫作“鞅韁”。大声喝斥，往来疾驰，竞相夸耀所骑之马奔驰之快。游人中有些用竹竿挑着、有些挂着经一整天博戏所得的物品而回。那些富贵之家的妇女，乘坐的小轿上插着花，帘幕也不放下。从三月初一日至四月八日金明池闭池，即使刮风下雨，池中也有游人，全无闲日。

三月暮春，万花烂漫，牡丹、芍药、棣棠、木香等，种种鲜花上市，卖花人用马头竹篮一字铺开，歌唱着的叫卖之声，清奇动听。宁静的庭院，日照垂帘，入云的高楼，晓日帷幕，宿酒未醒，好梦初觉，闻听叫卖之声，无不新愁易感，幽恨悬生，最是一时之佳境。此月，诸军出城到郊外，配合操练战阵队形。

卷第八

四月八日

原文

四月八日，佛生日[①],十大禅院各有浴佛斋会[②]，煎香药糖水相遗[③]，名曰“浴佛水”。迤逦时光昼永[④]，气序清和[⑤]。榴花院落，时闻求友之鹭；细柳亭轩，乍见引雏之燕[⑥]。在京七十二户诸正店，初卖煮酒[⑦]，市井一新。唯州南清风楼，最宜夏饮。初尝青杏，乍荐樱桃[⑧]，时得佳宾，觥酹交作[⑨]。是月茄瓠初出上市[⑩]，东华门争先供进，一对可直三五十千者。时菓则御桃、李子、金杏、林檎之类[⑪]。

注释

①佛生日：我国汉族地区一般以农历四月初八为释迦牟尼生日，称佛诞节，亦称“浴佛节”。佛寺届时举行诵经法会，并根据“佛生时龙喷香雨浴佛身”的传说，以各种名香浸水浇洗佛像，并供养各种花卉。同时，还举行拜佛祭祖、施舍僧侣等庆祝活动。

②斋会：禅寺在特定日子举行的集会。

③遗（wèi）：赠。

④迤（yǐ）逦：亦作“迤逦”“迤里”“迆逦”“迆逦”。渐次，逐渐。昼：白天。永：长。

⑤气序：气候。清和：清朗和暖。

⑥雏（chú）：泛指幼鸟。

⑦煮酒：煮酒新熟，指新酒。

⑧乍：忽。荐：送上，进献。

⑨觥酧（gōng chóu）：犹酬酢，主客相互敬酒。酧，同"酬"。

⑩茄瓠：茄子，瓠子。

⑪时菓：时令水果。御桃：果名。宋袁文《瓮牖闲评》卷七："今之小金桃名曰御桃。汉献帝自洛迁许，许州小李色黄，大如樱桃，帝爱而植之，亦曰御桃。"金杏：果实名，杏的一种。唐段成式《酉阳杂俎·木篇》："济南郡之东南有分流山，山上多杏，大如梨，黄如桔，土人谓之汉帝杏，亦曰金杏。"林檎：也作"林禽"，植物名，又名花红、沙果。落叶小乔木，叶卵形或椭圆形，花淡红色。果实卵形或近球形，黄绿色带微红，是常见的水果。

译文

四月八日，是释迦牟尼佛的生日，京城中十大禅院各自都举行浴佛斋会，煎熬放有香药的糖水赠给来参加浴佛斋会的人，这种糖水叫作"浴佛水"。此时，白天的时光渐渐延长，气候清朗和暖，榴花满枝的院落，不时听到求偶之莺啼；细柳袅娜的亭轩，忽而瞥见引雏的飞燕。在京城的七十二户著名酒店，开始出售新熟的酒，整个市面为之一新。只有州城南的清风楼，最宜于夏日在此宴饮。刚刚品尝了青杏，忽又送来了樱桃，时而遇到佳宾胜友，觥酹交错，开怀畅饮。此月，茄子、瓠子等时鲜蔬菜，刚刚才见上市，东华门集市上，争先恐后进献宫廷，每一对可值三五十千钱。时令水果则有御桃、李子、金杏、林檎等。

端午

原文

端午节物[1]：百索、艾花、银样鼓儿花、花巧画扇、香糖果子、粽子、白团、紫苏、菖蒲、木瓜[2]，并皆茸切[3]，以香药相和，用梅红匣子盛裹。自五月一日及端午前一日，卖桃、柳、葵花、蒲叶、佛道艾[4]，次日家家铺陈于门首[5]，与粽子、五色水团、茶酒供养[6]，又钉艾人于门上，士庶递相宴赏[7]。

注释

①端午：端午节。原名“端五节”，农历五月五日。唐玄宗八月初五生，将“端五”改为“端午”。又名“端阳节”“重五节”“重午节”“天中节”等，中国传统节日。此节的来源，各地说法不一，有说纪念介子推、伍子胥、曹娥等，但多以为纪念爱国诗人屈原。节日里有赛龙舟、包粽子、饮雄黄酒等习俗。节物：应节的物品。

②百索：用五色丝线编结的索状饰物，亦名长命缕。唐韩鄂《岁华纪丽·端午》：“百索绕臂，五彩缠筒。”宋高承《事物纪原·岁时风俗·百索》：“今有百索，即朱索之遗事也，蓋始于汉，本以饰门户，而今人以约臂，相承之误也。”艾花：当为用艾编成的花。艾，植物名，一名冰台，又名艾蒿，菊

科，多年生草本。茎、叶皆可以作中药，有除湿、止血、活血、养血的功效。银样鼓儿花：样子挺好的鼓状的花。果子：生果、干果、凉果、蜜饯、饼食的总称。白团：白甜瓜。明李时珍《本草纲目·果五·甜瓜》："以色得名，则有乌瓜、白团、黄觚、白觚、小青、大斑之别。"又，水团（五色水团）也称白团。紫苏：又名桂荏。一年生草本植物、茎方形，花淡紫色，种子可榨油，嫩叶可以吃，叶、茎和种子均可入药。菖蒲：植物名。多年生水生草本，有香气。叶狭长，似剑形。民间在端午节常用来和艾叶扎束，挂在门前。木瓜：落叶灌木或小乔木，叶长椭圆形，春末夏初开花，花红色或白色。果实长椭圆形，色黄而香，味酸涩，经蒸煮或蜜渍后供食用，可入药。

③茸（róng）切：切得十分细碎。

④佛（fú）道艾：伏道艾。宋时以为艾中之佳品，因其产于汤阴伏道，故称。端午节用以辟邪。

⑤铺陈：布置、摆放。

⑥五色水团：一种用糯米粉制作的团子，因杂五色人兽花果之状，故称。供养：供品。

⑦宴赏：本指设宴犒赏，此指设宴招待。

译文　端午节应节的物品有：百索、艾花、银样鼓儿花、花巧画扇、香糖果子、粽子、白团。紫苏、菖蒲、木瓜，并都切成细碎的茸末，用香药相伴和，用红梅那样颜色的盒子盛放。从五月初一到端午节前一日，街市有卖桃、柳、葵花、蒲叶、佛道艾，到端午节那天，家家户户都将这些东西放置在门口，与粽子、五色水团、茶酒等一起作为供品。又钉用艾草扎成的草人在门上，城中百姓互相设宴招待。

六月六日崔府君生日
二十四日神保观神生日

原文 六月六日，州北崔府君生日[①]，多有献送[②]，无盛如此。二十四日，州西灌口二郎生日[③]，最为繁盛。庙在万胜门外一里许，敕赐神保观。二十三日，御前献送后苑作与书艺局等处制造戏玩[④]，如毬杖、弹弓、弋射之具[⑤]，鞍辔、衔勒、樊笼之类[⑥]，悉皆精巧。作乐迎引至庙[⑦]，于殿前露台上设乐棚[⑧]，教坊、钧容直作乐，更互杂剧舞旋[⑨]。太官局供食[⑩]，连夜二十四盏，各有节次[⑪]。至二十四日，夜五更争烧头炉香，有在庙止宿，夜半起以争先者。天晓，诸司及诸行百姓献送甚多[⑫]。其社火呈于露台之上[⑬]，所献之物，动以万数。自早呈拽百戏[⑭]，如上竿、趯弄、跳索、相扑、鼓板、小唱、斗鸡、说诨话、杂扮、商谜、合笙、乔筋骨、乔相扑、浪子杂剧、叫果子、学像生、倬刀、装鬼、砑鼓、牌棒、道术之类[⑮]，色色有之，至暮呈拽不尽。殿前两幡竿[⑯]，高数十丈，左则京城所[⑰]，右则修内司[⑱]，搭材分占[⑲]，上竿呈艺解[⑳]。或竿尖立横木，列于其上，装神鬼，吐烟火，甚危险骇人。至夕而罢。

注释

①崔府君：据高承《事物纪原》七载，“在京城北，即崔府君祠也。相传唐滏阳令没为神，主幽冥。本庙在磁州，淳化中民于此置庙。”

②献送：献送供品。

③灌口二郎：也称二郎神。相传秦时李冰及其次子曾在灌口离堆锁孽龙，有德于蜀人，蜀人因此建庙祭祀，奉之为神灵。后演变为小说、戏剧中的神话人物。高承《事物纪原》七：“元丰时国城之西，民立灌口二郎神祠。”

④御前：皇帝座位之前，指代帝王所在之处。此指“宫中”。后苑作：指后苑造作所，官署名，分生色、缕金等七十四作。掌制造宫廷及皇属婚娶名物。书艺局：职掌未详。似与宫中器玩有关。

⑤毬杖：击球用具。弋（yì）射：泛指射猎禽兽。

⑥衔勒：马嚼口和马络头。樊笼：关鸟兽的笼子。

⑦迎引：迎接导引。

⑧露台：露天台榭。乐棚：古代演出伎艺百戏的场所。

⑨更互：交替、轮流。

⑩太官局：似当为尚食局。宋有太官令，掌有关膳羞割烹事务。元祐元年（1086）罢，次年复置。崇宁三年（1104）以

尚食局专主膳食后，太官令仅掌祠祭事。

⑪节次：次序。

⑫诸司：各官署。诸行（háng）：各种行业。

⑬社火：旧时节日村社迎神赛会所扮演的诸种杂戏。后亦演变为群众性的游艺活动。

⑭呈拽（yè）：安置、安排。

⑮上竿：爬竿。趯（yuè）弄：古代一种杂技。可能是指跳跃之类的技艺。趯，同“跃”。跳索：走索，杂技的一种。相扑：古称角觝，犹如今之摔跤。鼓板：宋元民间的表演艺术。艺人用鼓、板、箫管、笙等乐器演奏。小唱：乐曲体裁之一，由管乐伴奏，后演变为民间曲艺。耐得翁《都城纪胜·瓦舍众伎》：“唱叫‘小唱’谓执板唱慢曲。曲破，大率重起轻杀，故曰浅斟低唱。”说浑话：宋代说唱艺术，一种滑稽诙谐的说唱。杂扮、商谜：注见前。合笙：一作合生，古代伎艺，名称始见于唐，宋代亦有“合笙”。宋洪迈《夷坚志·支乙》卷六：“江浙间路岐伶女有慧黠知文墨，能于席上指物题咏、应命辄成者，谓之‘合生’。其滑稽含玩讽者，谓之‘乔合生’。”乔筋骨：乔，古代戏曲术语，以夸张的滑稽动作，表演各种人物、事件，以为笑乐。筋骨，所指未详。乔相扑：滑稽相扑。浪子杂剧：具体未详。叫果子：宋代说唱艺术。模仿各种叫卖的市声。高承《事物纪原·吟叫》：“嘉祐末，仁宗上

仙，四海遏密。故市井初有叫果子之戏。盖自至和、嘉祐之间，叫‘紫苏丸’，洎乐工杜人经‘十叫子’始也。京师凡卖一物，必有声韵，其吟哦俱不同，故市人采其声调，间以词章，以为戏乐也。”学像生：宋元时期杂艺的一种，以模仿各种声音与动作娱悦观众。倬刀：当为“掉刀”。注见前。砑（yà）鼓：宋时百戏之一。洪迈《夷坚丁志·胡道士》：“胡五者，宜黄细民，每乡社聚戏作砑鼓时则为道士，故目为胡道士。”牌棒：何种技艺未详。道术：方术。

⑯幡竿：旗杆。幡，旗帜。

⑰京城所：当即卷一“外诸司”条中的“京城守具所”。详见该注。

⑱修内司：官署名，属将作监，掌宫城、太庙修缮事务。

⑲搭材：各出材料。搭，本指安置、安放。

⑳呈艺解：献演技艺套数。

译文

六月初六日，州城北崔府君生日，献送供品的颇多，没有像这样兴盛的。二十四日，州城西灌口二郎生日，最为热闹兴盛。二郎庙在万胜门外约一里处，天子特赐名神保观。二十三日，宫中献送由后苑作与书艺局等处制造的供游戏玩乐用的如球杖、弹弓、射猎禽兽用的器具，以及鞍辔、衔勒、笼子之类的物品，全都制作得十分精巧。乐队作乐迎接宫中所献之物至庙里，在殿前的露台上设置演出伎艺百戏的乐棚，教坊、钧容直奏乐，交替上演杂剧、舞蹈。太官局提供食品，白天加上夜晚，有二十四盏食品，都有一定次序。至二十四日，半夜五更争烧头炉香，有在庙内住宿，半夜就起床以争第一。天亮后，各官署及各行业的百姓献送的供品很多。那些迎神赛会扮演的各种杂戏在露台上献演，所献的物品，动辄数以万计。从早上开始安排演出的百戏，如上竿、趯弄、跳索、相扑、鼓板、小唱、斗鸡、说浑话、杂扮、商谜、合笙、乔筋骨、乔相扑、浪子杂剧、叫果子、学像生、掉刀、装鬼、砑鼓、牌棒、道术之类的演出，样样皆有，至傍晚时仍安排不尽。殿前有两根旗杆，高数十丈，左侧由京城所、右侧由修内司各出材料竖起，并分别由两所分占，还有人上杆献演伎艺套数。有人在旗杆顶端安放横木，站在上面，装神弄鬼，口吐烟火，非常危险且令人惊骇。到天晚才结束。

是月巷陌杂卖

原文 是月时物①，巷陌路口，桥门市井，皆卖大小米水饭、炙肉、乾脯、莴苣、笋、芥辣瓜儿、义塘甜瓜、卫州白桃、南京金桃、水鹅梨、金杏、小瑶李子、红菱、沙角儿、药木瓜、水木瓜、冰雪凉水荔枝膏②，皆用青布繖③，当街列床凳堆垛。冰雪惟旧宋门外两家最盛，悉用银器。沙糖菉豆、水晶皂儿、黄冷团子、鸡头穰、冰雪、细料餶飿儿、麻饮鸡皮、细索凉粉素签、成串熟林檎、脂麻团子、江豆碙儿、羊肉小馒头、龟儿沙馅之类④。都人最重三伏，蓋六月中别无时节，往往风亭水榭，峻宇高楼，雪槛冰盘⑤，浮瓜沉李⑥，流盃曲沼⑦，苞鲊新荷⑧，远迩笙歌⑨，通夕而罢⑩。

注释 ①是月：六月。此条紧承上条，因作“是月”。时物：应时的食物。

②水饭：粥、稀饭。炙肉：烤肉。乾脯：肉干。芥辣瓜儿：当指放芥辣腌制的瓜条。义塘甜瓜：据宋陶穀《清异录》二载，“夷门瓜品中濈脚绡夹鹑，其色香味可魁本类也。”卫州白桃：卫州

产的白桃。卫州，辖境相当今河南新乡市、汲县、辉县、浚县及淇县等地。南京金桃：南京产的金桃。金桃，《广群芳谱·果谱一·桃》："金桃，形长，色黄如金，肉黏核，多蛀，熟迟，用柿接者，味甘色黄。"南京，宋代指应天府。辖境相当今河南商丘市及商丘虞城、宁陵、睢县、柘城、夏邑，安徽砀山，山东曹县、单县等地。水鹅梨：似即"鹅梨"，梨之一种。金杏：见本卷"四月八日"条注⑪。小瑶李子：小瑶出产的李子。红菱：红色的菱。沙角儿："沙角"，嫩菱角。元潜说友《咸淳临安志·物产》："菱初生，嫩者名沙角，硬者名馄饨。"

③繖：伞。

④菉豆：绿豆。皂儿：可能是一种粮食做的食品。鸡头穰：芡实肉。芡实，亦称鸡头。馉饳儿：一种面食。麻饮鸡皮：北宋时一种夏日冷食。细索凉粉素签：凉粉类的食物。林檎：花红。注见前。脂麻团子：芝麻团子。脂麻，亦作"脂蔴"，即芝麻。江豆硙儿：或以豇豆为原料的食品。硙（tuó）：本指石砣子，此未详。龟儿沙馅：未详。

⑤雪槛：雪柜。槛，柜。

⑥浮瓜沉李：指夏日浸在凉水中的瓜果。

⑦流盃曲沼：流觞曲水。流盃，犹流觞。曲沼，犹曲水，亦作"流杯曲水"。古代习俗，每逢三月上旬的巳日（后定为三月三日），人们于水边相聚宴饮，认为可祓除不祥。后人仿

行，于环曲的水流旁宴集，在水的上流放置酒杯，任其顺流而下，杯停在谁的面前，谁就取饮，称为“流觞曲水”。

⑧苞鲊：未详。似指各种腌制食品。苞，通“包”。

⑨迩（ěr）：近。笙歌：合笙之歌。亦泛指奏乐唱歌。

⑩通夕：通宵，整夜。

译文 此月的应时食品，不论是街巷路口，还是桥头、城门，集市店铺，卖的都是大小米稀饭、炙肉、肉干、莴苣、笋、芥辣瓜儿、义塘甜瓜、卫州白桃、南京金桃、水鹅梨、金杏、小瑶李子、红菱、沙角儿、药木瓜、水木瓜、冰雪凉水荔枝膏，且都张开青布伞，当街支起床凳堆放食品。卖冰雪的只是旧宋门外两家最为兴盛，全用银器盛装。此外还有沙糖绿豆、水晶皂儿、黄冷团子、鸡头穰、冰雪、细料馉饳儿、麻饮鸡皮、细索凉粉素签、成串熟林檎、芝麻团子、豇豆砣儿、羊肉小馒头、龟儿沙馅之类的东西。京城中人最看重三伏，因为六月里没有其他时令节日。往往在临风面水的亭榭中，高峻巍峨的楼宇内，有人送去雪柜冰盘，浮瓜沉李；流觞曲水的宴集之处，有人品尝佳肴，观赏新荷，不论远近，随处能听到悠扬的笙歌之声，常常通宵才结束。

七夕

原文

七月七夕[1]，潘楼街东宋门外瓦子[2]，州西梁门外瓦子，北门外、南朱雀门外街及马行街内，皆卖磨喝乐[3]，乃小塑土偶耳。悉以雕木彩装栏座[4]，或用红纱碧笼，或饰以金珠牙翠，有一对直数千者。禁中及贵家与士庶为时物追陪[5]，又以黄蠟铸为凫雁、鸳鸯、鸂鶒、龟、鱼之类[6]，彩画金缕，谓之“水上浮”。又以小板上傅土[7]，旋种粟令生苗，置小茅屋花木，作田舍家小人物，皆村落之态，谓之“谷板”。又以瓜雕刻成花样，谓之“花瓜”。又以油面糖蜜造为笑靥儿[8]，谓之“果食”，花样奇巧百端，如捺香方胜之类[9]。若买一斤，数内有一对被介胄者[10]，如门神之像[11]。蓋自来风流[12]，不知其从[13]，谓之“果食将军”。又以菉豆、小豆、小麦于磁器内以水浸之，生芽数寸，以红蓝綵缕束之，谓之“种生”。皆于街心綵幙帐设出络货卖[14]。七夕前三五日，车马盈市，罗绮满街，旋折未开荷花，都人善假做双头莲[15]，取玩一时，提携而归，路人往往嗟爱[16]。又小儿须买新荷叶执之，蓋効颦磨喝乐[17]。儿童辈特地新粧⑱，竞夸鲜丽。至初六日七日晚，贵家多结綵楼于庭，谓之“乞巧楼”。铺陈磨喝乐、花瓜、酒炙、笔砚、针线⑲，或儿童裁诗⑳，女郎呈巧㉑，焚香列拜㉒，谓之“乞巧”。妇女望月穿针。或以小蜘蛛安合子内㉓，次日看之，若网圆正㉔，谓之“得巧”。里巷与妓馆，往往列之门首，争以侈靡相向㉕。磨喝乐本佛经摩睺罗，今通俗而书之。

注释

①七夕：农历七月初七之夕，传说，牛郎织女每年此夜在天河相会。旧俗妇女多进行乞巧活动，又称“七巧节”“乞巧节”。

②瓦子：见“朱雀门外街巷”注①。

③磨喝乐：亦作“磨合罗”，原为佛教八部众神之一的摩睺罗神。唐宋时借其名制作为一种土木偶人，于七夕供养。唐时也叫“化生”，谓供养以祝祷生育男孩，因成为送姻亲家的礼物。后成为儿童玩具。

④栏座。有围栏的底座

⑤追陪：追随、伴随。

⑥蠟（là）：同蜡。凫（fú）雁：鸭与鹅。鸂鶒（xī chì）：亦作“鸂鷘”，水鸟名。形大于鸳鸯，而多紫色，好并游。俗称紫鸳鸯。

⑦傅：同“尃”，铺布，散布。

⑧笑靥儿：一种食品名，亦省作“笑靥”。从上下文看，此食品似为人形。

⑨捺（nà）：用手指向下按。方胜：形状像由两个菱形部分重叠相连而成的一种首饰。后借指这种形状。

⑩被：通“披”。介胄：铠甲和头盔。

⑪门神：护门之神。旧俗在门上贴其画像，用来驱逐鬼神。

⑫自来：由来，历来。风流：风行；流传。

⑬从：根据。

⑭设：安排。出：除去。络：指上文的“红蓝綵缕”。货卖：出售。

⑮假做：做成并非真的。双头莲：两朵莲花并排地长在同一茎上。

⑯嗟爱：赞叹喜爱。

⑰効颦：亦作“效颦”，即效矉。本指“不善摹仿，弄巧成拙的典故”，此为“学样”之意。

⑱新粧：新装，新的衣掌。

⑲酒炙：酒和肉，亦泛指菜肴。

⑳裁诗：作诗。

㉑呈巧：呈献精巧的物件，多指女青年制作的针线活。

㉒列拜：依次叩拜。

㉓合子：盒子。

㉔圆正：圆匀端正。

㉕侈靡：奢华。相向：相对，面对面。

译文

七月初七晚，潘楼街东宋门外瓦子，州城西梁门外瓦子，北门外、南朱雀门外街以及马行街内，全都是卖磨喝乐的。磨喝乐是小巧的泥塑的土偶，全都用雕镂的木料加以彩绘，并配上栏杆做成底座安放磨喝乐，有的用红纱碧笼加以裹罩，有的用金银珍珠、象牙翠玉加以装饰，有的一对磨喝乐可值数千钱。宫中及富贵之家以至百姓人家都准备应时物品作为陪衬。又用黄蜡浇成鸭鹅、鸳鸯、鸂鶒、龟、鱼之类的小动物，加以彩绘金饰，叫作“水上浮”。又在小木板上铺上泥土，随即种上粟，使之长出幼苗，又在小木板上置放小茅屋和各种花木，再制作农家小人物，做成村落的样子，叫作“谷板”。又用瓜雕刻成各种花样，叫作“花瓜”。又用油、面、糖、蜜为原料制作笑靥儿，叫作“果食”，花样新奇细巧数以百计，像做成香方胜之类的形状。如果买一斤果食，其中有一对身披铠甲头盔的小人，像门神的模样，这一习俗流传的由来，却不知源自何处，这对小人叫作“果食将军”。

又用绿豆、小豆、小麦放在瓷器内用水浸泡，使其生芽，长数寸，用红蓝彩色丝线扎起来，叫作“种生”。都在街心的彩色幕帐中安排除去扎着的彩色丝线后出售。七夕前的三五日，京城内即已车马往来不绝，身穿罗绮者充斥街市，随即有折来尚未开的荷花，京城中人擅做假的双头莲，赏玩一时，然后又带回家去，路人见了，纷纷流露出赞叹喜爱的神情。而小孩子大抵都要买新荷叶拿在手中，以摹仿磨喝乐的模样。小孩子们都特地穿上新装，竞相夸耀鲜艳亮丽。至初六、初七晚上，富贵之家大多在庭院中扎起彩楼，叫作“乞巧楼”，在院中陈列磨喝乐、花瓜、酒菜、笔砚、针线等物，或由儿童作诗，或由女郎呈献制作的精巧物件，点起了香，依次叩拜，叫作“乞巧”。此日晚，妇女都对着月亮穿针。有人将小蜘蛛装在盒子内，第二天打开观看，如果蜘蛛织的网圆匀端正，叫作“得巧”。街市里巷人家与妓馆，往往将各种物品陈列在门口，面对面地比赛奢华。“磨喝乐”源于佛经中的“摩睺罗”，现今通俗地写作“磨喝乐”。

中元节

原文

七月十五日，中元节①。先数日，市井卖冥器、靴鞋、幞头、帽子、金犀假带、五綵衣服②；以纸糊架子盘游出卖③。潘楼并州东西瓦子，亦如七夕，要闹处亦卖果食、种生、花果之类④，及印卖尊胜目连经⑤。又以竹竿斫成三脚⑥，高三五尺，上织灯窝之状⑦，谓之“盂兰盆⑧”，挂搭衣服冥钱在上焚之⑨。构肆乐人⑩，自过七夕，便般目连救母杂剧⑪，直至十五日止，观者增倍。中元前一日，即卖练叶⑫，享祀时铺衬卓面⑬。又卖麻谷窠儿⑭，亦是系在卓子脚上，乃告祖先秋成之意⑮。又卖鸡冠花，谓之“洗手花”。十五日供养祖先素食⑯，才明即卖穄米饭⑰，巡门叫卖⑱，亦告成意也⑲。又卖转明菜花、花油饼、馂豏、沙豏之类⑳。城外有新坟者，即往拜扫。禁中亦出车马诣道者院谒坟㉑。本院官给祠部十道㉒，设大会㉓，焚钱山，祭军阵亡殁㉔，设孤魂之道场㉕。

注释

①中元节：旧时宗教节日。农历七月十五，此日道观作斋醮，僧寺作盂兰盆会。唐韩鄂《岁华纪丽·中元》：“道门宝盖，献

在中元。释氏兰盆，盛于此日。”

②冥（míng）器：古时殉葬的器物，后多指焚化给死者的纸做的器物。宋赵彦卫《云麓漫钞》卷五：“古之明器，神明之也。今之以纸为之，谓之冥器。”“靴鞋”等：均指焚化给死者之物。

③盘游：游乐。此似有“四处转悠”之意。

④果食、种生：见上条“七夕”。

⑤尊胜目连经：佛教经卷。

⑥斫（zhuó）：用刀斧等砍或削。

⑦灯窝：灯椀。灯椀，亦作“灯盌”。油灯中盛油和放置灯芯的碗形物。

⑧盂兰盆：祭祀先人亡灵的冥器。盂兰盆，佛家语，为倒悬之义。于农历七月十五日施佛及僧，功德无量，可救先亡倒悬之苦。相传出于目连救母故事。

⑨冥钱：烧化给死者的纸钱。

⑩构肆：勾栏瓦肆。乐人：歌舞演奏艺人的泛称。

⑪般：借作“扮”，扮演。目连救母：宋杂剧名。目连，亦作“目莲”，释迦牟尼十大弟子之一。佛经故事，说目连神通广大，能飞抵兜率天。母死，堕饿鬼道中，为救母脱离饿鬼道之苦，以神通之力亲往救之，不成。佛向目连说，须十方众僧之力，至七月十五，具百果于盆中供十方大德，最后救出

母亲。

⑫练叶：同楝叶，楝树的叶子。练，同“楝”。

⑬享祀：祭祀。

⑭麻谷窠儿：指用麻、谷草编织成窠状之物。

⑮秋成：收获，收成。此有“丰收”之意。

⑯供养：奉祀，摆设供品。

⑰穄米饭：穄（jì）米做的饭。穄米，去壳后的穄子。穄子与黍子相似，而子实不黏，也叫糜子，可以作饭。

⑱巡门：沿门，挨门挨户。

⑲告成：上报所完成的功业。后泛指事情完成。

⑳转明菜花：未详。馂豏（jùn xiàn）：一种包馅的面食。馂，熟食。豏，豆馅儿。沙豏：可能如今之豆沙馅的面食。

㉑道者院：据李濂《汴京遗迹志》十一载，“道者院在郑门外五里。宋时所建。每岁中元节、十月朔，设大会道场，祭军阵亡殁孤魂，金季兵毁。”

㉒本院：指道者院。祠部十道：指祠部度牒十道。祠部，《宋史》卷一百六十三《职官志》三载，“祠部郎中、员外郎：掌天下祀典、道释、祠庙、医药之政令。”度牒，即度僧牒，官府发给僧尼证明身份的文字凭证。因由祠部发放，故又称祠部牒。发给道士的类似性质的文据，有时也称度牒。南北朝时，始有证明僧尼身份的官方文凭。度僧给牒始于唐天宝六

载（747）。为弥补编民为僧所造成的财政损失，唐中宗时已向出家者收取一定数量钱财。宋英宗后，出卖度牒成为弥补财政亏空的手段，有时竟超过朝廷一年总收入额的十分之一。发放度牒，也是控制僧尼人数的手段。

㉓设：举办，举行。

㉔军阵：军事或战争。

㉕孤魂：孤独无依的魂灵。道场：释道二教称诵经礼拜的场所。

译文

七月十五日，是中元节。节前数日，街市上有出售冥器、靴鞋、幞头、帽子、金玉犀牛假带、各种颜色的衣服；也有人拿着用纸糊的架子四处转悠出售。潘楼及州城东、西的瓦子，亦如七夕节一样，热闹处也有卖果食、种生、花果之类的食品，及印刷出售的尊胜目连经。又有将竹竿砍削成三脚，高约三五尺，上端编成灯椀的形状，叫作“盂兰盆”，挂搭衣服、冥钱在上面焚烧。勾栏瓦肆中的艺人，自过了七夕，便扮演“目连救母”杂剧，直至十五日方止，观看的人成倍增加。中元节前一日，城中即有卖楝树叶的，祭祀时用来铺衬桌面。又有卖用麻及谷草编织的窠儿，也是用来系在桌子的脚上，这是用来祭告祖先收成丰稔的意思。又有卖鸡冠花的，叫作“洗手花”。十五日在祖先灵前奉祀素食，那天天刚亮即有卖穄米饭的，挨门挨户地叫卖，也是祭告祖先收获有成之意。还有卖转明菜花、花油饼、馂豏、沙豏之类的食品。在城外有新坟的人家，即前往祭拜扫墓。宫中也派出车马前往道者院祭坟。道者院由官府发给祠部度牒十道，举办盛大集会，焚烧纸钱叠成的钱山，祭奠战争中阵亡的将士，设置超度孤魂的道场。

立秋

原文

立秋日[①]，满街卖楸叶[②]，妇女儿童辈，皆剪成花样戴之。是月，瓜果梨枣方盛，京师枣有数品：灵枣、牙枣、青州枣、亳州枣[③]。鸡头上市[④]，则梁门里李和家最盛。中贵戚里[⑤]，取索供卖[⑥]。内中泛索[⑦]，金合络细绎[⑧]。士庶买之，一裹十文[⑨]，用小新荷叶包，糁以麝香[⑩]，红小索儿系之。卖者虽多，不及李和一色拣银皮子嫩者货之。

注释

①立秋：二十四节气之一，俗以此为秋季开始。《礼记·月令》：“是月也，以立秋。先立秋三日，太史谒之天子，曰某日立秋，盛德在金。天子乃齐。立秋之日，天子亲帅三公、九卿、诸侯、大夫，以迎秋于西郊。”

②楸叶：楸树叶。唐宋习俗用以象征秋意。

③灵枣：枣的一种，形大而甜美。牙枣：枣的一种，其形尖长似牙。李时珍《本草纲目·果一·枣》〔集解〕引寇宗奭曰：“又有牙枣，先众枣熟，亦甘美，微酸而尖长。”青州枣：出产于青州（今属山东）的枣。亳（bó）州：今属安徽。

④鸡头：芡实，水生植物。全株有刺，叶圆盾形，浮于水面。

花单生，带紫色，花托形状像鸡头。种子称芡食，供食用，亦可入药。

⑤中贵：显贵的侍从宦官。戚里：帝王外戚居住的地方，借指外戚。

⑥取索：索取；夺取。供卖：进奉出售。

⑦内中：宫中。泛索：亦作“汎索”，古代宫中供帝王所用的点心。非定时所进，故名。

⑧金合：金盒。

⑨裹：包。

⑩糁（sǎn）：杂，混和。

译文

立秋日，满街市到处是卖楸叶的，妇女和儿童们都将买来的楸叶剪成各种花样佩戴着。此月，是瓜果梨枣最多的时节，京城中枣有好几个品种：有灵枣、牙枣、青州枣、亳州枣。鸡头上市后，则要数梁门里的李和家销售最为兴旺。宫中的近侍宦官及帝王的外戚，不时索取，李家进奉出售。宫中作为天子的点心，用金盒盛放不断送入内庭。百姓买鸡头，一包十文钱，用小张新荷叶包裹，杂以一些麝香，用红色的小绳系扎鸡头。出售鸡头的虽多，但都不及李和店铺中清一色地挑选银色皮子又鲜嫩的鸡头出售。

秋社

原文 八月秋社[1]，各以社糕社酒相赍送[2]，贵戚、宫院以猪羊肉、腰子、妳房、肚肺、鸭饼、瓜姜之属[3]，切作棊子片样[4]，滋味调和，铺于饭上，谓之“社饭”，请客供养[5]。人家妇女皆归外家，晚归，即外公姨舅皆以新葫芦儿、枣儿为遗，俗云宜良外甥[6]。市学先生预敛诸生钱作社会[7]，以致雇倩祗应、白席、歌唱之人[8]。归时各携花篮、果实、食物、社糕而散。春社、重午、重九亦是如此[9]。

注释 ①秋社：旧时秋季祭祀土神的日子，立秋后第五戊日。吴自牧《梦粱录·八月》：“秋社日，朝廷及州县差官祭社稷于坛，盖春祈而秋报也。”

②社糕、社酒：秋社祭祀土神，准备的糕、酒，饮酒庆贺，称所备的糕、酒为社糕、社酒。赍（jī）送：赠送。

③贵戚：帝王的亲族。宫院：帝王后妃居住的宫室、庭院。借指后妃。妳（nǎi）房：亦作“孏房”“奶房”，多指人的乳房，亦指供食用的动物乳房。鸭饼：食品名，可能以鸭为原料制成。

④綦子：亦作“棋子”，棋子状的食品。

⑤供养：奉祀，摆设供品。

⑥宜良：带来吉祥。宜，适宜，适当。良，吉祥。

⑦市学：村镇上的学校。敛：征收、索取，此指“收取”。诸生：学生。社会：旧时于春秋社日迎赛土神的集会。秋社适当秋收，迎赛社神以表谢意。

⑧雇倩（qìng）：出钱雇请。祗应（yìng）：祗应人，即侍从、仆人。白席：白席人。古代北方民间宴席上相礼、供杂役的人。

⑨春社：古代风俗日，立春后第五个戊日，是日祭祀土神。《月令广义》：“立春五戊为春社。”重午：端午节。端午在农历五月初五日，故称“重午”。重九：重阳节。重阳在农历九月九日，故称“重九”。

译文 八月秋社，人们各用社糕、社酒相互赠送。天子的亲族、后妃用猪羊肉、腰子、乳房、肚肺、鸭饼、瓜姜之类为原料，切成棋子一片一片的样子，加以佐料，调匀滋味，铺盖在饭上，叫作“社饭”，用来招待客人和用作祭祀的供品。大多数人家的妇女都回娘家，晚上回来，即由外公、姨妈、舅父用新上市的葫芦儿、枣儿作为礼物相赠，当时的风俗以为这会给外甥带来吉祥。村学先生预先收取学生们的学钱作社会，用钱来雇请祇应人、白席人、歌唱艺人。待社会散时，各自携带花篮、果实、食物、社糕而归。春社日、重午节、重九日也都是这样。

中秋

原文 中秋节前①，诸店皆卖新酒，重新结络门面綵楼②。花头画竿③，醉仙锦旆④。市人争饮，至午未间⑤，家家无酒，拽下望子⑥，是时螯蟹新出⑦，石榴、榅勃、梨、枣、栗、孛萄、弄色枨桔⑧，皆新上市。中秋夜，贵家结饰台榭，民间争占酒楼翫月⑨。丝篁鼎沸⑩，近内庭居民，夜深遥闻笙竽之声⑪，宛若云外。闾里儿童⑫，连宵嬉戏⑬。夜市骈阗⑭，至于通晓⑮。

注释 ①中秋节：农历八月十五日。吴自牧《梦粱录·中秋》："八月十五日，中秋节，此日三秋恰半，故谓之中秋。"民间习俗，家家团聚，吃月饼，赏月。

②结络：结扎。綵楼：用彩色绸帛结扎的棚架。

③花头画竿：顶端装饰有画饰的旗杆。

④醉仙锦旆：画有醉仙的锦旗。醉仙，指李白。旆（pèi）：同旆，旌旗。

⑤间（jiàn）：同"閒"。空隙。引申为空闲。

⑥望子：店铺前悬挂的招帘，一般多指酒旗。

⑦螯蟹：螃蟹。

⑧榅（wēn）勃：当作榅桲（bó）。落叶灌木或小乔木，叶卵形或长椭圆形，背面密生软毛，花色白，或略带淡红，果实有香气，味甘酸，供食用或药用。孛萄：葡萄。弄色枨桔：皮色鲜亮的枨桔。弄色，显现美色。枨桔：指橙橘类的果品。

⑨翫（wán）月：赏月。翫，观赏、欣赏。

⑩丝篁：弦管乐器，借指音乐。鼎沸：形容喧闹、嘈杂。

⑪笙竽：笙和竽，因形制相类，故常联用，亦借指音乐。

⑫闾里：里巷；平民聚居之处。

⑬连宵：犹通宵。

⑭骈阗：犹骈田，此指热闹兴旺。

⑮通晓：整夜，通宵。

译文

中秋节前，城中各酒店都卖新酿的酒，店家都重新结扎门面的彩楼。门前顶端装饰彩绘的旗杆，上面挂着画有醉仙的旗帜。京城中人争入酒店饮酒，从五更开市至中午，酒店一刻没有空闲，以至酒店家家无酒，只能取下酒旗，关门停业。此时螃蟹新出，石榴、榅桲、梨、枣、栗、葡萄、鲜亮的枨橘也都刚刚上市。中秋之夜，富贵之家结扎装饰亭阁台榭，城中百姓争先恐后到酒楼占据座席赏月。人声喧闹，乐声鼎沸，靠近皇宫的居民，深夜还能远远听到从宫中传来的笙竽之声，悠扬婉转，宛如天上神仙之乐。里巷间的儿童，通宵嬉闹玩耍。京城中夜市热闹异常，一直持续到天亮。

重阳

原文 九月重阳①，都下赏菊有数种：其黄白色蘂若莲房曰万龄菊②，粉红色曰桃花菊，白而檀心曰木香菊③，黄色而圆者曰金铃菊，纯白而大者曰喜容菊，无处无之。酒家皆以菊花缚成洞户④。都人多出郊外登高，如仓王庙、四里桥、愁台、梁王城、砚台、毛驼冈、独乐冈等处宴聚。前一二日，各以粉面蒸糕遗送，上插剪綵小旗，掺饤果实⑤，如石榴子、栗子黄、银杏、松子肉之类。又以粉作狮子、蛮王之状，置于糕上，谓之“狮蛮”。诸禅寺各有斋会⑥，惟开宝寺、仁王寺有狮子会⑦。诸僧皆坐狮子上，作法事讲说⑧，游人最盛。下旬即卖冥衣、靴鞋、席帽、衣段⑨，以十月朔日烧献故也⑩。

注释 ①重阳：重阳节，农历九月九日。古以九为阳数，九月九日，故曰“重阳”。又名“重九节”、茱萸节、菊花节。此节战国时已形成，正式定为节日在唐代。节日里有登高、赏菊、饮菊花酒、插茱萸、吃重阳糕、放风筝等活动。

②蘂（ruǐ）：亦作“蕊”，花蕊。莲房：莲蓬。莲花开过后的

花托，倒圆锥形，有许多小孔，各孔分隔如房，故名。

③檀心：浅红色的花蕊。苏轼《黄葵》诗："檀心自成晕，翠叶森有芒。"

④洞户：门户。

⑤掺（chān）：同"搀"，混杂。饤（dìng）：贮食；堆放食品于器，一般供陈设。引申为"装饰"。

⑥斋会：禅寺在特定日期的集会。

⑦狮子会：宋时重阳节汴京僧人举行的法会。狮子当为制作的。

⑧法事：指供佛、礼忏、打醮、修斋等宗教法会、仪式。讲说：讲述解说。

⑨席帽：古帽名。以藤席为骨架，形似毡笠，四缘垂下，可蔽日遮颜。段，通"缎"。

⑩烧献：向神祇等焚化奉献品。

译文 九月九日重阳节，京城中观赏的菊花有数种：那种黄白色而花蕊像莲房的叫万龄菊，粉红色的叫桃花菊，白色而花蕊呈浅红色的叫木香菊，黄色而花呈圆形的叫金铃菊，纯白色而花朵大的叫喜容菊，这些菊花，处处皆是。酒家都用菊花扎缚成门户。京城中人大多出城到郊外登高，前往仓王庙、四里桥、愁台、梁王城、砚台、毛驼冈、独乐冈等处宴饮聚会。节前一二日，人们各自用面粉蒸糕相互赠送，上面插着各种纸剪的彩色小旗，糕上还掺杂着用作点缀的各种果实，像石榴子、栗子黄、银杏、松子肉之类的东西。又用面粉做成狮子、蛮王的形状，放置在糕上，叫作“狮蛮”。诸禅寺各有本寺的斋会，仅开宝寺、仁王寺有狮子会。众僧都坐在狮子上，做法事，讲解佛教经义，此两寺游人最为兴盛。九月下旬即有卖冥衣、靴鞋、席帽、衣缎等物，因十月初一日有向神祇烧献的习俗的缘故。

卷第九

十月一日

原文 十月一日，宰臣已下受衣著锦袄[①]。三日，今五日。士庶皆出城飨坟[②]，禁中车马出道者院[③]，及西京朝陵[④]。宗室车马亦如寒食节[⑤]。有司进煖炉炭[⑥]。民间皆置酒作煖炉会也[⑦]。

注释 ①宰臣：帝王的重臣，宰相。已下：以下。衣著：亦作“衣着”，衣服。

②飨（xiǎng）：通“享”，祭祀，祭献。

③每年七月十五、十月初一，于道者院设大会道场，祭奠阵亡将士。见卷八“中元节”条注㉑。

④西京：宋时以洛阳为西京。北宋历代帝王陵寝在巩县，距洛阳不远。

⑤“宗室车马”句：详见卷七“清明节”条。

⑥煖炉：亦作“煖炉”，冬天取暖的炉子。

⑦煖炉会：冬天围炉饮宴。

译文 十月初一日，宰相以下官员领受天子赏赐的衣着、锦袄。三日，现今在五日。京城百姓都出城祭祀坟茔。

宫中派出车马前往道者院祭奠阵亡将士，及前往西京朝谒陵寝。皇族的车马也如寒食节前往诸陵祭祀。官府向宫中进献煖炉所用的木炭。民间大都置酒举办煖炉会。

天宁节

原文 初十日天宁节①。前一月，教坊集诸妓阅乐②。初八日，枢密院率修武郎以上③；初十日，尚书省宰执率宣教郎以上④，并诣相国寺罢散祝圣斋筵⑤，次赴尚书省都厅赐宴⑥。

注释 ①天宁节：宋代节日，农历十月十日，宋徽宗生日。《宋史·徽宗纪一》："丁未，以帝生日为天宁节。"

②阅乐（yuè）：审查音乐技艺。

③枢密院：官署名。宋以枢密院为最高军事机关，别称宥司，掌军国机务、兵防、边备、军马等政令，出纳机密命令，与中书分掌军政大权，合称"二府"。最高长官宋初为枢密使、知枢密院事；副使，同知枢密院事。元丰改制，定置知院事与同知院事二人。修武郎：武阶官名，政和二年（1112）由内殿崇班改名，为武臣第四十四阶。

④尚书省：官署名，宋承唐制置。宋初，尚书省长官尚书令，但不预政事。自尚书令以下官员，仅用以定官位俸禄，无实际职掌。元丰改制后，尚书省掌执行皇帝命令，以左右仆射为宰相，左仆射兼门下侍郎，执行门下省长官侍中职务；右

仆射兼中书侍郎，执行中书省长官中书令职务。故而文中称“尚书省宰执”。宣教郎：原名宣德郎，元丰改制前为正七品下阶文散官，元丰三年（1080）废文散官，遂为新寄禄官，相当于旧寄禄官大理寺丞、著作佐郎。政和三年（1113）改名宣教郎。

⑤罢散（sàn）：谓结束。苏轼《罢散青词》：“请女道士二七人，于福宁殿罢散明堂礼毕道场，设醮一座，一百二十分位。”斋筵：做斋事时设的筵席。

⑥都厅：尚书省大厅堂，也称都堂。宋赵与时《宾退录》卷一载，“祖宗时，诸郡皆有都厅。至宣和三年，怀安军奏：‘今尚书省公相厅改作都厅，内外都厅，并行禁止。欲将本军都厅以佥厅为名。’从之。且命诸路依此。”

译文

十月初十日天宁节。节前一个月，教坊召集诸多艺妓校阅音乐技艺。十月初八日，枢密院率领修武郎以上官员；初十日，尚书省由宰相、执政率领宣教郎以上官员，都前往相国寺。待祝贺圣上天宁节的斋筵结束，接着，赴尚书省都厅参加天子赐宴。

宰执亲王宗室百官入内上寿

原文 十二日，宰执、亲王、宗室、百官入内上寿大起居[①]。搢笏舞蹈[②]。乐未作，集英殿山楼上教坊乐人效百禽鸣[③]，内外肃然[④]，止闻半空和鸣[⑤]，若鸾凤翔集[⑥]。百官以下谢坐讫，宰执、禁从、亲王、宗室、观察使已上[⑦]，并大辽、高丽、夏国使副[⑧]，坐于殿上。诸卿少百官[⑨]，诸国中节使人坐两廊[⑩]。军校以下排在山楼之后[⑪]。皆以红面青檄黑漆矮偏钉[⑫]，每分列环饼、油饼、枣塔为看盘[⑬]，次列果子。惟大辽加之猪羊鸡鹅兔连骨熟肉为看盘，皆以小绳束之。又生葱韭蒜醋各一楪[⑭]。三五人共列浆水一桶[⑮]，立杓数枚。教坊色长二人[⑯]，在殿上栏干边，皆诨裹[⑰]，宽紫袍，金带义襕[⑱]，看盏[⑲]。斟御酒，看盏者举其袖，唱引曰“绥御酒”[⑳]，声绝[㉑]，拂双袖于栏干而止[㉒]。宰臣酒，则曰“绥酒”，如前。教坊乐部[㉓]，列于山楼下綵棚中，皆裹长脚幞头，随逐部服紫绯绿三色宽衫[㉔]，黄义襕，镀金凹面腰带，前列拍板[㉕]，十串一行[㉖]；次一色画面琵琶五十面[㉗]；次列箜篌两座[㉘]，箜篌高三尺许，形如半边木梳，黑漆镂花金装画[㉙]，下有台座，张二十五弦，一人跪而交手擘之[30]。以次高架大鼓两面[31]，綵画花地金龙，击鼓人背结宽袖，别套黄窄袖，垂结带[32]，金裹鼓棒，两手高举互击，宛若流星。后有羯鼓两座[33]，如寻常番鼓子[34]，置之小卓子上[35]，两手皆执杖击之，杖鼓应焉[36]。次列铁石方响[37]，明金綵画架子[38]，双垂流苏[39]。次列箫、笙、埙、篪、觱篥、龙笛之类[40]。两旁对列杖鼓二百面，皆长脚幞头，紫绣抹额[41]，背系紫宽衫，黄窄袖，结带、黄义襕。诸杂剧色皆诨裹[42]，各服本色紫绯绿宽衫、义襕、镀金带。自殿陛对立[43]，直至乐棚[44]。每遇舞者入场，则排立者叉手[45]，举左右肩[46]，动足应拍，一齐群舞，谓之“挼曲子”[47]。挼字仍回反[48]。

第一盏御酒，歌板色一名[49]，唱中腔一遍讫[50]，先笙与箫笛各一管和[51]，又一遍，众乐齐举，独闻歌者之声。宰臣酒，乐部起倾盃[52]。百官酒，三台舞旋[53]，多是雷中庆[54]。其余乐人舞者诨裹宽衫，唯中庆有官，故展裹[55]。舞曲破攧前一遍[56]，舞者入场，至歇拍[57]，续一人入场，对舞数拍，前舞者退，独后舞者终其曲，谓之“舞末”。

第二盏御酒，歌板色唱如前。宰臣酒，慢曲子[58]。百官酒，三台舞如前。

第三盏，左右军百戏入场，一时呈拽[59]。所谓左右军，乃京师坊市两厢也[60]，非诸军之军。百戏乃上竿、跳索、倒立、折腰、弄盌注、踢瓶、筋斗、擎戴之类[61]，即不用狮豹大旗神鬼也。艺人或男或女，皆红巾綵服。殿前自有石镌柱窠[62]，百戏入场，旋立其戏竿。凡御宴至第三盏，方有下酒[63]：肉、醎豉、爆肉、双下驼峰角子[64]。

第四盏，如上仪，舞毕，发谭子[65]，参军色执竹竿拂子[66]，念致语口号[67]，诸杂剧色打和[68]，再作语[69]，勾合大曲舞[70]。下酒榼[71]：炙子骨头、索粉、白肉胡饼[72]。

第五盏御酒，独弹琵琶。宰臣酒，独打方响。凡独奏乐，并乐人谢恩讫，上殿奏之。百官酒，乐部起三台舞，如前毕。参军色执竹竿子作语，勾小儿队舞[73]。小儿各选年十二三者二百余人，列四行，每行队头一名[74]，四人簇拥，并小隐士帽[75]，著绯绿紫青生色花衫[76]，上领四契[77]，义襕束带，各执花枝排定。先有四人裹卷脚幞头、紫衫者，擎一綵殿子[78]，内金贴字牌，擂鼓而进，谓之“队名”。牌上有一联，谓如“九韶翔綵凤，八佾舞青鸾”之句。乐部举乐，小儿舞步进前，直叩殿陛。参军色作语问，小儿班首近前进口号[79]，杂剧人皆打和毕，乐作，群舞合唱，且舞且唱，又唱破子毕[80]，小儿班首入进致语，勾杂剧入场，一场两段。是时教坊杂剧色鳖膨、刘乔、侯百朝、孟景初、王颜喜而下[81]，皆使副也[82]。内殿杂戏[83]，为有使人预宴，不敢深作谐谑，惟用群队装其似像市语[84]，谓之“拽串”。杂戏毕，参军色作语，放小儿队，又群舞《应天长》曲子出场。下酒：群仙炙、天花饼、太平毕罗、干饭、缕肉羹、莲花肉饼[85]。驾兴，歇座[86]，百官退出殿门幕次[87]。须臾追班起居再坐[88]。

第六盏御酒，笙起慢曲子。宰臣酒，慢曲子。百官酒，三台舞。左右军筑毬[89]，殿前旋立毬门，约高三丈许，杂綵结络[90]，留门一尺许。左军毬头苏述，长脚幞头、红锦袄，余皆卷脚幞头，亦红锦袄，十余人。右军毬头孟宣并十余人，皆青锦衣。乐部哨笛杖鼓断送[91]。左军先以毬团转[92]，众小筑数遭[93]，有一对次毬头小筑数下，待其端正[94]，即供毬与毬头，打大膁过毬门[95]。右军承得毬[96]，复团转，众小筑数遭，次毬头亦依前供毬与毬头，以大搉打过，或有即便复过者胜[97]。胜者赐以银盌锦綵，拜舞谢恩，以赐锦共披而拜也。不胜者毬头吃鞭[98]，仍加抹抢[99]。下酒：假鼋鱼、密浮酥捺花[100]。

第七盏御酒，慢曲子。宰臣酒，皆慢曲子。百官酒，三台舞讫，参军色作语，勾女童队入场。女童皆选两军妙龄容艳过人者四百余[101]，或戴花冠，或仙人髻[102]，鸦霞之服[103]；或卷曲花脚幞头，四契红黄生色销金锦绣之衣[104]，结束不常，莫不一时新粧[105]，曲尽其妙[106]。杖子头四人[107]，皆裹曲脚向后指天幞头，簪花，红黄宽袖衫、义襴，执银裹头杖子[108]。皆都城角者，当时乃陈奴哥、俎姐哥、李伴奴、双奴，余不足数。亦每名四人簇拥，多作仙童丫髻仙裳，执花舞步，进前成列。或舞《採莲》[109]，则殿前皆列莲花。槛曲亦进队名[110]。参军色作语问队[111]，杖子头者进口号，且舞且唱。乐部断送《採莲》讫曲终，复群舞，唱中腔毕，女童进致语，勾杂戏入场，亦一场两段讫，参军色作语，放女童队，又群唱曲子，舞步出场。比之小儿，节次增多矣[112]。下酒：排炊羊、胡饼、炙金肠。

第八盏御酒，歌板色一名唱踏歌[113]。宰臣酒，慢曲子。百官酒，三台舞合曲破舞旋[114]。下酒：假沙鱼、独下馒头、肚羹。

第九盏御酒，慢曲子。宰臣酒，慢曲子。百官酒，三台舞。曲如前。左右军相扑[115]。下酒：水饭、簇饤下饭[116]。驾兴。

御筵酒盏[117]，皆屈卮如菜盌样[118]，而有手把子。殿上纯金，廊下纯银。食器金银铰漆盌楪也[119]。宴退，臣僚皆簪花归私第，呵引从人皆簪花并破官钱[120]。诸女童队出右掖门，少年豪俊争以宝具供送饮食酒果迎接[121]，各乘骏骑而归。或花冠，或作男子结束，自御街驰骤，竞逞华丽，观者如堵[122]。省宴亦如此[123]。

注释

①宰执、亲王、宗室：注见前。上寿：向人敬酒，祝颂长寿。《后汉书·明帝纪》：“公卿百官以帝威德怀远，祥物显应，乃并集朝堂，奉觞上寿。”李贤注：“寿者之人所欲，故卑下奉觞进酒，皆言上寿。”大起居：宋制，文武朝官每五日赴内殿参见皇帝，称为大起居。宋宋敏求《春明退朝录》卷中载，“本朝视朝之制：文德殿曰外朝……垂拱殿曰内殿，宰臣枢密使以下要近职事者，并武班，日赴，是谓‘常起居’。每五日，

文武朝臣釐务、令釐务并赴内朝，谓之‘百官大起居’。”

②搢笏（jìn hù）：亦作“搢忽”，插笏。古代君臣朝见时均执笏，用以记事备忘，不用时插于腰带上，引申指朝见。舞蹈：指臣下朝见君上时的礼节。

③山楼：临时搭建的彩色楼棚。

④肃然：指安定平静，秩序良好。

⑤和鸣：互相应和而鸣。

⑥鸾凤：鸾鸟与凤凰。翔集：众鸟飞翔而后群集于一处。此处一语双关，鸾凤翔集也喻人才会集。

⑦禁从：帝王侍从。特指翰林学士之类的文学侍从官。宋胡仔《苕溪渔隐丛话前集·东坡三》：“然东坡自此脱谪籍，登禁从，累帅方面。”观察使：官名。唐代后期为一道行政长官。宋承唐制，置诸州观察使，无职掌，无定员，不驻本州，仅为武臣之寄禄官，高于防御使而低于承宣使。

⑧大辽、高丽、夏国：见卷六“元旦朝会”条注。使副：使臣、副使。

⑨卿少：宋卿监各寺长官与副长官如太常卿、太常少卿及各监长官如将作监、将作少卿等总称。太常卿、将作监等总称大卿监，太常少卿、将作少监等总称少卿监。此省作“卿少”。

⑩中节使人：使臣的随行官员。《金史·礼志十一》载，“新定

夏使仪注：夏国使、副及参议各一，谓之使。都管三·上节、中节各五，下节二十四，谓之三节人从。”

⑪军校（jiào）：任辅助之职的军官。

⑫䃎：据《唐韵》载，杜回切。《集韵》载，徒回切。并音颓，棺覆也。于义不通，似当为“墩”，墩乃一种坐具。《宋史·丁谓传》载，“遂赐坐。左右欲设墩，谓顾曰：‘有旨复平章事。’乃更以杌进，即入中书视事如故。”钉：于义不通。疑误。

⑬分：份。环饼：一种环钏形的油炸面食，又称馓子。宋庄季裕《鸡肋编》卷上：“食物中有馓子，又名环饼。”枣塔：一种枣制食品。看盘：供陈设的糕点果品。也有用猪羊肉等熟食的。

⑭堞（dié）：此字似误。堞，城上呈齿形的短墙，也称女墙。似当为“楪”（dié）。楪，器皿名，底平浅，比盘子小，多用于盛食物。后多作“碟”。

⑮浆水：水或其他食物汤汁。

⑯色长：古代乐官名。耐得翁《都城纪胜·瓦舍众伎》：“旧教坊有筚篥部、大鼓部、杖鼓部、拍板色、笛色、琵琶色、筝色、方响色、笙色、舞旋色、歌板色、杂剧色、参军色。色有色长，部有部头。上有教坊使副，钤辖，都管，掌仪范者。皆是杂流命官。”

⑰诨（hùn）裹：头巾一类的东西，大多为教坊、诸杂剧人所

戴用。

⑱襕：古代衣与裳相连的长衣下摆所加的作为下裳形制的横幅，称为襕。加襕之制，始于北周而定于唐。义襕：似当作“仪襕”，有一定仪制。

⑲看盏：宋代百官进宫给皇帝祝寿进酒的一种仪式。宋吴自牧《梦粱录·宰执亲王南班百官入内上寿赐宴》：“上公称寿，率以尚书执注碗斟酒进上。其教乐所色长二人，上殿于栏杆边立，……谓之‘看盏’。如斟御酒，看盏者举其袖，引白绥，御酒进毕，拂双袖于栏杆而止。”指察看宴席上斟酒的情况。

⑳唱引：吟咏歌曲；唱曲。绥：今人邓之诚考证，绥，又作“膗”。然膗当作“啐”，啐，音“碎”。啐讹为膗，至宋又讹为“绥”。“本无正字，叶声而已。”按，啐有“尝”“少饮酒”“送酒声”之义，可知“绥御酒”实为劝酒。

㉑绝：止。

㉒拂：甩动；舒展。

㉓乐部：古代泛指歌舞戏曲演出单位。此犹言乐队、乐团。

㉔逐部：指注⑯中“筚篥部、大鼓部、杖鼓部”之部，而非“乐部”之部。

㉕拍板：又叫“板”“檀板”，打击乐器。唐宋时拍板为六片或九片木板，以两手合击发音，故名。

㉖十串一行：有十人执拍板列成一行。拍板由六或九片木板制成，因此，一个拍板称一串。

㉗画面：面子上绘有图案。

㉘箜篌（kōng hóu）：古代拨弦乐器名，有竖式和卧式两种，箜篌出自西域。箜篌有二十五弦，亦有二十三弦者。演奏箜篌，"竖抱于怀，用两手齐奏，俗谓之擘箜篌"。(《旧唐书·音乐志》)

㉙金装画：精美的绘画。金装，美装，盛装。

㉚擘（bò）：拨弹琴弦的指法。用拇指抬弦称擘，引申为弹奏。

㉛大鼓：打击乐器，常指我国民间吹打乐、锣鼓乐、秧歌和戏曲音乐中使用的大堂鼓。鼓框四周有铜环，平悬于鼓架。

㉜结带：屈曲的带子。

㉝羯（jié）鼓：古代打击乐器的一种。起源于印度，从西域传入，盛行于唐开元、天宝年间。《通典·乐四》："羯鼓，正如漆桶，两头俱击。以出羯中，故号羯鼓，亦谓之两杖鼓。"《新唐书·礼乐志十一》："羯鼓，八音之领袖，诸乐不可方也。"

㉞鼓子：古军中乐器。

㉟卓子：桌子。

㊱杖鼓：鼓名，打击乐器。《新唐书·礼乐志十二》："革有杖鼓、第二鼓、第三鼓、腰鼓、大鼓。"宋沈括《梦溪笔谈·乐

律一》:“唐之杖鼓，本谓之‘两杖鼓’，两头皆用杖，今之杖鼓一头以手拊之，则唐之‘汉震第二鼓’也。”

㊲方响：古磬类打击乐器。由十六枚大小相同、厚薄不一的长方铁（石）片组成，分两排悬于架上。用小铁槌击奏，声音清浊不等。创始于南朝梁，为隋唐燕乐中常用乐器。

㊳明金：明艳的金色。

㊴流苏：用彩色羽毛或丝绒等制成的穗状垂饰物。

㊵埙（xūn）：亦作“壎”，古代一种吹奏乐器，陶制，也有用石、骨、象牙制成者。大如鹅蛋或鸡蛋，顶部稍尖，底平，中空，有球形或椭圆形等多种。顶上有吹口，前面有三、四或五孔，后面有二孔，古今各异。篪（chí）：亦作“箎”，古代竹制的管乐器之一，像笛，有八孔，横吹，唯其开孔数及尺寸古书记载不一。觱篥（bì lì）：古簧管乐器名，以竹为管，管口插有芦制哨子，有九孔，又称“笳管”“头管”。本出西域龟兹，后传入内地，为隋唐燕乐及唐宋教坊乐的重要乐器。龙笛：亦作“龙篴”，指笛。据说其声似水中龙鸣，故称。语本汉马融《长笛赋》:“龙鸣水中不见已，截竹吹之声相似。”后则多指管首为龙形的笛。

㊶抹额：束在额上的头巾。

㊷诸杂剧色：各杂剧部门。色，古代教坊所属部门的名称。参见本条“色长”注。

㊸殿陛：御殿前的石阶。

㊹乐棚：古代演出伎艺百戏的场所。

㊺叉手：两手在胸前相交，表示恭敬。

㊻举：耸起。

㊼挼（ruó）曲子：谓随节拍伴舞。挼，同“捼”，揉搓，摩挲。

㊽反：反切，汉字的一种传统的注音方法，亦称“反语”“反音”。用两个汉字来注另一个汉字的读音。两个字中，前者称反切上字，后者称反切下字。被切字的声母和清浊跟反切上字相同，被切字的韵母和字调跟反切下字相同。如：东，德红切。取德的声母d，红的韵母ong，构成东音（dong）。但古代的四声是平、上、去、入，与现代汉语的四声有些出入，古今声母也有些变化。宋赵彦卫《云麓漫钞》卷十四：“孙炎始为反切语。”

㊾歌板：亦作“歌版”，即拍板，歌唱时用以打拍子，故名。歌板色：当指唱歌拍板的角色。

㊿中腔：为当时的一种曲调名称。

51和（hè）：以声相应；跟着唱或跟着唱腔伴奏。

52倾盃：倾盃乐，亦作“倾杯乐”，省作“倾盃”“倾杯”，唐教坊曲名，后用作词牌名。《新唐书·礼乐志》：“（太宗）因内宴，诏长孙无忌制《倾盃曲》。”唐崔令钦《教坊记》、南卓《羯鼓录》所载均有《倾杯乐》。

㊸三台舞旋：随着《三台》曲调舞蹈。《三台》，曲调名。《乐府诗集·杂曲歌辞十五·三台词序》载，“刘禹锡《嘉话录》曰：‘三台送酒，盖因北齐高洋毁铜雀台，筑三个台，官人拍手呼上台送酒，因名其曲为《三台》。’”

㊹雷中庆：为当时教坊乐官，也当为著名艺人。

㊺展裹：公服，官服。

㊻破擷：曲调名。沈括《梦溪笔谈·乐律一》载：“所谓‘大遍’者，有序、引、歌、䬡、嗺、哨、催、攧、衮、破、行、中腔、踏歌之类，凡数十解，每解有数叠者。”

㊼歇拍：唐宋大曲曲调名。宋王灼《碧鸡漫志》卷三：“凡大曲，有散序、靸、排遍、攧、正攧、入破、虚催、实催、衮遍、歇拍、杀衮，始成一曲，此谓大遍。”

㊽慢曲子：慢曲，曲调舒缓。

㊾呈拽（yè）：安置、安排。

㊿坊市：犹街市。厢：靠近城的地区。《宋史·职官志》六：“城外内分南北左右厢。”

61跳索：走索，杂技之一种。折腰：古百戏节目之一，或指向后弯腰。弄盘注：古代杂技节目，或为碗等器皿中注水进行表演，而不让水溢出。踢瓶：杂技的一种，演员仰卧，双脚上举摆弄瓶叙作表演。筋斗：翻筋斗。擎戴：杂技的一种。具体不详。

⑥②镌（juān）：凿；雕刻。窠（kē）：洞；坑。

⑥③下酒：佐酒的菜肴果品。

⑥④鹹豉：咸味的豆豉。双下駞峰角子：可能做成驼峰状的饺子。駞，同“驼”。角子，饺子。

⑥⑤发：歌唱，表演，演奏。谭子：似当为诨子，谭字误。诨子，指诙谐逗笑的节目。

⑥⑥参军色：宋代宫廷乐舞的引舞人，指挥舞队进出场的人。因手执竹竿，也称为“竹竿子”。参军色与参军戏中的参军不同。拂子：拂尘。

⑥⑦致语：古代宫廷艺人在演出开始时说唱的颂辞。口号：颂诗的一种，多指献给皇帝的颂诗。《宋史·乐志十七》载，“每春秋圣节三大宴：其第一、皇帝升坐，宰相进酒……第六、乐工致辞，继以诗一章，谓之‘口号’，皆述德美及中外蹈咏之情。”

⑥⑧打和（hè）：表演技艺。

⑥⑨作语：致语。

⑦⓪勾合：犹结合。大曲：古代歌曲的一种。唐宋大曲，系由同一宫调的若干“遍”组成的成套乐舞。唐大曲多以诗句入乐叠唱，《乐府诗集》收有残篇。宋大曲则为词体，系长篇叙事歌曲，歌舞结合。大曲与宋元戏曲音乐有渊源关系。

⑦①榼（kē）：泛指盒类容器。

⑫炙：烧煮，烧烤。索粉：粉丝，也称线粉。

⑬勾：引、招引。队舞：宋代的宫廷舞，分小儿队和女弟子队两大类。小儿队中包括柘枝、剑器、婆罗门、醉胡腾、诨臣万岁乐、儿童感圣乐、玉兔浑脱、异域朝天、儿童解红、射雕回鹘共十队。女弟子队中包括菩萨蛮、感化乐、抛球乐、佳人剪牡丹、拂霓裳、采莲、凤迎乐、菩萨献香花、綵云仙、打球乐共十队。各队都有特定的服饰、乐曲、歌、舞、道白，表现不同的内容。详参《宋史·乐志十七》。

⑭队头：每队的领头者。

⑮隐士帽：体制不详。

⑯生色：色彩鲜艳。

⑰上领：指衣领。四契：四面开叉。契即褉（xiē），又作衩。四衩即四面开叉。

⑱殿子：未详。

⑲班首：首领。

⑳破子："破"，唐宋舞乐大曲第三段。其乐歌舞并作，繁声促节，破其悠长，转入繁碎，故名。宋王谠《唐语林·补遗一》："天宝中，乐章多以边地为名。岩凉州、甘州、伊州之类是焉。其曲遍繁声为破。"

㉑鳖膨……王颜喜：均为当时著名杂剧艺人，也为教坊乐官。

⑧②使副：指教坊使、副使。此似不确。宋代教坊，置使一人，副使二人，以及都色长、色长等。“皆使副也”，不知果否。

⑧③杂戏：古代娱乐形式之一，包括百戏、杂乐、歌舞戏、傀儡戏等，又称“杂伎”。

⑧④市语：市井俗语。

⑧⑤群仙炙：未详。天花饼：未详。毕罗：也作“饽饠”，一种食品。唐李匡乂《资暇集》卷下：“毕罗者，蕃中毕氏、罗氏好食此味。今字从‘食’，非也。”缕肉羹：肉丝羹。

⑧⑥驾兴：天子起身。驾：指代天子。歇坐：古代酒宴中间的短暂休息。宋仉思《经锄堂杂志·筵宴三感》：“今夫筵宴以酒十行为率，酒先三行，少憩，俗谓之歇坐。”

⑧⑦幕次：临时搭起的帐篷。

⑧⑧追班：谓百官按位次排列谒见皇帝。起居：此指问安、问候。

⑧⑨筑球：注见前。

⑨⓪杂綵：各色丝织物。结络：连接交错。

⑨①哨：用竹、木、陶土、金属等制成的能吹响的器物。断送：送，推送。

⑨②团转：此有“旋转”之意。

⑨③筑：打、击。

⑨④端正：妥贴，停当。

⑮膁（qiǎn）：牲畜腰两侧肋与胯之间的虚肉处，亦指人的腰部。此似指从毬门的腰部过球门。

⑯承得：得到。

⑰即便：立即。复：反复，重复。

⑱吃鞭：受鞭打，承受，经受。

⑲抹抢：似当作“抹跄”（qiāng），宋代百戏艺人以色粉涂面。

⑩鼋鱼：“鼋”（yuán），大鳖，俗称癞头鼋。古人以为鼋为鱼类，实一种误解。假鼋鱼，或为制成鼋状的食品。密浮酥捺花：未详。似为一种密制的花形甜食。密，当为“蜜”。

⑩两军：上文“所谓左右军，乃京师坊市两厢也，非诸军之军”。妙龄：青春年少。容艳：容颜艳丽。

⑩仙人髻：一种发髻样式。

⑩鸦霞之服：黑色的轻柔艳丽的舞衣。鸦，同“鸦”，黑色。霞服：轻柔艳丽的舞衣。

⑩销金：镶嵌金色线。

⑩新粧：新装。

⑩曲尽其妙：委婉细致地把妙处都表现出来。曲，委婉细致地。

⑩杖子头：头领。

⑩杖子：棍棒，多指仪杖或刑杖。

⑩採莲：《採莲曲》，乐府清商曲名。本于“江南可采莲，莲叶

何田田”的《江南曲》。南朝梁武帝《江南弄》七曲,《采莲曲》为其一。

⑩槛曲（jiàn qū）：曲槛，曲折的栏杆。

⑪问队：向队列发问。

⑫节次：程序；次序。此有“表演内容”之意。

⑬踏歌：指踏歌词，唐代乐曲名，相传为唐张说所制，又称《缭踏歌》。

⑭曲破：唐宋乐舞名。大曲的第三段称“破”，单演唱此段称“曲破”。节奏紧促，有歌有舞。宋代甚为流行，宫廷大宴时常同其他节目轮番演出。《宋史·乐志十七》：“太宗洞晓音律，前后亲制大小曲及因旧曲剏新声者，总三百九十。凡制大曲十八……曲破二十九。”

⑮相扑：古称角觝，犹今之摔跤。

⑯簇饤：堆叠在食具中供陈设的食品。

⑰筵：通“宴”。

⑱屈卮：有曲柄的酒杯。卮（zhī）：古代盛酒器。盌：“碗”。

⑲锓（líng）：一种金名。盌楪：碗碟。

⑳呵引：犹呵道（dǎo），亦作“呵导”，指封建时代官员外出时，引路差役喝令行人让路。

㉑豪俊：指才智杰出的人，此指“英俊”。宝具：珍贵的器物。

㉒堵：指墙。观者如堵，意为观者很多，堵塞街道。

⑫省宴：省试发榜后举行的宴会。省试，唐宋时由尚书省礼部主持举行的考试。又称礼部试，后称会试。《宋史·选举志二》载，“〔绍兴七年〕礼部言：故事，因谅闇罢殿试，则省试第一人为榜首，补两使职官。”高承《事物纪原三·赐宴》：“景德二年，始赐宴于琼林苑，自此为定制。”可证。

译文 十月十二日，宰执、亲王、宗室、百官入宫朝见皇帝，并为皇帝祝寿。手执笏版，按礼节朝见天子。朝见时尚未奏乐，集英殿的彩楼上教坊中的演奏艺人仿效百鸟鸣叫，宫廷内外一片肃静，只听到半空中百鸟和鸣之声，犹如鸾鸟与凤凰翔集宫中。百官以下谢坐毕，宰执、禁从、亲王、宗室、观察使以上，以及大辽、高丽、夏国的使臣、副使，坐在殿上。各卿监的正副长官及百官，各国使臣的随行官员坐在殿下两廊。军校以下人员排列在彩楼后面。全都用红色面子青墩黑漆矮偏桌，每桌分别放置环饼、油饼、枣塔等陈设的糕点果品，其次是各色果子。只有大辽使臣前面加上陈设的猪羊鸡鹅兔连骨熟肉，全都用小绳系扎。每桌上又有生的葱、韭、蒜及醋各一碟。三五人共置浆水一桶，桶内放杓数枚。有教坊色长二人，站在殿上栏杆边，都裹着头巾，身穿宽大紫袍，金带义襕，察看宴席上斟酒的酒盏。尚书给天子斟酒时，看盏的色长举起双袖，吟唱道“绥御酒”。声音刚停，甩动双袖到栏杆而止。给宰臣斟酒时，则吟唱“绥酒”，举袖、甩袖举止如前。教坊的乐队，列于彩楼下的彩棚中，艺人都头裹长脚幞头，随所在各部分别穿紫、绯、绿三色宽衫，黄义襕，腰束镀金凹面腰带，最前排列拍板，十串一行；其次是清一色的表面绘画的琵琶五十面；接着列有箜篌两座，箜篌高三尺许，形状像半边木梳，黑漆底色，雕镂花纹，并且绘有精美的图画，下有台座，箜篌上安有二十五根弦，有一人跪着用双手交互弹拨琴弦，其次是在高高的鼓架上安放着两面大鼓，彩绘的花底上画着金龙，击鼓人身穿背后结带的宽袖衫，另套黄色窄袖，垂挂着丝带，鼓棒由金箔包裹，两手高举，交替击鼓，宛若流星。其后有羯鼓两座，就像普通的番鼓子，羯鼓安放在小桌子上面，鼓手两手皆执鼓杖击鼓，杖鼓应和羯鼓的节奏一起擂动。其次排列着铁、石制成的方响，悬挂在金色的绘有图画的架子上，架子两端垂挂着流苏。其次列有箫、笙、埙、篪、觱篥、龙笛之类的乐器。两旁两两相对排列杖鼓二百面，鼓手皆戴长脚幞头，束着紫色的刺绣抹额，穿着背后系带的紫色宽衫，套着黄色窄袖，垂挂丝带，黄色义襕。各杂剧部分全都裹着头巾，各自穿着本部门的紫、绯、绿色宽衫、义襕，腰束镀金腰带。从御殿前的石阶两两相对而立，一直排列到乐棚。每遇歌舞者入场，排列之人将两手在胸前相交，耸动左右肩，舞动双足以应和节拍，一起群舞，叫作“挼曲子”。挼字，仍回反。

斟第一盏御酒时，由歌板色一名，唱中腔一遍毕，先由笙与萧、笛各一支应和；又唱一遍，各种乐器一齐奏起，然而却只听到歌唱者嘹亮的歌声。斟宰臣酒时，乐队奏起《倾杯乐》曲子。斟百官酒时，舞者随着《三台》曲调起舞，舞者大多由雷中庆承担。其余伴奏伴舞的演奏、舞蹈者，全都裹着头巾，身穿宽衫，只有雷中庆有官职，因而穿着官服。舞曲演奏到破攧前一遍，舞蹈者入场表演，到歇拍时，又有一人入场，两人对舞数拍，先入场表演舞蹈的人退场，只有后入场的演员一直跳到乐曲结束，叫作“舞末”。

第二盏御酒，歌板色演唱如前。斟宰臣酒，乐队奏起了节奏舒缓的慢曲子。斟百官酒，随《三台》曲调起舞如前面一样。

到第三盏酒时，左右军百戏入场，马上安排演出。所谓的“左右军”，指的是京城的两厢，而不是禁军诸军的“军”。所演百戏为爬竿、走索、倒立、折腰、耍弄碗注、踢瓶、筋斗、擎戴之类的演出，即不演出装扮狮豹、舞弄大旗、装神弄鬼的节目。艺人不论男女，全都头裹红巾身穿色彩鲜艳的衣服。殿前原本就有用大石凿成的柱坑，百戏艺人入场，随即树起了演出用的戏竿。大凡御宴，到第三盏酒时，才有佐酒的菜肴果品。计有：肉、醎豉、爆肉、双下驼峰饺子等。

第四盏酒时，一如上面的仪范，待舞蹈结束，开始表演诙谐逗笑的节目，参军色手执竹竿拂尘，上场念唱颂辞朗诵颂诗，诸杂剧色在旁应和，再次念唱颂辞，随着大曲的节奏起舞。此时送上盛放菜肴的盒盘：有炙子骨头、粉丝、白肉胡饼。

第五盏御酒时，只弹奏琵琶。斟宰臣酒，只击打方响。凡单独奏乐，待乐人谢恩毕，即由官员上殿奏明。斟百官酒时，乐队奏起《三台》舞曲，舞蹈表演和前面一样。表演结束，参军色手执竹竿子上前念唱颂辞，并招引小儿队舞。小儿都挑选年龄在十二、三岁上下约二百余人，排列成四行，每行有队头一名，由四人簇拥，都戴小隐士帽，身着绯、绿、紫、青等色彩鲜艳的花衫，衣领四面开叉，义襕，束带，手中各执花枝按秩序排定。先有四个头裹卷脚幞头、身穿紫衫之人，手擎一彩缎殿子，里面贴着金色字牌，擂鼓而进，叫作“队名”。字牌上有一联，写的是“九韶翔彩凤，八佾舞青鸾”这样的句子。乐队奏乐，小儿队踏着舞步向前，一直到殿前石阶叩见天子。参军色致颂辞，并发问，小儿队首领向前致颂诗，杂剧艺人皆在旁应和，礼毕，乐声奏起，群舞合唱，且舞且唱，待唱“破子”结束，小儿队首领向前致颂辞，并引杂剧入场，杂剧演出，一场两段。当时教坊杂剧色鳖膨、刘乔、侯百朝、孟景初、王颜喜而下，皆教坊使、副使。内殿演出的杂戏，因为有各国使臣参加宴饮，不敢过分戏谑逗唱，只是由群队装作像市井俗话，叫作“拽串”。杂戏演毕，参军色致词，接着安排小儿队，群舞《应天长》舞曲出场。此时送上的下酒菜肴：群仙脔、天花饼、太平毕罗、干饭、缕肉羹、莲花肉饼。天子起身离座，稍事休息，百官则退出殿门，到幕帐中歇息。片刻后，百官按位次朝见天子重新入座。

第六盏御酒，笙奏起节奏舒缓的慢曲子。宰臣酒、亦奏慢曲子。斟百官酒，奏《三台》舞曲，起舞。左右军筑球，殿前随即立起球门，大约高三丈多，由各色丝织物交错连接，球门仅留一尺多。左军球头苏述，头戴长脚幞头，身穿红色锦袄，其余诸人都戴卷脚幞头，也都穿红色锦袄，计十余人。右军球头孟宣及球手十余人，皆穿青色锦衣。乐队哨、笛、杖鼓等吹奏送两队入场。左军先将球旋转，众球手略略击球数次，有两个次球头将球略击数下，待球停稳，即供球给球头，球头将球从球门中部打过球门。右军得到球后，重新让球旋转，众球手略击数次，次球头也像左军那样供球给球头、从球门中部打过球门，两队中有即时多次击球过球门的得胜。获胜的队天子赐给银碗、锦缎，球员跪拜山呼谢恩，用天子赏赐的锦缎众人一起披着而拜谢。不胜的球队的球头要承受鞭打的惩罚，而且还要用色粉涂面。这时的下酒菜肴是：假鼋鱼、蜜浮酥捺花。

斟第七盏御酒，奏慢曲子。斟宰臣酒，也奏慢曲子。斟百官酒，奏《三台》曲，舞毕，参军色上前致辞，引女童队入场。女童全都选京城城厢青春年少，容颜艳丽过人者四百余人，有的头戴花冠，有的梳着仙人髻，身穿黑色的轻柔艳丽的舞衣；有的戴着卷曲花脚幞头，身穿四边开叉，红黄诸色，鲜艳亮丽、镶嵌金色线的锦绣之衣，装束不同寻常，无一不是当时最时新的服装，婀娜多姿，曲尽其妙。有杖子头四人，都裹曲脚向后指天幞头，上面插着花，身穿红黄色宽袖衫，义襕，手执银裹头杖子，担任杖子头的都是京城的名角，当时是陈奴哥、俎姐哥、李伴奴、双奴，其余的皆不足以一一数来。杖子头也是每人由四人簇拥，大多梳仙童丫髻，身穿仙裳，手执花朵踏着舞步，向前排成行列。如舞《采莲曲》，则殿前全都排列莲花。也如小儿队到殿前进队名。参军色致辞、问队，任杖子头之人上前致颂诗，边舞边唱。乐队奏《采莲曲》毕，又群舞，唱中腔毕，女童向前致辞，引杂戏入场，也是一场两段。演毕，参军色致辞，安排女童队，又合唱曲子，踏着舞步出场。比起小儿队，女童队演出内容增加了许多。这时的下酒菜肴：排炊羊、胡饼、炙金肠。

第八盏御酒，歌板色一名唱《踏歌词》。宰臣酒，奏慢曲子。百官酒，《三台》舞曲合着曲破舞蹈。下酒的菜肴：假沙鱼、独下馒头、肚羹。

第九盏御酒，奏慢曲子，宰臣酒，也奏慢曲子。百官酒，奏《三台》舞曲，曲子如前一样。左右军表演相扑。此时的下酒菜肴：稀饭、堆叠在食具中的食品。随后，天子起身离座。

御宴上使用的酒盏，都有屈柄如菜碗的样子，而有手把。殿上用的是纯金的，廊下用的是纯银的。食器则是金、银、镀、漆器的碗碟等物。宴毕退朝，群臣百官皆戴花回归私宅，在前呵喝开道的随从也都戴花和破官钱。各女童队从右掖门出宫，那些英俊少年争相用珍贵的器具奉献各色饮食酒果迎接她们归来，女童们各乘骏马而归。女童们有的戴花，有的作男子装束，从御街疾速奔驰，竞相逞献华丽，观者如云，堵塞了街道。省试发榜后天子赐宴也是这样。

立冬

原文 是月立冬①。前五日西御园进冬菜。京师地寒，冬月无蔬菜，上至宫禁，下及民间，一时收藏②，以充一冬食用。于是车载马驼③，充塞道路。时物：薑豉、㓻子、红丝、末臓、鹅梨、榅桲、蛤蜊、螃蟹④。

注释 ①立冬：二十四节气之一，俗以此为冬季开始。《礼记·月令》："是月也，以立冬。先立冬三日，大史谒之天子曰，某日立冬，盛德在水。天子乃齐。立冬之日，天子亲帅三公、九卿、大夫，以迎冬于北郊。"

②一时：同时，一齐。

③驼：此指"驮"。

④薑豉：生姜豆豉。㓻（zhé）子：切成薄片的肉。红丝：可能指辣椒干切成的丝。末臓：或指涂抹过各种佐料的动物内臓。榅桲：注见前。

译文 此月（十月）立冬。立冬前五日，西御园进献冬季吃的菜。京城地区较为寒冷，冬季中没有新鲜蔬菜，上自宫廷，下至民间百姓，一齐收藏各种菜蔬，以充作冬季食用。于是用车载，用马拉，以至堵塞道路。时令食物有：薑豉、鶤子、红丝、末臟、鹅梨、榅桲、蛤蜊、螃蟹。

卷第十

冬至

原文 十一月冬至[①]。京师最重此节，虽至贫者，一年之间，积累假借[②]，至此日更易新衣，备办饮食，享祀先祖。官放关扑[③]，庆贺往来[④]，一如年节。

注释 ①冬至：二十四节气之一。此日夜最长，昼最短。古时重要节日，有“冬至大如年”之说。

②积累：此有“省吃俭用”之意。假借：借贷。

③关扑：见卷六“正月”条注②。

④往来：已往与未来。指新年将至。

译文 十一月冬至。京城中人最看重这一节日。即使是最贫困的人，一年之中，省吃俭用积余些许钱物，甚至借贷，到这一天也要换上新衣、置办饮食，祭祀祖先。这一日，官府开放“关扑”的禁令，人们庆贺新年将至，如同过年一样。

大礼预教车象

原文 遇大礼年[①]，预于两月前教车象。自宣德门至南薰门外，往来一遭[②]。车五乘[③]，以代五辂轻重[④]。每车上置旗二口，鼓一面，驾以四马。挟车卫士[⑤]，皆紫衫帽子。车前数人击鞭。象七头。前列朱旗数十面，铜锣鼙鼓十数面。先击锣二下，鼓急应三下。执旗人紫衫帽子，每一象则一人裹交脚幞头紫衫人跨其颈[⑥]，手执短柄铜镬[⑦]，尖其刃，象有不驯，击之。象至宣德楼前，团转行步数遭成列[⑧]，使之面北而拜，亦能唱喏[⑨]。诸戚里、宗室、贵族之家[⑩]，勾呼就私第观看[⑪]，赠之银綵无虚日[⑫]。御街游人嬉集[⑬]，观者如织。卖扑土木粉捏小象儿[⑭]，并纸画，看人携归以为献遗。

注释 ①大礼：庄严隆重的典礼。《礼记·乐记》："大乐与天地同和，大礼与天地同节。"

②往来一遭：据下文"赠之银綵无虚日"看，当指每天一遍。

③乘（shèng）：车子。乘，春秋时多指兵车，包括一车四马。此有"辆"之意。

④五辂：亦作“五路”。古代帝王所乘的五种车子，即玉路、金路、象路、革路、木路。参见《周礼·春官·巾车》。轻重：本谓尊卑贵贱，此指“规格”“礼仪”。

⑤挟（xié）：护卫，辅佐。

⑥一人：一个。

⑦鑺（jué）：鑺头，类似镐。

⑧团转：绕着周围转。

⑨唱喏：亦作“唱诺”。本指出声答应，行礼，此似有“作揖”之意，即象两前脚站起，似作揖状。

⑩戚里：帝王外戚居住之地，引申指外戚。

⑪勾呼：调集，传唤。

⑫虚日：间断的日子；空闲的日子。

⑬嬉集：聚集玩乐。

⑭卖扑：犹扑卖。宋元时一种赌博形式，多以掷钱为之，视铜钱正反面的多少定输赢。小商贩常以之招徕生意。

译文 遇有大礼之年，预先于两个月前开始教阅车象。从宣德门到南薰门外，每天往返一次。有车五辆，用以代替“五辂”的仪规。每辆车上设两面旗，放置一面鼓，用四匹马驾车。护卫车子的卫士，全都身穿紫衫头戴帽子。车前有数人击鞭。象有七头。象的前面排列红旗数十面，铜锣、鼙鼓十余面。行进时先击锣两下，鼙鼓急遽应和三下。举旗之人也都身穿紫衫戴着帽子，每一头象则有一个裹着交脚幞头、身穿紫衫之人跨坐在它的背上，手里拿着短柄的铜钁头，钁头的刃很尖利，象有不驯服的行为，就用钁头击打。象走到宣德楼前面，绕着楼前空地行走数圈排成队列，然后让它们面向北而拜，大象也能唱喏。那些外戚、宗室、贵族人家，纷纷传唤车象队到私人宅第观看，然后赠送银两綵帛，一天也不间断。御街上的游人聚集玩乐，观看车象教阅人山人海。在御街上扑卖用泥，或用木制，或粉捏的小象，以及纸画，观者将这些东西带回作为赠送他人的礼物。

车驾宿大庆殿

原文 冬至前三日，驾宿大庆殿[1]。殿庭广阔，可容数万人。尽列法驾仪仗于庭[2]，不能周徧[3]。有两楼对峙，谓之钟鼓楼。上有太史局生[4]，测验刻漏[5]，每时刻作鸡唱[6]，鸣鼓一下，则一服绿者执牙牌而奏之[7]，每刻曰某时几棒鼓[8]，一时则曰某时正。宰执百官，皆服法服[9]，其头冠各有品从[10]。宰执亲王加貂蝉笼巾九梁[11]，从官七梁[12]，余六梁至二梁有差[13]。台谏增焊角也[14]。所谓梁者，谓冠前额梁上排金铜叶也。皆绛袍皂缘[15]，方心曲领[16]，中单[17]，环佩[18]，云头履鞋[19]。随官品执笏[20]。余执事人[21]，皆介帻绯袍[22]，亦有等差。惟阁门御史台加方心曲领尔[23]。入殿祗应人给黄方号[24]，余黄长号、绯方长号，各有所至去处。仪仗车辂，谓信幡、龙旗、相风乌、指南车、木辂、象辂、革辂、金辂、玉辂之类[25]。自有《三礼图》可见[26]，更不缕缕[27]。排列殿门内外及御街远近，禁卫全装[28]，铁骑数万，围绕大内。是夜内殿仪卫之外，又有裹锦缘小帽、锦络缝宽衫兵士，各执银裹头黑漆杖子[29]，谓之喝探兵士，十余人作一队，聚首而立[30]，凡数十队[31]。各一名喝曰："是与不是？"众曰："是。"又曰："是甚人？"众曰："殿前都指挥使高俅[32]。"更互喝叫不停。或如鸡叫。又置警场于宣德门外[33]，谓之武严兵士[34]。画鼓二百面[35]，角称之[36]。其角皆以綵帛如小旗脚装结其上[37]。兵士皆小帽，黄绣抹额，黄绣宽衫，青窄衬衫。日晡时、三更时[38]，各奏严也[39]。每奏先鸣角，角罢，一军校执一长软藤条，上系朱拂子，擂鼓者观拂子，随其高低，以鼓声应其高下也。

注释

①驾：指代皇帝。宿：住宿、过夜。

②法驾：天子车驾的一种。天子的卤簿分大驾、法驾、小驾三种。其仪卫之繁简各有不同。《史记·吕太后本纪》："迺奉天子法驾，迎代王于邸。"裴骃集解引蔡邕曰："天子有大驾、小驾、法驾。法驾上所乘。曰金根车，驾六马，有五时副车，皆驾四马，侍中参乘，属车三十六乘。"仪仗：指用于仪卫或赛会的武器、旗帜、伞、扇等。

③周徧：同"周遍"。遍及，普及。

④太史局：官署名。原名司天监，元丰改制后改名太史局，属秘书省。掌测验天文，考定历法。每日向朝廷报告所测日月、星辰、风云、气候、祥眚。每年制订历法呈报皇帝后颁布。生：此指"属员"。

⑤测验：测量检验。刻漏：古计时器。以铜为壶，底穿孔，壶中立一有刻度的箭形浮标，壶中水滴漏渐少，箭上度数即渐次显露，视之可知时刻。

⑥鸡唱：犹言鸡鸣、鸡啼。

⑦牙牌：象牙或骨角制的记事签牌。

⑧刻：计时单位。古代以漏壶计时，一昼夜分为百刻。汉哀帝建平二年分昼夜为百二十刻。梁武帝天监年间，以八刻为一辰，昼夜十二辰，共得九十六刻。宋赵与时《宾退录》卷一："至梁武帝天监六年，始以昼夜百刻布之十二辰，每时八刻，仍有余分。故今世历家，百刻举成数尔，实为九十六刻也。"时辰，一昼夜的十二分之一。一个时辰合现在的两小时。十二个时辰分别以地支为名称，从半夜起算，半夜十一点到一点是子时，中午十一点到一点是午时。

⑨法服：古代根据礼法规定的不同等级的服饰。

⑩品从：正从，指古代官吏的正品与从品。泛指官吏的品级。

⑪貂蝉笼巾：貂蝉冠，以貂尾和附蝉为饰的冠冕。《宋史·舆服志四》："貂蝉冠一名笼巾，织藤漆之，形正方，如平巾帻。饰以银，前有银花，上缀玳瑁蝉，左右为三小蝉，衔玉鼻，左插貂尾。"又，"貂蝉笼巾……蝉，旧以玳瑁为蝴蝶状，今请改为黄金附蝉。"梁：指冠上横脊。古时区分官阶的冠饰。吴自牧《梦粱录·驾出宿斋殿》："所谓梁者，则冠前额梁上排

金铜叶也。”

⑫从官：指侍从官。宋称殿阁学士、直学士、待制与翰林学士、给事中、六部尚书、侍郎为侍从。

⑬有差：不等，不同。

⑭台谏：宋代御史与谏官的合称。台指御史台，谏指谏院。痓（zhì）角：痓，兽名。痓，解痓，通作“解豸”。解豸，神兽名，相传能辨曲直。台谏官掌纠察百官，因在冠冕上增痓角以为装饰。

⑮缘：衣服上的镶边。

⑯曲领：圆领，亦指有圆领的外衣。

⑰中单：亦作“中禅”，古时朝服、祭服的里衣。亦泛指汗衫。

⑱环佩：亦作“环珮”，古人所系的佩玉。

⑲云头：云状的图案花纹。

⑳笏：古代上朝见君王时所执的狭长板子，用玉、象牙、竹木制成，也叫手板。宋时，官品不同，“笏”也有区别。《宋史·舆服志五》：宋代“文散五品以上用象，九品以上用木”。

㉑执事人：主管具体事务者；仆役。

㉒介帻：古代的一种长耳裹发巾。始行于汉魏，即后来的进贤冠。

㉓阁门：宋代负责官员朝参、宴饮、礼仪等事宜的机关。吴自牧《梦粱录·阁职》：“阁门，在和宁门外，掌朝参、朝贺、上

殿、到班、上官等仪范。有知阁、簿书、宣赞及阁门袛候、寄班等官。”

㉔袛应人：也叫袛（zhì）候人。泛指旧时官府的小吏或富贵人家的仆从。

㉕信幡：亦作“信旛”。古代题表官号、用为符信的旗帜。相风乌：当为“相风乌”。“鸟”字误。常用作仪仗。《宋史·舆服志一》：“相风乌舆上载长竿，竿杪刻木为乌。垂鹅毛筩红绶带，下承以小盘，周绯裙绣乌形。”指南车：我国古代用来指示方向的车，相传为黄帝所创。后历代均有造指南车之事。自晋代以后，皇帝车驾卤簿多用指南车为前导。

㉖三礼图：据《文献通考·经籍考八》载，“《三礼图》二十卷。晁氏曰：聂崇义周世宗时被旨纂集。以郑康成、阮湛等六家图刊定。皇朝建隆二年，奏之，赐紫绶犀带。窦仪为之序。”

㉗缕缕：详尽。

㉘全装：整齐的装束。

㉙杖子：棍棒。多作仪杖或刑杖。

㉚聚首：碰头，聚会。此有“聚集”之意。

㉛数十队：古典文学出版社本作“十数队”。

㉜高俅（？—1126）：宋人，出身市井。初为苏轼小史，工笔札，后事枢密都承旨王晋卿。因善蹴踘，为端王赵佶所宠信，赵佶（徽宗）即位后不次迁拜，二十年间遍历三衙，至

殿前都指挥使，开府仪同三司，父兄子侄皆贵，而军政废弛。靖康初病死。

㉝警场：古代帝王祭祀行大礼前夕奏乐严鼓，侍卫警夜，止人清场，谓之“警场”。

㉞武严兵士：指奏乐严鼓、负责警卫的兵士。

㉟画鼓：彩绘的鼓。

㊱角：古乐器名。出西北游牧民族，鸣角以示晨昏。军中多用作军号。称：此有“相配”之意，亦有“衬”意。

㊲旗脚；亦作“旂脚”，犹旗尾。装结：作为装饰结系在角上。

㊳日晡：同“日铺”。日交申时而食，指申时（指下午三时至五时）。三更：半夜子时为三更（即十一时至一时）。

㊴奏严：奏乐严鼓。严，古代戒夜曰“严”，转指戒夜更鼓。《新唐书·礼乐志五》:“其日未明四刻，搥一鼓为一严，二刻，搥二鼓为再严。”

译文　冬至前三日，天子就住宿在大庆殿。殿庭非常广阔，可以容纳数万人。即使将法驾仪仗所有的车马、武器、旗帜等全部排列起来，殿庭中也不能遍及。殿庭中有两座楼相对峙，叫作钟鼓楼。楼上有太史局属员测量检验刻漏，每当到“时”“刻”作鸡啼，鸣鼓一下，于是有一穿绿衣之人手执牙牌而奏告。每到一“刻”，就奏称说“某时几棒鼓”，到一“时”，则奏称“某时正”。宰相执政及百官，皆穿法服，而他们所戴的冠冕各有品级。宰相执政、亲王加貂蝉冠九梁，侍从官七梁，其余官员从六梁到二梁各有区别。而台谏官员则在冠上增加廌角。所谓的“梁”，指的是冠前额梁上排列金铜叶。所有官员皆穿绛红色袍服镶着黑边，袍服方心圆领，内穿里衣，身系佩玉，脚穿云状纹的鞋履。根据官品不同，手执不同的朝笏。其余当差之人，全都头裹介帻，身穿绯红色袍服，也有等级差别。只有阁门、御史台的人，加方心圆领。到殿内当值的人发给黄色方形号牌，其余当值之人发给黄色长形号牌，绯红色方、长形号牌，按号牌分别到各自应去的地方。仪仗车辂，是指信幡、龙旗、相风乌、指南车、木辂、象辂、革辂、金辂、玉辂之类的东西。自有《三礼图》可以从中了解，不再详尽记述。排列在殿门内外及御街远近之处的禁卫兵士装束齐整，铁骑数万，围绕在皇宫周围。此夜，内殿除仪仗、卫队之外，又有头戴镶着织锦边小帽，身穿锦络缝制的宽衫的兵士，分别手执银裹头黑漆杖子，叫作“喝探”兵士，十余人为一队，聚集站立在一起，共有数十队。各队中有一人喝道：“是与不是?”众人答道:“是”。那人又喝道:“是什么人?”众人答道:“殿前都指挥使高俅。”各队更替喝叫不停。有的如鸡啼。又在宣德门外设置警场,其军士叫作武严兵士。警场有画鼓二百面,配有号角。那些号角全用彩帛做成像小旗尾的装饰物系在上面。兵士皆戴小帽,裹着黄色刺绣抹额,身穿黄色刺绣宽衫,内穿青色窄衬衫。日晡时、三更时,分别奏乐严鼓。每次奏乐前先鸣号角,号角鸣罢,一军校手执一根长而柔软的藤条,上面系着朱红色佛尘,擂鼓者看着拂尘,跟着拂尘的或高或低,用鼓声的高低来应和拂尘的指挥。

驾行仪卫

原文 次日五更，摄大宗伯执牌奏中严外办[①]，铁骑前导番衮[②]，自三更时相续而行。象七头，各以文锦被其身[③]，金莲花座安其背，金辔笼络其脑，锦衣人跨其颈，次第高旗大扇[④]，画戟长矛[⑤]，五色介胄[⑥]，跨马之士，或小帽锦绣抹额者，或黑漆圆顶幞头者，或以皮如兜鍪者[⑦]，或漆皮如戽斗而笼巾者[⑧]，或衣红黄罨画锦绣之服者[⑨]，或衣纯青纯皂以至鞋袴皆青黑者，或裹交脚幞头者，或以锦为绳如蛇而绕系其身者，或数十人唱引持大旗而过者[⑩]，或执大斧者，胯剑者[⑪]，执锐牌者[⑫]，持镫棒者[⑬]，或持竿上悬豹尾者，或持短杵者[⑭]。其矛戟皆缀五色结带铜铎[⑮]，其旗扇皆画以龙或虎或云彩或山河。又有旗高五丈，谓之“次黄龙”。驾诣太庙青城[⑯]，并先到立斋宫前[⑰]，叉竿舍索旗坐约百余人[⑱]；或有交脚幞头，胯剑足靴，如四直使者[⑲]，千百数，不可名状。余诸司祗应人，皆锦袄。诸班直、亲从、亲事官[⑳]，皆帽子结带红锦，或红罗上紫团答戏狮子、短后打甲背子[㉑]，执御从物[㉒]。御龙直皆真珠结络短顶头巾，紫上杂色小花绣衫，金束带，看带，丝鞋。天武宫皆顶朱漆金装笠子，红上团花背子。三衙并带御器械官㉓，皆小帽，背子或紫绣战袍，跨马前导。千乘万骑，出宣德门，由景灵宫太庙。

注释

①摄：兼职。唐以后凡大官兼领小衔者曰摄。大宗伯：周代官名，春官之长，掌邦国祭祀、典礼等事。牌：牙牌。中严：谓中庭戒备。古代帝王元旦朝会或郊祀等大典的仪节之一。外办：警卫宫禁。

②番衮：其义殊不可解。或指依次而行，不得阻塞之意。

③文锦：有各种花纹图案的锦缎。文通“纹”。

④次第：依次。

⑤画戟：彩绘的戟。戟，古代兵器。合戈、矛为一体，略似戈，兼有戈之横击、矛之直刺两种作用，杀伤力比戈、矛为强。

⑥五色：青黄赤白黑五色。介胄：铠甲和头盔。此指“披甲戴盔”。

⑦兜鍪（móu）：亦作“兜牟”。古代战士戴的头盔。秦汉以前称胄，后称兜鍪。

⑧戽（hù）斗：一种取水灌田用的旧式农具。用竹篾、藤条等编成。略似斗，两边有绳，使用时两人对站，拉绳汲水。

亦有中间装把供一人使用的。笼巾：貂蝉冠。注见上条。

⑨罨（yǎn）画：色彩鲜明的绘画。

⑩唱引：吟咏歌曲；唱曲。

⑪胯：通“挎”。胯剑，指腰间挂着剑。

⑫锐（duì）：古兵器之一，矛属。一说“钪”字之讹。牌：盾牌。

⑬镫棒：古代一种棒形武器，其一端饰马镫形铜制品。后用作仪仗。

⑭杵（chǔ）：古代一种棒状的武器。

⑮铎：铃铛，晃荡发声。

⑯青城：宋斋宫名。一在南薰门外，为祭天斋宫，谓之南青城；一在封丘门外，为祭地斋宫，谓之北青城。吴自牧《梦粱录·郊祀年驾宿青城端诚殿行郊祀礼》：“所谓青城，止以青布为幕，画甃砌之文，旋结城阙。”

⑰斋宫：指“青城”。

⑱叉竿：带叉头的竿。舍索旗坐：似当作“含索旗座”，即“带有绳索的旗座”。吴自牧《梦粱录·驾诣景灵宫仪仗》：“更有含索旗座，以百余人立之。”可证。安置好旗座，方能将旗升起。

⑲四直使者：未详。或指道教中的“四值功曹”。四值，指值年，值月，值日，值时。原指四神，然此有“千百数”，且

“不可名状”，故疑“四直”即“四值”。

⑳亲从官：以亲事官之有才勇者为之。详卷一“大内”条注。亲事官：唐宋省寺机构员吏。宋吴曾《能改斋漫录·事始·亲事官》：“省寺所用使令者，名亲事官。”

㉑背子：古代衣服的一种。男女皆服，式样有异。宋高承《事物纪原·衣裘带服·背子》《实录》：“秦二世诏衫子上朝服加背子，其制袖短于衫，身与衫齐而大袖。今又长与裙齐，而袖才宽于衫。”

㉒执御：犹“掌事”。从物：应用之物。

㉓三衙：宋代掌管禁军的军事机构，即殿前都指挥使司、侍卫亲军马军都指挥使司、侍卫亲军步军都指挥使司，合称三衙。北宋亡，三衙制随之终结。南宋初恢复三衙，但已无管辖全国军队权力，仅统领驻守行在临安府的正规军。带御器械：官名。宋初，选三班以上亲信武官为近侍，佩带櫜鞬与剑，称御带，有时以内臣充任。咸平元年（998）改称带御器械，为武臣较低等荣誉性加官，常无实际职掌。

译文

第二天五更，摄大宗伯执牙牌上奏中庭戒严、警卫宫禁，铁骑为前导开路，从三更时就相继出发。有大象七头，各用有花纹图案的锦缎披在它们身上，金莲花座安放在象背上，金辔缠络在象的脑门上，身穿锦衣之人跨坐在象的颈上。接着，依次为高大的旗帜和硕大的扇子，彩绘的戟和长长的矛，身披五色介胄的武士。骑在马上的武士，有头戴小帽、裹着锦绣抹额的，有戴黑漆圆顶幞头的，有戴着用皮制成如兜鍪的，有戴着上过漆的皮制的状如戽斗或貂蝉冠的，有穿红、黄色上有鲜明绘画的锦绣之服的，有穿纯青、纯黑色衣服以至鞋、裤也都纯青纯黑色的，有戴交脚幞头的，有用锦做成绳索将它像蛇一祥缠绕在身上的，有几十个人唱着曲子手执大旗走过，有手执大斧的，有腰挎利剑的，有执锐牌的，有持镫棒的，有手持长竿上面悬挂豹尾的，有手持短杵的。那矛戟上都连缀着五色结带铜铎，那旗扇上都画着龙、虎、云彩或山河等图案。又有一面旗高五丈，叫作“次黄龙”。天子前往太庙青城，该旗先到树立在斋宫前面，叉竿、含索旗座有百余人将其立起；又有头戴交脚幞头，腰中挂剑足蹬靴子，像四直使者模样，数以千百计，容貌无法用语言描述。其余各官署当差之人，全都身穿锦袄。诸班直、亲从官、亲事官，都戴帽子、结带、身穿红锦袍，有的红罗袍上有紫团答戏狮子，或后襟短的打甲背子，带着应用之物。御龙直军士都戴珍珠结络短顶头巾，身穿紫色上有杂色小花绣衫，金束带，看带，穿丝鞋。天武军官员都戴朱红漆金装箬立，红色上有团花的背子。三衙及带御器械官员，都戴小帽，穿背子或紫绣战袍，骑马为前导。千乘万骑，从宣德门出来，径往景灵宫太庙。

驾宿太庙奉神主出室

原文 驾乘玉辂，冠服如图画间星官之服[①]，头冠皆北珠装结[②]，顶通天冠[③]，又谓之卷云冠，服绛袍，执元圭[④]。其玉辂顶皆缕金大莲叶攒簇[⑤]，四柱栏槛，镂玉盘花龙凤，驾以四马，后出旗常[⑥]。辂上御座，惟近侍二人，一从官傍立，谓之执绥[⑦]，以备顾问。挟辂卫士皆裹黑漆团顶无脚幞头[⑧]，着黄生色宽衫，青窄衬衫，青袴，系以锦绳。辂后四人，擎行马[⑨]，前有朝服二人，执笏面辂倒行。是夜宿太庙，喝探警严如宿殿仪[⑩]。至三更，车驾行事[⑪]，执事皆宗室[⑫]。宫架乐作[⑬]，主上在殿上东南隅西面立[⑭]，有一朱漆金字牌曰“皇帝位”。然后奉神主出室[⑮]，亦奏中严外办。逐室行礼毕，甲马、仪仗、车辂[⑯]，番衮出南薰门。

注释 ①星官：星神。

②北珠：又称东珠。即松花江下游及其支流所产的珍珠，颗大光润，极为名贵。宋蔡絛《铁围山丛谈》卷六：“北珠，在宣和间，围寸者价至三二百万。”装结：此指“装饰”。

③通天冠：皇帝戴的一种帽子。汉蔡邕《独断》卷下："天子冠通天冠，诸侯王冠远游冠，公侯冠进贤冠。"《后汉书·舆服志下》："通天冠，高九寸，正竖，顶少邪却，乃直下为铁卷梁，前有山，展筩为述，乘舆所常服。"

④元圭：大圭。元，大。圭，古代帝王诸侯朝聘、祭祀、丧葬等举行隆重仪式时所用的玉制礼器。长条形，上尖下方。其名称、大小因爵位及用途不同而异。

⑤玉辂：亦作玉路。古代帝王所乘之车，以玉为饰。攒（cuán）簇：簇聚，簇拥。

⑥旗常：旂常，王侯的旗帜。旂画交龙，常画日月。语本《周礼·春官·司常》："日月为常，交龙为旂……王建大常，诸侯建旂。"

⑦执绥：谓持绳索登车，亦借称陪帝王乘车的侍臣。

⑧挟：护卫。

⑨行马：拦阻人马通行的木架。一木横中，两木互穿以成四角，施之于官署前，以为路障。俗亦称鹿角，古谓梐枑。

⑩喝探：宋代，天子斋宿时禁卫士兵巡逻声喝警戒。

⑪行事：本指办事、从事，此指行祭祀之事。

⑫执事；有职守之人；官员。此有"陪同""随行人员"之意。因系在太庙祭祀祖先，故均由宗室随行。

⑬宫架：古代宫廷中悬挂乐器的支架。由此引申为"宫廷音

乐”之类。《宋史·礼志二》:“殿中监进大圭，帝执以入，宫架乐作。”

⑭主上：指皇帝。

⑮神主：古代为已死的君主、诸侯做的牌位，用木或石制成。后民间亦立神主祭祀死者。

⑯甲马：披甲的战马。借指马队。

译文

天子乘坐玉辂，天子的冠服如图画中星官的服饰，皇冠全用北珠点缀装饰，天子所戴的叫“通天冠”，又叫作“卷云冠”。穿绛红色袍服，手执大圭。那玉辂顶上皆为镂金大莲叶簇聚，玉辂的四柱栏杆用镂玉盘花龙凤作为装饰，玉辂由四马驾驭，玉辂后紧随画有日月、蛟龙的旗常。玉辂上设御座，只有亲信侍从二人服侍天子，另有一侍从官站立一旁，叫作“执绥”，以备天子不时询问。护卫玉辂的卫士，皆戴黑漆团顶无脚幞头，穿色彩鲜艳的黄色宽衫，内穿青色窄衬衫，青色裤子，束着锦绳。玉辂后随行四人，托举着拦阻人马通行的“行马”。玉辂前有身穿朝服者二人，手执朝笏，面对玉辂，倒退而行。此夜，天子住宿太庙。喝探、警戒、严鼓，一如住宿大庆殿的仪范。至三更时分，天子行祭祀之事，陪同官员皆皇族。宫廷音乐奏起，天子在太庙大殿上的东南角面朝西而立，有一面朱红漆金字牌写着“皇帝位”。然后天子捧着祖宗牌位出室，官员奏告中庭戒严、庙外禁卫。天子到安放历代帝后的各室逐一行礼毕，马队、仪仗、车辂，依次经由南薰门出发。

驾诣青城斋宫

原文 驾御玉辂①，诣青城斋宫②。所谓“青城”，旧来止以青布幕为之，画砌甃之文③，旋结城阙殿宇。宣政间，悉用土木盖造矣。铁骑围斋宫外，诸军有紫巾绯衣素队约千余④，罗布郊野。每队军乐一火⑤。行宫巡检部领甲马⑥，来往巡逻，至夜，严警喝探如前。

注释 ①御：驾驭车马。此引申为乘坐。

②青城、斋宫：见本卷“驾行仪卫”条注。

③砌甃（zhòu）：砌的砖墙。甃，砖。文，通“纹”。

④素队：指卫队。《续资治通鉴·宋高宗绍兴二十三年》：“（柳偫）率兵以素队往捕。”

⑤火：古代兵制单位。十人为火。《通典·兵一》：“五人为列，二列为火，五火为队。”

⑥行宫：古代京城以外供帝王出行时居住的宫室。皇帝住宿在外，因称。巡检：巡检之名官始于宋代，主要置于沿边或关隘要地，以武官为之，属州县指挥。然“行宫巡检”，则当由禁军担任。

译文 天子乘坐玉辂，前往青城斋宫。所谓“青城”，早先只是用青色布幕做成，在青色布上画上砖砌之纹，旋即札结城阙、宫殿、楼宇。徽宗宣和、政和年间，却全都用土木建造了。铁骑围护在斋宫之外，诸军有裹紫色头巾、穿绯色衣服的卫队千余，分布在郊野。每队有军乐十人。行宫巡检统帅马队，往来巡逻，到了晚上，戒严警卫、喝探查询，如前几天一样。

驾诣郊坛行礼

原文 三更，驾诣郊坛行礼[①]。有三重壝墙[②]。驾出青城，南行曲尺西去约一里许[③]，乃坛也。入外壝东门，至第二壝里，面南设一大幕次，谓之“大次”。更换祭服：平天冠二十四旒[④]，青衮龙服[⑤]，中单[⑥]，朱舄[⑦]，纯玉佩[⑧]。二中贵扶持[⑨]，行至坛前，坛下又有一小幕殿[⑩]，谓之“小次”，内有御座。坛高三层七十二级，坛面方圆三丈许[⑪]，有四踏道[⑫]。正南曰午阶，东曰卯阶，西曰酉阶，北曰子阶。坛上设二黄褥，位北面南曰“昊天上帝[⑬]”，东南面曰“太祖皇帝[⑭]”。惟两矮案，上设礼料[⑮]。有登歌道士十余人[⑯]。列钟磬二架[⑰]，余歌色及琴瑟之类[⑱]，三五执事人而已[⑲]。坛前设宫架乐[⑳]，前列编钟玉磬，其架有如常乐方响[㉑]，增其高大；编钟形稍褊[㉒]，上下两层挂之，架两角缀以流苏。玉磬状如曲尺，系其曲尖处，亦架之，上下两层挂之。次列数架，大鼓或三或五，用木穿贯[㉓]，立于架座上。又有大钟曰景钟，曰节鼓[㉔]；有琴而长者，如筝而大者，截竹如箫管、两头存节而横吹者，有土烧成如圆弹而开窍者[㉕]，如笙而大者，如箫而增其管者。有歌者，其声清亮，非郑卫之比[26]。宫架前立两竿，乐工皆裹介帻如笼巾[27]，绯宽衫，勒帛[28]。二舞者，顶紫色冠，上有一横板，皂服，朱裙履。乐作，初则文舞皆手执一紫囊[29]，盛一笛管结带。武舞一手执短矟[30]，一手执小牌，比文舞加数人，击铜铙响环[31]，又击如铜灶突者[32]。又两人共携一铜甕就地击者[33]。舞者如击刺，如乘云，如分手，皆舞容矣[34]。乐作，先击柷[35]，以木为之，如方壶画山水之状，每奏乐，击之，内外共九下，乐止则击敔[36]，如伏虎，脊上如锯齿，一曲终以破竹刮之。礼直官奏请驾登坛[37]，前导官皆躬身侧引至坛止[38]，惟大礼使登之[39]，先正北一位拜跪酒[40]，殿中监东向一拜进爵盏[41]；再拜，兴[42]；复诣正东一位。才登坛而宫架声止，则坛上乐作。降坛则宫架乐复作。武舞上，复归小次。亚献终献上亦如前仪[43]。当时燕越王为亚终献也[44]。第二次登坛，乐作如初，跪酒毕，中书舍人读册[45]，左右两人举册而跪读。降坛复归小次，亚终献如前。再登坛进玉爵盏，皇帝饮福矣[46]。亚终献毕降坛，驾小次前立，则坛上礼料币帛玉册由酉阶而下[47]，南壝门外，去坛百余步，有燎炉[48]，高丈许，诸物上台，一人点唱[49]，入炉焚之。

坛三层回踏道之间[50]，有十二龛[51]，祭十二宫神[52]。内壝外祭百星[53]。执事与陪祠官皆面北立班[54]。宫架乐罢，鼓吹未作[55]，外内数十万众肃然，惟闻轻风环佩之声。一赞者喝曰[56]："赞一拜[57]！"皆拜，礼毕。

注释

①郊坛：古代为祭祀所筑的土坛，设在南郊。

②壝墙：坛、墠之外的矮土围墙。

③曲尺：本指木工用来求直角的尺。此指路的转弯处呈直角状，如曲尺。

④平天冠：冕的俗称。据地位的尊卑而不同。"郊天地，宗祀，明堂，则冠之。"（《后汉书·舆服志下》）宋洪迈《容斋三笔·平天冠》："祭服之冕，自天子至于下士执事者皆服之，特以梁数及旒之多少为别。俗呼为平天冠，盖指言至尊乃得用。"旒（liú）：同"瑬"，冕冠前后悬垂的玉串。《礼记·玉藻》："天子玉藻，十有二旒。"

⑤衮（gǔn）龙服：衮龙袍，古代皇帝的朝服。上有龙纹，故称。

⑥中单：见"车驾宿大庆殿"注⑰。

⑦舄（xì）：古代一种以木为复底的鞋。

⑧玉佩：亦作"玉珮"，古人佩挂的玉制装饰品。

⑨中贵：中贵人，帝王所宠幸的近臣。

⑩幕殿：南宋帝王举行郊祀时架设的房屋，上下四周围以帷幕，以象宫室，故称。参见《宋史·舆服志六》。

⑪坛面：坛顶平台。

⑫踏道：台阶。

⑬昊（hào）天上帝：指天。昊，元气博大貌。皇帝称“天子”，因称苍天为上帝。

⑭太祖皇帝：宋太祖赵匡胤。

⑮礼料：祭祀用的各种供品。

⑯登歌：亦作“登哥”，升堂奏歌。古代举行祭典、大朝会时，乐师登堂而歌。参见《宋史·乐志一》。道士：徽宗好道，故用道士。

⑰钟：古代乐器。青铜制，悬挂于架上，以槌叩击发音，祭祀或宴享时用，战斗中亦用以指挥进退。西周中期开始有十几个大小组成的称编钟。大而单一的称特钟。磬（qìng）：古代打击乐器，状如曲尺，用玉、石或金属制成，悬挂于架上，击而鸣之。

⑱歌色：未详。或即指“歌板色”。琴：指古琴。传为神农创制。琴身狭长，上古为五弦，至周增为七弦。古人把琴当作雅乐。瑟（sè）：拨弦乐器，春秋时已流行，常与古琴或笙合奏，形似古琴。

⑲执事人：主管具体事务者；仆役。

⑳宫架乐：指宫廷音乐。

㉑常乐：指普通乐队。方响：古磬类打击乐器。由十六枚大小相同、厚薄不一的长方铁片组成，分两排悬于架上。用小铁槌击奏，声音清浊不等。创始于南朝梁，为隋唐燕乐中常用乐器。

㉒褊（biǎn）：通“扁”。

㉓穿贯：串联连接。

㉔节鼓：古代乐器。状如博局，中开圆孔，恰容其鼓，击之以节乐。

㉕圆弹：圆球。窍（qiào）：指乐器上的按孔。

㉖郑卫：指郑卫之音。春秋战国时郑卫两国的民间音乐。因不同于雅乐，曾被儒家斥为“乱世之音”。郑卫之音亦泛指淫靡的音乐。

㉗介帻：见本卷“车驾宿大庆殿”条注㉒。笼巾：貂蝉冠。

㉘勒帛：丝织腰带。

㉙文舞：“文舞”及下文“武舞”，为古代宫廷雅乐舞蹈，用于郊庙祭祀。《新唐书·礼乐志十一》：“初，隋有文舞、武舞，至祖孝孙定乐，更文舞曰《治康》，武舞曰《凯安》。”宋赵彦卫《云麓漫钞》卷十二：“今之舞蛮牌即古武舞，舞三台与调笑即古文舞。”

㉚矟（shuò）：古代兵器，长矛，槊。

㉛铙（náo）：打击乐器。形制与钹相似，唯中间隆起部分较小，以两片为一副，相击发声。响环：指铙隆起部分四周的边。

㉜灶突：铙的隆起部分。

㉝甕（wèng）：亦作“瓮”，小口大腹。

㉞舞容：舞姿。

㉟柷（zhù）：古乐器名，木制，形如方斗。奏乐开始时击之。

㊱敔（yǔ）：古乐器名，又称楬，形如伏虎。雅乐将终时击以止乐。

㊲礼直官：大礼值日官。

㊳侧引：侧行引导，或为“倒引”，即倒行、引导。

㊴大礼使：宋承唐制，每行南郊等大礼时，置五使。宰相为大礼使，学士为礼仪使、卤簿使，御史中丞为仪仗使，知开封府为桥道顿递使，合称五使。

㊵拜跪：跪拜。酒：献上酒。

㊶殿中监：宋承唐制，置殿中省，判省事一人，以无职事朝官充任，掌郊祀、元日冬至皇帝御殿及祫禘后庙神主赴太庙时供具伞扇之事。殿中监为殿中省长官，少监为副长官。爵盏：此指盛酒的礼器。

㊷兴：起。

㊸亚献终献：古代祭祀大礼，献爵三次，第二次称“亚献”，

第三次称“终献”。

㊹燕越王：宋徽宗弟燕王赵俣，越王赵偲。北宋亡，皆随徽宗北去。

㊺中书舍人：官名，属中书省，掌起草诏令，如事有失当及除授非其人，可奏请皇帝重新考虑。宋初为寄禄官，实不任职，而另置知制诰及直舍人院起草诏令。元丰改制后，废舍人院，建为中书后省，以中书舍人主管。册：古代帝王祭告天地神祇的文书。

㊻饮福：古礼。祭祀完毕饮食供神的酒肉，以求神赐福。

㊼币帛：缯帛，古代用于祭祀、进贡、馈赠的礼物。玉册：亦作“玉策”，即上文所指之“册”，用玉简制成。《宋史·舆服志六》：“册制，用珉玉简，长一尺二寸，阔一寸二分。”

㊽燎（liáo）炉：燎祭用的大火炉。古代祭祀仪式之一，将祭品焚烧祭天。

㊾点唱：清点叫唱。

㊿回踏道：似当作“四踏道”。见本条注⑫。

51龛（kān）：供奉神佛或神主的石室或小阁子。

52十二宫神：指分主十二月之神。宋高承《事物纪原·舆驾羽卫·十二神》载，“《大飨明堂记》曰：‘十二神舆，载十二月之神象，自钲鼓漏钟及神舆，旧礼令无文，开宝通礼新加。’”

53百星：指各种星宿。

㊹执事：指祭祀的主管官员。陪祠官：陪同天子祭祀的官员。立班：依品秩站立。

㊺鼓吹：鼓吹乐，古代的一种器乐合奏曲。用鼓、钲、箫、笳等乐器合奏。

㊻赞者：亦作“賛者”堆垛，赞礼的人，即举行典礼时司仪宣唱仪节，叫人行礼。

㊼赞一拜：赞拜，古代举行朝拜、祭祀或婚礼仪式时赞礼的人唱导行礼。

译文 三更时，天子前往郊坛行祭祀大礼。祭坛有三重壝墙。天子车驾从青城出发，向南行折向西行约一里多路，就是郊坛。从外壝墙东门进入，到第二重壝墙里，面朝南设置一个大幕帐，叫作“大次”。天子在大次中更换祭服：头戴有二十四旒的平天冠，身穿青色衮龙朝服，内衬中单，脚穿朱舄，腰悬纯玉佩。天子由两名近臣扶持，行至祭坛前，坛下又有一幕殿，叫作“小次”，其中设有天子御座。坛高三层有七十二级台阶，坛顶平台方圆约三丈多，祭坛有四条台阶：正南面的叫午阶，东面的叫卯阶，西面的叫酉阶，北面的叫子阶。祭坛上设二张黄色褥垫，位置在北面朝南的叫“昊天上帝”，面朝东南的叫“太祖皇帝”。坛上只列两张矮案几，上设各种供品。有登歌道士十余人。排列钟、磬两架，其余为歌色及琴、瑟之类的乐器。此外只有三五个当值之人。坛前设置宫廷乐队，前面排列编钟、玉磬，悬挂编钟、玉磬的架子如同一般乐队悬挂方响的架子而增加其高度和长度。编钟的形制稍扁，分上下两层挂在架子上，架子的两角用流苏缀结。玉磬的形状如同曲尺，绳索系在尖曲处，也用架子，分上下两层挂起。其次，排列数架，大鼓或三或五，用木棒串联连结，安放在架座上。又有大钟叫景钟，有一种鼓叫节鼓；有似琴而比琴长的，有如筝而比筝大的，有截竹而成状如箫管、两头存节而横吹的，有用土烧成状如圆球而上面开孔的，有像笙而比笙大的，似箫而增加管的。有歌唱者，那歌声清越嘹亮，非郑卫之音可比。宫廷乐队前树着两根长竿，乐工都头裹介帻而那介帻如笼巾，身穿绯红宽衫，束着丝织腰带。有两名舞者，戴紫色冠，冠上有一横板，穿黑服，朱红色裙、履。音乐奏起，开始时，那文舞者都手执一个紫色长囊，内盛一支结着丝带的笛管。而武舞者一手执短矟，一手执小牌，比文舞多数人，击打铜铙的响环，然后又击打铜铙上如灶突之处。又有两人同携一铜瓮就地敲击。舞蹈者的动作如用刀剑劈刺，如乘云欲仙，如断肠别离，这都是舞者的舞姿。奏乐时，先击柷，柷用木制作，形如方壶，上画山水图案，每当奏乐，击柷，内外共击九下；乐曲将止时则击敔，敔的形状如伏着的老虎，背脊上如锯齿，一曲将终时用破开的竹片刮敔。大礼值日官奏请天子登坛，前导官均躬身侧（倒）行，引导天子到祭坛而止，只有大礼使随天子登坛。先向正北一位跪拜，献酒，殿中监向东一拜，进献爵盏；拜了两拜，起；又趋向正东一位。天子才登坛而宫廷乐止，而祭坛上乐曲奏起。天子下坛则宫廷乐重又奏起。武舞上，天子重又回到小次。亚献、终献上坛也如前面的礼仪。当时，燕王、越王担任亚献、终献。天子第二次登坛，奏乐如前，跪拜献酒完毕，中书舍人宣读祭祀册书，左右两人举着册书而中书舍人跪着宣读。天子下坛再回到小次，亚献、终献如前面的礼仪。待再次登坛进献玉爵盏后，天子“饮福”。亚献、终献礼毕后下坛，天子到小次前站立，而坛上的供品、币帛、玉册从酉阶送下。南壝墙门外，离祭坛百余步，有一燎炉，高约丈许，祭坛上的各样物品，送上炉台，一人清点叫唱，送入炉内焚烧。祭坛三层四条台阶之间，有十二小龛，用以祭十二宫神。内壝墙外祭百星。祭祀主管官员与陪同祭祀官员皆面向北依品秩站立。宫廷乐止，鼓吹乐尚未奏起，坛内外数十万人恭敬肃立，只听到轻风中环佩撞击的铿锵之声。一赞礼者喝唱道:“赞一拜!”在场者皆拜，祭祀礼毕。

郊毕驾回

原文 驾自小次祭服还大次，惟近侍椽烛二百余条①，列成围子，至大次更服衮冕，登大安辇②。辇如玉辂而大，无轮，四垂大带③，辇官服色，亦如挟路者④，才升辇，教坊在外壝东西排列，钧容直先奏乐，一甲士舞一曲破讫⑤，教坊进口号，乐作，诸军队伍鼓吹皆动⑥，声震天地。回青城，天色未晓，百官常服入贺。赐茶酒毕，而法驾仪仗、铁骑鼓吹，入南薰门。御路数十里之间，起居幕次⑦，贵家看棚，华綵鳞砌⑧，略无空闲去处⑨。

注释 ①椽（chuán）烛：如椽之烛，指大烛。

②安辇：设有座位的用人推挽的车。辇，秦汉后专指帝王后妃所乘的车。此辇当由人抬。

③大带：此指装饰用的表示身份的带。

④挟路：警戒道路。挟，护卫，引申为警戒。

⑤甲士：披甲的武士。曲破：唐宋乐舞。大曲的第三段称“破”，单演唱此段称“曲破”。节奏紧促，有歌有舞。宋代甚为流行，宫廷大宴时常同其他节目轮番演出。

⑥鼓吹：此及下文的“鼓吹”指演奏乐曲的乐队。

⑦起居：本指群臣朝见皇帝，此指迎接皇帝。

⑧华綵：同华彩，艳丽、漂亮。鳞砌：谓依次建造，排列如鱼鳞。

⑨略无：全无，毫无。

译文 天子从小次身穿祭服回大次，只有近侍持大烛二百余支，列成仪卫队形，至大次更换衮服冠冕，然后登上大安辇。辇车形如玉辂而更大，没有轮子，辇的四周垂挂大带，辇官的服色，如同警戒道路军士的服装。天子刚登辇，教坊在外壝墙外东西向排列，钧容直先奏乐，一名披甲的武士舞一段曲破毕、教坊进献颂诗，乐声奏起，诸军队伍中的乐队一齐奏乐，声震天地。回到青城，天尚未亮，百官身穿常服入内祝贺天子郊祀礼毕。天子赐百官茶酒毕，然后法驾仪仗、铁骑、乐队，由南薰门入城。御路数十里之间，百官迎接天子的幕帐、富贵之家搭起的看棚，艳丽漂亮，鳞次栉比，没有一点儿空闲之处。

下赦

原文 车驾登宣德楼，楼前立大旗数口，内一口大者，与宣德楼齐①，谓之“盖天旗”。旗立御路中心不动②。次一口稍小，随驾立，谓之“次黄龙”。青城、太庙随逐立之，俗亦呼为“盖天旗”。亦设宫架，乐作，须臾，击柝之声③，旋立鸡竿，约高十数丈，竿尖有一大木盘，上有金鸡，口衔红幡子④，书“皇帝万岁”字。盘底有綵索四条垂下，有四红巾者争先缘索而上，捷得金鸡红幡，则山呼谢恩讫。楼上以红绵索通门下一綵楼，上有金凤衔赦而下⑤，至綵楼上，而通事舍人得赦宣读⑥。开封府、大理寺排列罪人在楼前⑦，罪人皆绯缝黄布衫⑧，狱吏皆簪花鲜洁，闻鼓声，疎枷放去⑨，各山呼谢恩讫，楼下钧容直乐作，杂剧舞旋，御龙直装神鬼，斫真刀倬刀。楼上百官赐茶酒，诸班直呈拽马队⑩，六军归营⑪，至日晡时，礼毕。

注释 ①齐：一样，相同，此指“一样高”。

②“旗立”句：实当指旗杆立在路中央，旗帜迎风招展而旗

杆不晃动。

③柝（tuò）：古代巡夜人敲以报更的木梆，引申为凡巡夜所敲之器皆称柝。此指木梆。

④幡（fān）子：旗帜。

⑤赦（shè）：指赦书，颁布赦令的诏书。

⑥通事舍人：阁门通事舍人，官名，属阁门司。唐制，通事舍人隶中书省，如抽赴阁门供职，称阁门祇候。宋以内诸司及三班使臣充阁门祇候，从中选试通识文字，善能宣赞，熟于祇应者迁阁门通事舍人，都称阁职。天禧中，只称通事舍人。政和六年（1116），改为宣赞舍人，掌传宣赞谒之事。

⑦开封府：北宋首都汴梁，负责京城民政、狱讼、捕除“寇盗”。大理寺：掌管刑狱的官署，负责详断各地奏报案件，送审刑院复审后，同署上报。熙宁九年（1076），复置大理狱，始治狱事。

⑧绯缝黄布衫：黄布衫上缝有绯红色的布，犹今之镶拼色。

⑨疎：同疏，松开，解除。枷：古时加在犯人颈上的木制刑具。

⑩呈拽（yè）：安置，安排。

⑪六军：指天子统率的军队。

译文 天子登上宣德楼，楼前树立大旗数面，其中一面最大的，树起后与宣德楼一样高，叫作“盖天旗”。大旗树立在御路中央，风吹大旗而旗杆不动。其次一面略小的，紧随天子，立在天子身后，叫作“次黄龙”。青城、太庙也随即逐一树立旗帜，当时风俗也将它们叫作“盖天旗”。也安排了宫廷音乐。乐声奏起，不一会儿，响起击柝之声，旋即立起“鸡竿”。此竿约高十几丈，竿顶上有一大木盘，上面有一只金鸡，金鸡口衔红幡子，幡子上书写着“皇帝万岁”四字。木盘底下有四条彩色丝绳垂挂着，有四个头裹红巾之人沿着绳索争先而上，捷足先登得到金鸡红幡者，到楼前三呼万岁，谢恩而去。宣德楼上用红色丝绵绳索连接楼门下的一座彩楼，楼上有一金凤衔着赦书沿着绳索徐徐而下，降落到彩楼上，通事舍人得到赦书后宣读。开封府、大理寺将犯人带来排列在楼前，犯人都穿着绯、黄色布衫，押解犯人的狱吏都头上插花，衣着整洁，听到鼓声，就打开刑具将犯人放走，遇赦犯人在楼下三呼万岁，谢恩而去。此时，宣德楼下钧容直奏乐，演出杂剧歌舞，御龙直装神弄鬼，用真刀掉刀表演砍杀。天子在楼上赏赐百官茶酒，诸班直安置马队，六军各归营寨，至日晡时，大赦礼毕。

驾还择日诣诸宫行谢

原文 驾还内，择日诣景灵东西宫行恭谢之礼三日[①]。第三日毕，即游幸别宫观或大臣私第[②]。是月卖糍饎、鹑兔方盛[③]。

注释 ①景灵东西宫：据宋高承《事物纪原》卷七引《宋朝会要》载，“大中祥符五年十一月，诏以圣祖临降，令择地建宫，遂以锡庆院建。约唐太清宫制度，仍上新宫名曰景灵。神宗元丰中，又广其制，尽奉诸帝后御容也。”景灵宫有东、西两宫。参见卷二“宣德楼前省府宫宇”条。

②游幸：帝王或后妃出游。别宫观，离宫别观，供皇帝游息之处。

③糍饎：亦作“糍糕”，即糍粑。鹑兔：鹌鹑和兔子，泛指野味。

译文 天子返回宫内，选择吉日前往景灵东宫、景灵西宫行恭谢之礼三天。第三天礼毕，即游幸离宫别馆，或往大臣的宅第。此月，京城中卖糍糕、鹌兔等野味的十分兴盛。

十二月

原文 十二月，街市尽卖撒佛花、韭黄、生菜、兰牙、勃荷、胡桃、泽州饧[1]。初八日，街巷中有僧尼三五人作队念佛[2]，以银铜沙罗或好盆器[3]，坐一金铜或木佛像，浸以香水，杨枝洒浴[4]，排门教化[5]。诸大寺作浴佛会，并送七宝五味粥与门徒[6]，谓之“腊八粥”。都人是日各家亦以果子杂料煮粥而食也。腊日[7]，寺院送面油与门徒，却入疏教化上元灯油钱[8]。闾巷家家互相遗送。是月景龙门预赏元夕于宝箓宫[9]，一方灯火繁盛[10]。二十四日交年[11]，都人至夜请僧道看经[12]，备酒果送神[13]，烧合家替代钱纸，帖灶马于灶上[14]。以酒糟涂抹灶门，谓之“醉司命”。夜于床底点灯，谓之“照虚耗”。此月虽无节序，而豪贵之家，遇雪即开筵，塑雪狮，装雪灯雪□以会亲旧。近岁节[15]，市井皆印卖门神、钟馗、桃板、桃符[16]，及财门钝驴、回头鹿马、天行帖子[17]。卖干茄瓠、马牙菜、胶牙饧之类[18]，以备除夜之用[19]。自入此月，即有贫者三数人为一火，装妇人神鬼，敲锣击鼓，巡门乞钱[20]，俗呼为“打夜胡”，亦驱祟之道也[21]。

注释

①撒佛花：未详。生菜：鲜菜，青菜。兰牙：兰的嫩芽。勃荷：薄荷。胡桃：核桃。泽州饧：泽州饧在当时颇为知名。

②作队：结伴成列。

③沙罗：亦作“沙锣”。一种打击乐器，据上下文，“沙罗”似为一盆状器物。盆器：指盆一类的器皿。

④杨枝洒浴：用杨枝浸在香水中，将香水洒在佛像身上。即下文所说的“浴佛会”。这是在腊月初八进行的宗教活动。

⑤排门：挨家逐户。教化：此似有“化缘”之意。

⑥七宝五味粥：旧俗十二月初八，佛教寺院用香谷及多种果实煮成粥，用以供佛并送与门徒，亦省称“七宝粥”。门徒：拜僧尼为师的施主。

⑦腊日：古时腊祭之日，即十二月初八日。

⑧却入疏教化：不收受捐款，也不化缘。却，推却，拒绝。入，接受。疏，指捐款。上元：元宵节。

⑨预赏：谓提前放灯，供人观赏。元夕：元宵。

⑩一方：一处，一带地方。

⑪交年：交年节。宋代以农历十二月二十四日为交年节。谓旧年和新年在这一天交接。民间皆焚钱纸，诵道佛经咒，以送故迎新。

⑫看经：此有“诵经”之意。

⑬送神：古代祭祀，祭毕送之使去，谓之送神。

⑭灶马：木刻印刷在纸上的灶神像。《日下旧闻考·风俗》引《月令广义》："燕俗，图灶神锓于木，以纸印之，曰灶马，士民竞鬻，以腊月二十四日焚之，为送灶上天。"

⑮岁节：年节，过年。

⑯门神：护门之神。旧俗在门上贴其画像，用来驱逐鬼怪。桃板：亦作"桃版"。南朝梁宗懔《荆楚岁时记》："正月一日……造桃板著户，谓之仙木。"宋葛立方《韵语阳秋》卷十九："岁时有祓除不祥之具，而元日尤多，如桃版、韦索、磔鸡之类是也。"桃符：五代时在桃木板上书写联语，其后书写于纸上，称为春联。

⑰财门钝驴：旧时一种剪刻而成的印刷品，新年贴于门上，用以招财。回头鹿马：当时店家赠送给主顾，以喻"回头客"，即希望客户再来。天行帖子：似当指写有祝辞用以焚化的帖子。

⑱马牙菜：马齿苋。胶牙饧：用麦芽制成的糖，食之粘齿，故名。旧俗常用作送灶时的供品。

⑲除夜：除夕。

⑳巡门：沿门。

㉑驱祟：旧时岁暮迎神赛会以驱逐鬼祟。

译文

十二月，京城街市到处都在卖撒佛花、韭黄、生菜、兰芽、薄荷、胡桃、泽州饧。初八日，街巷中有僧尼三五人一伙，结队念佛，用银、铜制的沙罗或上好的盆器，安放一座金、铜制或木制的佛像，浸在香水中，用杨枝蘸着香水为佛像洒浴，挨家挨户化缘。京城各大寺都举行浴佛会，并送七宝五味粥给门徒，叫作“腊八粥”。京城之人此日各家各户也都用各种果实杂料煮粥而食。腊日这天，寺院送面油给门徒，但不收捐款，也不化缘元宵节的灯油钱。闾巷之间，家家户户互相赠送腊八粥。此月，景龙门在宝箓宫提前点起元宵节的灯火，供人观赏，景龙门一带灯火繁盛。二十四日交年，京城中人到夜晚请僧人、道士诵经，且备下酒菜果子送神，烧全家替代纸钱，将灶马贴在灶上。用酒糟涂抹灶门，叫作“醉司命”。夜晚，在床底下点灯，叫作“照虚耗”。此月虽然没有节序，然而富豪权贵之家，遇下雪天即大开宴席，堆雪狮、装雪灯、雪囗以会亲朋故旧。临近年节，街市处处印制出卖门神、钟馗、桃板、桃符，及财门钝驴、回头鹿马、天行帖子。还有卖干茄瓠、马牙菜、胶牙饧之类的食品，以备除夕夜之用。自进入此月，便有贫穷之人三五人为一伙，装扮妇人、鬼神，敲锣击鼓，沿门乞讨钱物，当时风俗称为“打夜胡”，也是驱逐鬼祟的一种。

除夕

原文

至除日[①]，禁中呈大傩仪[②]，并用皇城亲事官、诸班直戴假面[③]，绣画色衣[④]，执金铃龙旗。教坊使孟景初身品魁伟[⑤]，贯全副金镀铜甲装将军[⑥]，用镇殿将军二人[⑦]，亦介胄，装门神。教坊南河炭醜恶魁肥装判官[⑧]。又装钟馗小妹、土地、灶神之类[⑨]，共千余人，自禁中驱祟[⑩]，出南薰门外转龙弯，谓之“埋祟”而罢。是夜禁中爆竹山呼，声闻于外。士庶之家，围炉团坐，达旦不寐[⑪]，谓之“守岁”。

凡大礼与禁中节次[⑫]，但尝见习按[⑬]，又不知果为如何，不无脱略[⑭]，或改而正之，则幸甚。

注释

①除日：除夕。

②呈：显现。此有“装扮”之意。大傩（nuó）：岁末禳祭，迎神以驱除疫鬼。傩礼一年数次，大傩在腊日前举行。《吕氏春秋·季冬纪》：“命有司大傩，旁磔，出土牛，以送寒气。”高诱注：“今人腊岁前一日击鼓驱疫谓之逐除是也。”傩礼中要戴面具表演。仪：礼仪，仪式。

③亲事官：唐宋省寺机构员吏。宋吴曾《能改斋漫录·事始·亲事官》："省寺所用使令者，名亲事官。

④色衣：彩色衣服。

⑤教坊使：教坊的长官。身品：犹言身材躯干。

⑥贯：穿戴。金镀：镀金。

⑦镇殿将军：古时朝廷新年朝会时立于殿角的武装侍卫，选身躯高大者充任。参见本书卷六"元旦朝会"条。

⑧南河炭：当为教坊中艺人。魁恶魁肥：相貌丑陋，高大肥壮。

⑨钟馗小妹：指钟馗之妹。民间有"钟馗嫁妹"的传说。土地：神名，指掌管、守护某个地方的神。灶神：旧俗供于灶上的神。传说灶神于农历腊月二十三日至除夕上天陈报人家的善恶。

⑩驱祟：见"十二月"条注㉑。祟（suì），鬼神的祸害。

⑪达旦：天亮。寐（mèi）：睡。

⑫节次：程序，次序。

⑬习按：按习。

⑭不无：不能没有。

译文 到除夕，宫中举行大傩之仪，并由皇城亲事官、诸班直之人戴着假面具，身穿或绣或画的彩色衣服，手执金枪龙旗。教坊使孟景初身材魁梧高大，穿戴全副镀金铜制的盔甲，装扮成将军。又选镇殿将军二人，也穿戴盔甲，装扮成门神。教坊南河炭相貌丑陋，高大肥壮，装扮成判官。又有人装扮钟馗小妹、土地、灶神之类的模样，共计有千余人，从宫中驱逐鬼祟，从南薰门出去，到外面转龙弯，叫作“埋祟”，方才结束。此夜，宫中的爆竹声、欢呼声，响彻天空，宫外也能听到。城中百姓人家，在炉边团团围坐，一直到天亮也不睡，叫作“守岁”。

凡是重大典礼和宫中的礼仪程序，只曾经见过演习，却不知究竟是怎样一回事。书中所记不会没有脱漏疏略之处，有人能改正错漏，则我非常庆幸。

附录：

《东京梦华录》序跋

赵师侠跋

祖宗仁厚之德，函养生灵几二百年，至宣、政间，太平极矣。礼乐刑政，史册具在，不有传记小说，则一时风俗之华，人物之盛，讵可得而传焉。宋敏求《京城记》载坊门公府宫寺第宅为甚详，而不及巷陌店肆节物时好，幽兰居士记录旧所经历为《梦华录》，其间事关宫禁典礼，得之传闻者，不无谬误，若市井游观，岁时物货，民风俗尚，则见闻习熟，皆得其真。余顷侍先大父与诸耆旧，亲承謦欬，校之此录，多有合处。今甲子一周，故老沦没，旧闻日远，后余生者，尤不得而知，则西北寓客绝谈矣。因锓木以广之，使观者追念故都之乐，当共起风景不殊之叹。淳熙丁未岁十月朔旦，浚仪赵师侠介之书于坦庵。

黄丕烈跋（两篇）

此《幽兰居士东京梦华录》十卷，东城顾桐井家藏书也。

因顾质于张，余以白金二十四两从张处赎得。装潢精妙，楮墨古雅，板大而字细。人皆以为宋刻，余独谓不然，书中惟“祖宗”二字空格，余字不避宋讳，当是元刻中之上驷。至于印本，当在明初，盖就其纸背文字验之，有“本班助教廖，崇志堂西二班学正翁深，学正江士鲁考讫，魏克让考讫，正义堂、诚心堂西二班民生黄，刷卷，远差，易中等,《论语》《大诰》”云云。虽文字不可卒读，而所云皆国子监中事，知废纸为监中册籍也。余向藏何子未校本，即出于此刻，知毛刻犹未尽善，不但失去淳熙丁未浚仪赵师侠介之后序而已。竹垞翁所藏为弘治癸亥重雕本，此殆其原者。惟汲古阁珍藏秘本有所谓宋刻，其书目载之，未知与此又孰胜耶？卷中收藏图书甚多，知其人者独顾氏大有诸印，为我吴郡故家。“夷白斋”一印，不知是陈基否？然篆文印色俱新，恐非其人矣。嘉庆庚申闰四月芒种后三日，辑所见古书录，启缄读之，因补题数语于后，阅收得时已二载余矣。读未见书斋主人黄丕烈识。

是书已归艺芸书舍，前因匆促，未获录副。且有毛氏汲古旧藏抄本在，似与此本微异，而抄本又有吴枚庵临校宋本在其上，故去此留彼。既而又得见弘治本，复覆勘之，始知一本有一本之佳处，反思元本之未及校为可惜。幸艺芸主人乐于通假，遂借归手校。元刻固精美无比，惜经描写，略为美玉之瑕。苟非余藏旧钞，乌知描写之误邪？还书之日，附载斯语，以质诸同好者。道光癸未仲春，荛夫。

（以上三跋，为日本静嘉堂文库影印
元刊本幽兰居士东京梦华录跋文）

沈士龙跋文

余尝过汴，见士庶家门屏及坊肆阛扇，一如武林，心窃怪之。比读《东京梦华录》所载贵家士女小轿不垂帘幙，端阳卖葵蒲艾叶，七夕食油面糖蜜煎果，重九插糕上以剪綵小旗。季冬廿四日祀灶，及贫人粧鬼神逐祟，悉与今武林同俗，乃悟皆南渡风尚所渐也。至其谓勾栏为瓦肆，置酒有四司等人，食店诸品名称，武林今虽不然，及检《古杭梦游录》，往往多与悬合。惟内家游览，民俗炫奓,《梦游》多逊《梦华》盛耳。嗟乎，繁华过眼，若阿闳一现。元老梦华，何知后人更作华游也。余两人刻此，则又梦元老之梦矣。绣水沈士龙识。

胡震亨跋文

《梦华录》多记崇宁以后所见，时方以逸豫临下，故若綵山灯火，水殿争标，宝津男女诸戏，走马角射，及天宁节女队归骑，年少争迎，虽事隔前载，犹令人想见其盛。至如都人探春，游娱池苑，京瓦奏技，茶酒坊肆，晓贩夜市，交易琐细，率皆依准方俗，无强藻润，自能详不近杂，质不坠俚，可谓善记风土者。但大内所载殿阁楼观，仅仅十一，无论诸宫，只如政和新宫，自延福、穆清已下，尚有四十余殿，而艮岳于时最称雄丽，何可略也？且记中尝及童蔡园第，后家戚里，当时借权灼焖，诱乱导亡之事，绝不因事而见，此盖不得杨衒之《洛阳伽蓝》法耳。武原胡震亨识。

（两跋文，系《秘册汇函》本《东京梦华录》跋）

毛晋跋文

宗少文好山水，爱远游，既因老疾，发“卧游”之论。后来凡深居一室，驰神八遐者，辄祖其语，作《梦游》《卧游》以写志，坊间乃与《梦华》合刻，不知《卧游》诸录，特作汗漫游耳，若幽兰居士华胥一梦，直以当《麦秀》《黍离》之歌，正未可同玩。况昔人所云木衣绨绣，土被朱紫，一时艳丽惊人风景，悉从瓦砾中描画幻相。即令虎头提笔，亦在阿堵间矣。庶几与《洛阳伽蓝记》并传，元老无遗憾云。湖南毛晋识。

（上为《津逮秘书》本《东京梦华录》跋文）

东京梦华录十卷　编修汪汝藻家藏本

宋孟元老撰。元老始末未详，盖北宋旧人，于南渡之后，追忆汴京繁盛，而作此书也。自都城坊市节序风俗，及当时典礼仪卫，靡不赅载。虽不过识小之流，而朝章国制，颇错出其间。核其所纪，与《宋志》颇有异同。如《宋志》南郊仪注，郊前三日但云“斋于大庆殿太庙及青城斋宫”，而是书载车驾宿大庆殿仪，驾宿太庙奉神主出室仪，驾诣青城斋宫仪，委曲详尽。又如郊毕解严,《宋志》但云“御宣德门肆赦”，而是书载下赦仪亦极周至。又行礼仪注,《宋志》有“皇帝初登坛，上香奠玉币仪；既降，盥洗，再登坛，然后初献”。而是书奏请驾登坛，即初献，无上香献玉帛仪。又太祝读册,《宋志》列在初献时，是书献之后，再登坛始称读祝，亦小有参差。如此之类，皆可以互相考证，订史氏之讹舛，固不仅岁时宴赏，士女奢华，徒以怊怅旧游，流传佳话者矣。

（以上录自《四库总目提要》）

钱曾题识

《梦华录》十卷

幽兰居士孟元老追叙东京旧游，编次成集，缅想曩昔，如同华胥梦觉，因名《梦华录》。书成于绍兴丁卯，去靖康丙午之明年，又二十一年矣。南渡君臣，其独有故都旧君之思如元老者乎？刘屏山《汴京绝句》“忆得少年多乐事，夜深灯火上樊楼”，盖同一痛叹也。予衰迟畹晚，情怀牢落，回首凄然，感慨尤甚于元老。今阅此书，等月光之水，但无人为除去瓦砾耳。

（钱曾《读书敏求记》）

张元济题识

《幽兰居士东京梦华录》十卷 影元钞本 二册 毛子晋旧藏

卷首作者孟元老绍兴丁卯自序，末有淳熙丁未浚仪赵师侠介之后序。半叶十四行，行二十二字。昔黄荛夫曾见元刻，谓书中惟“祖宗”二字空格，余字不避宋讳，当是元刻中之上驷。今此本正同，卷一有“汲古主人”及“子晋”印记，颇似毛氏旧钞。荛夫谓毛刻未尽善，且失去介之后序，岂橅写在梓行后耶？

余友邓孝先藏道光壬辰常茂徕邦崖钞本，常氏跋云：“艮岳为一时巨观，且以萃天下之名胜，独缺而不书。谢朴园序指为为宣和讳，以余观之，讳诚是矣，而为宣和讳则非。何则？花石之进，为太守朱勔；艮岳之筑，专其事者为户部侍郎孟揆。揆非异人，即元老也，元老其字而揆其名者也。推元老之意，亦知其负罪与朱勔等，必为天下后世所共指责，故隐其名而著其字。”孝先谓：“揆字元老，无他书为之左证，而前人读书细心处不可掩”云云。爰录其说，以广旧闻。

（张元济《涵芬楼烬余书录》）

赵希弁昭德先生读书志附志

《梦华录》一卷

右梦想东都之录也。宋敏求《京城记》载坊门、公府、宫寺、第宅为甚详，而不及巷陌、店肆、节物、时好。孟元老记录旧所经历，而为此书，坦庵赵师侠识其后。

陈振孙直斋书录解题

《东京梦华录》一卷

称幽兰居士孟元老撰。元老不知何人，少游京师，晚值丧乱之后，追述旧事，兼及国家典祀、里巷风俗，以其首载京城宫阙桥道坊曲尤详，故系之地理类。

邓之诚《东京梦华录注》自序

孟元老《梦华录》自序谓以崇宁癸未入京师，靖康丙午南徙，寓东京二十三年。又六十二年至淳熙丁未,《梦华录》始有刊本，其人盖已百岁，必不及见其书之行世，其书亦未必手定，故多讹误。元老本末不详。有常茂徕者，开封老儒，同治中犹存，喜收拾乡邦文献而不甚读书，改窜如《梦录》，令人叹恨，即其人也。不知宋人多以“老”命名，竟谓元老是字，奇想天开，坐实元老即孟揆，观其称朱勔为太守，胸无黑白可知。

靖康之难，中原人士播越两浙，无人不具故国故乡之思。周辉《清波别志》云：绍兴初，故老闲坐必谈京师风物，且喜欢曹元宠《甚时得归京里去》十小阕，听之感慨有流涕者。故其时西北耆旧，谈宣政故事者，为人所重。清明上河图，至镂板以行。宜《梦华》之风行。徐梦莘《三朝北盟会编》，靖康二年，录赵甡之《中兴遗史》，即一字不易钞《梦华》“元旦朝会”一则。陈元靓《岁时广记》，徵引尤多。刘昌诗《芦蒲笔记》，录上元词《鹧鸪天》十五首，谓当与《梦华录》并行。百岁寓翁《枫窗小牍》所述十余事皆同，则各尊所闻，未必因袭。百余年来,《醉翁谈录》《都城纪胜》《繁盛录》《武林旧事》《梦粱录》，相继而作，此录遂为不祧之祖。今传世元刻本外，有明弘治癸亥重刻本。今李濂《汴京遗迹志》中有跋《东京梦华录》一首未知即为弘治本而作否，然李梦阳、李濂皆以之证开封遗迹。万历之季,《秘册汇函》刊之以考杭俗。清初此板归毛晋，补刻为绿君亭本，后入《津逮秘书》，绿君遂不为人所称。

李濂谓此录本宋敏求《东京记》而作，濂未见《东京记》，何从知之？又谓元老非文学士，诚然，京瓦伎艺，叙述毫无章法，今既不悉其人其技，又不能从文理推之，以致不能句读。其他字必从俗写，物必从俗称，则未可厚非，盖非此不足以存真，尤不足以存宣政时汴京之真。郊坛行礼所述乐器，既知有《三礼图》，岂不知古乐之名？乃必从乐工口中一一状其形制，而不称名，盖未亲见，或恐有误，足见矜慎。通常叙事，但述太平景象，当时豫大丰亨，即天下败坏之由，竟不作一语点明，而使阅者试一回想，不觉涕涟，是谓白描高手。试以与板桥《杂记》相较，不知缀几许嗟叹悲感字样，而后博得人之眼泪，是谓渲染。高下难易之分，即在于此。故谓使《梦华录》出于文人学士之手，必不能感人若此。文章本天成，妙手偶得之，元老虽非文士，却是妙手。濂又惜其时艮岳已成，梁台、上方寺塔俱在，而录内无一言及之，此由不明此录体例：非亲见亲闻者不录。铁塔容或偶遗，艮岳不惟不可得而见，亦不可得而闻也。所不录者，尚有延福、灵霄。即大内所述亦只略具轮廓，意其人必有心胸，有经纬，只淡淡著一朱勔，则艮岳、延福、灵霄不言而自见，即蔡京、童贯、王黼、李邦彦、梁师成辈，亦不言而自见矣。元老自言“凡大礼与禁中节次但见习按，又不知果为何如。不无脱略，或改而正之，则幸甚”，实则录中所称九梁冠、小儿队二百余人、女童队四百余人，皆误。故赵师侠谓“事关宫禁典礼，得之传闻者，不免谬误”。《四库提要》，乃摭其所述，欲以补史证史，何也？

予之作注，盖二十年前，客有言此录难施句读者。予笑曰：“我当能之。”因以暇日加黑一过，然多不能晓，则发书以求之，录于书眉及别纸，凡二三百条。因诧于人曰：“我有《梦华录》注。”亡友张孟劬亟赞之，谓为前人未作之书。书实未成，方别有撰造，无暇及此，遂复置之。然人皆知予有此注，每来迫促，今年春复有力为怂恿者，乃排纂成书，视前增三之二，然终歉于怀者。断句以伎艺饮食为最难，其他讹夺俱难强解。虽力求不误，而误者必多。胡三省曰：“人之误我知之，我之误则不自知。”斯言谅矣。校勘误字，唯证于本书得若干事，证于纪载得若干事，既以元刻为主，此后秘册、津逮、唐宋、学津各本，不应以后证前，况多臆改，故皆不取，而犹取证于《梦粱录》《说郛》者，冀其犹见宋本也。注之取材，以宋人杂记为断，亦不多取正史，阑出此例不过数条，大约证闻一也，补遗二也，纠误三也。即此短书，能释者未及十之三四，自恨浅薄，所知太少，又癃老嫩于博徵。姑自欺曰：“不必求备。”实亦无从尽备。然取舍颇具微意，不徒志美，亦以志恶。其一事两传则取其较为详确者，展转负贩则取其纪录较早者。世人或不免诋为支蔓，而不知摈而不取者多矣。“三赋”之取则以一代作者只此三人，难能可贵。又三赋与此录虽文体不同，而意主讽谏则一。况赋中所述有足广此录之所未及者，合观并存，使人开拓心胸，勿轻示轩轾，亦甚佳事。注中韩志和为日本人一事，郝经言铁楼李师师一事，磨喝乐即阿弥陀经疏罗睺罗一事，皆友人孙子书举以告我者。附识于此。

（邓注《东京梦华录》初版于1959年
可知此序当作于1958—1959年之际）

后记

◎ 怀着颇感不安的心情，写完了《东京梦华录》译注。

◎ 从事古籍整理，算来已有十余年了。这些年来，参加了不少项目的点校、注释，但从未像在作《东京梦华录》译注时感到如此艰难。书中涉及当时社会的方方面面，书中所述，有不少内容已无法查考，给注释带来了很大困难，虽如此，我仍勉力为之，经年余努力，做成了如今的模样。然自知限于学识，书中错误、遗漏之处一定不少，今将此书奉献给读者，希望得到专家学者及广大读者的批评指正，以期日后改正。

◎ 此书得以出版，要感谢贵州人民出版社领导的支持。我特别感谢贵州人民出版社编审叶光大先生，在本书撰写过程中，叶先生多次提出修改意见，在我感到困难时，叶先生给了我许多指点、鼓励和帮助。在此，还要向在本书撰写时给予帮助的李立朴先生、张觉先生、赵泓先生、倪腊松先生等表示诚挚的谢忱。

◎ 如果本书能给读者一些帮助，我便感到满足了。

姜汉椿

1996年12月

补记

◎《东京梦华录全译》一九九八年出版至今，已逾二十年，我亦年逾古稀。期间，二〇〇九出版了第二版，这是第三次印行了，这至少说明，这本书仍有读者。未曾想到这本小书能有如此生命力，甚觉欣慰。

◎ 此书出版后，我曾出版了《唐摭言译注》《海上花列传校注》《李清照集译注》及其他若干著作。承担了《全宋词译注》《全宋诗》《上海乡镇志》《全宋笔记》的部分任务（上述书均已出版），而当年允诺贵州人民出版社的《鹤林玉露译注》却未能完成，不能不说留下了遗憾。但人生不会十全十美，留下一些遗憾，也是一种残缺美。当然，如有可能，我会将《鹤林玉露译注》完成，了却心愿。

姜汉椿

2020年9月于上海

本书获2019年贵州省出版传媒事业发展专项资金资助

图书在版编目（CIP）数据

东京梦华录全译 /（北宋）孟元老著；姜汉椿译注. — 贵阳：贵州人民出版社，2022.3
（中国历代名著全译丛书）
ISBN 978-7-221-16975-4

Ⅰ.①东… Ⅱ.①孟… ②姜… Ⅲ.①开封—地方志—史料—北宋②《东京梦华录》—译文Ⅳ.①K296.13

中国版本图书馆CIP数据核字（2021）第236874号

出 版 人：王　旭
责任编辑：杨雅云
编辑助理：严　娇
装帧设计：晓笛设计工作室　舒刚卫　刘清霞
责任监印：尹晓蓓　唐锡璋

书　　名：东京梦华录全译
著　　者：〔北宋〕孟元老
译　　注：姜汉椿
出版发行：贵州出版集团　贵州人民出版社
地　　址：贵州省贵阳市观山湖区会展东路SOHO办公区A座
印　　刷：天津创先河普业印刷有限公司
开　　本：880mm × 1230mm　32开
印　　张：15.25
字　　数：277千字
版　　次：2022年3月第1版
印　　次：2022年3月第1次印刷
书　　号：ISBN 978-7-221-16975-4
定　　价：62.00元